KB126083

역사의 절망을 넘어

역사의 절망을 넘어

1판 1쇄 인쇄 2015년 8월 5일
1판 1쇄 펴냄 2015년 8월 10일

지은이 김삼웅
펴낸이 한종호
디자인 임현주
인 쇄 예원프린팅

펴낸곳 꽃자리
출판등록 2012년 12월 13일
주소 서울시 용산구 청파로 47길 52 4층
전화 02-744-7464
전자우편 amabi@daum.net
〈꽃자리〉 출판사 웹진 http://fzari.com

ISBN 978-89-969898-9-9 03910
값 15,000원

광복 70주년 역사 키워드 70

역사의 절망을 넘어

김삼웅 지음

꽃자리

광복 70주년의 역사와 사력(史歷)

광복 70주년이다. 해방 70주년이기도 하고 분단 70주년이기도 하다. 4천년이 넘는 민족국가의 긴 역사에서 보면 70년은 짧은 기간이지만, 일제강점기 35년을 생각하면 그 두 배가 되는 긴 세월이다.

우리에게 8 · 15는 이중성이 겹친다. 1945년 8 · 15는 일제로부터의 해방과 함께 국토분단의 날이고, 1948년 8 · 15는 대한민국 단독정부 수립과 더불어 북녘에 또 다른 정부가 수립되는 민족분열의 날로 기억된다.

이렇게 이중적인 8 · 15는 이후 한반도 전체는 물론 대한민국의 현재와 미래의 성격을 규정하는 족쇄가 되었다. '1민족 2국가'의 원천적 비극은 미 · 일의 해양세력과 중 · 러(소)의 대륙국가 사이에서 대리전이라는 동족상잔을 겪게 되고, 남북에서 각각 분단세력이 지배, 주류 계층이 되는 역설의 구조를 만들었다.

본질적으로 1945년의 8·15는 일본제국의 붕괴에 따른 새로운 전후 동아시아체제 구축에 결정적인 계기가 성립하는 전환점이 되었으며, 전범국가 일본이 아닌 한반도가 두 동강이 나는 순간이기도 하였다.

8·15는 1948년 남북에 분단정권이 수립되기 전까지는 '해방절'로 불리다가 이후 남한에서는 '광복절', 북한에서는 '민족해방 기념일'로 지정되었다. 일본에서는 염치없게도 '종전기념일'로 불린다. 그들은 패전이라는 용어 대신 '종전'이란 용어를 사용하면서 자신들의 제국주의적 침략전쟁과 식민지배의 전력을 은폐하고자 한다. 또한 중국에서는 이 날을 '승전기념일'로 부른다.

광복 70년 동안 미군정, 6·25전쟁, 이승만 독재, 4월혁명, 박정희의 5·16군사쿠데타, 유신쿠데타, 반유신 투쟁, 박정희 암살, 민주화의 봄, 전두환의 광주학살과 5·17쿠데타, 6월항쟁, 노태우 공안정국, 김영삼 문민정부, 김대중·노무현의 민주정부, 남북정상회담, '이명박, 박근혜'의 보수정권 회귀 등, 다른 나라 같으면 1,000년 동안에도 겪을까 말까 한 일을 우리는 70년 동안 모두 겪어야 했다.

그런가 하면 세계 최빈국 수준에서 경제력 세계 10위권 진입은 물론이고, 백색독재와 군사독재를 물리치고 민주화를 이루었다. 하지만 이 과정에서 수많은 국민이 희생되어야 했다. 그러나 '압축적인 경제성장과 민주화'는 '이명박, 박근혜' 정권을 지나는 동안 경제성장의 과실은 '99 대 1'의 현상 즉 상위 1%가 국부의 24% 정도를 독과점하는 불평등 구조를 만들고 유신, 5공세력이 다시 민주화를 역행하는 반민주 시대를 '창조'하는 현실에 직면해 있다.

간혹 '역사의 반복'은 제기되어 왔다. 헤겔의 이 말에 역사적 사례를 대입한 카를 마르크스는 보나팔트 나폴레옹의 첫 번째 쿠데타는 '비극', 숙부의 후광으로 대통령이 되고 두 번째 쿠데타를 일으킨 루이 나폴레옹을 '소극'으로 묘사했는데, 200여 년 전 한국의 앞날을 내다보고 한 말은 아니지만, 그 예견력이 놀랍기만 하다. 그리하여 우리의 현실과 미래를 생각하면 가슴이 먹먹해짐을 느낀다.

20세기의 가장 유능한 역사가의 하나로 평가받는 에릭 홉스봄은 헤겔과 마르크스의 역사 해석에 또 하나의 관점을 부여한다. "마르크스는 역사가 처음에는 비극으로 나중에는 소극으로 반복된다고 말했지만, 더 불행한 유형은 처음에는 비극이고 나중에는 절망이다."《지식인과 계급투쟁》라는 말이 그것이다.

역사는 궁극적으로 발전하는 것이지만, 때로는 갈지(之)자 행보를 하거나 게(蟹) 걸음을 걷거나 때론 반동으로 치닫기도 한다. 이명박 정권의 국정원과 군사이버사령부의 조직적인 대통령 선거부정, 22조를 날린 4대강 파괴, 50~100조에 이른다는 자원외교 비리, 남북대결, 천안함 침몰과 연평도 포격 등이 그러하다. 그리고 박근혜 정부의 국정원 간첩조작, 정당해산, 전교조 · 민변 · 민노총 등의 탄압, 세월호참사와 메르스참사에 대한 무능한 대처, 남북대결 구도, 총체적인 민주공화정의 역류 등 겹치는 실정 앞에 홉스봄이 진단한 '절망'을 체감하게 된다.

광복 70년 동안 하고 많은 변란, 사태, 사변, 사건 중에 70가지를 고른다는 것은 쉽지 않은 일이다. 같은 사건이라도 시각에 따라 180도로 달라질 수 있기 때문이다. 예컨대 해방 후 반민특위의 활동을 '좌절된 반민족행위자 처벌'로 인식하는 데 반해 '스탈린의 지령'이라는 어처구니없는 망언이 따르기도 한다.

민주헌정을 짓밟은 5·16군사쿠데타를 '구국의 영단'으로 치켜세우고, 광주민주화운동을 '폭도들의 난동'으로, 학생, 노동자들이 목숨을 던진 반독재 투쟁을 '죽음의 배후' 운운하는 몰지각한 식자들도 존재한다. 남북 화해협력 정책을 '퍼주기'로 매도하고, 수백 억 방산비리를 '생계형'으로 호도한다. 노동자들의 최저시급이 5,580원인데, 어떤 고위층은 16개월에 17억 원, 한 달에 1억 원 이상을 벌어들이는 '전관비리'를 해도 승승장구 출세하는 게 현실이다.

이들이 해방 70년 역사의 주류를 형성할 만큼, 2010년대 한국사회는 민주공화주의와 사회정의가 실종되었다. 사회지도층의 도덕적 타락은 극에 이르고, 사회적 비판기능과 자정능력은 갈수록 취약해진다.

이 책은 지난 70년 동안 민주화와 경제발전의 '압축성장'에도 불구하고 정치는 유신·5공시대로 역류하고, 성장의 과실은 소수가 독과점하는 대단히 우려스러운 상황에서, 역사의 교훈을 새겨 건전한 민주사회로 발전하기 위한 작은 염원에서 집필되었음을 밝힌다.

일제강점기 독립운동가들은 그토록 혹독한 어려움 속에서도 조국의 자주독립을 위하여 광폭한 외적과 싸웠다. 그리고 마침내 해방을 맞았다. 그로부터 70년이 지난 오늘, 우리는 박근혜 정부의 전시작전권의 무기한 연기에서 보듯이, 자주도 이루지 못하고, 외세가 갈라논 분단도 해소하지 못한 채, 그렇다고 '민주공화'도 제대로 달성하지 못한 채 오늘에 이르렀다.

옛 사가들이 역사를 '감계(鑑戒)'라 한 것은, 거울에 자신의 모습을 비춰보고 교훈을 찾는다는 의미이다. 읽는 분들에게 이 글들이 지난 70년의 간고한 역사와 아픈 사력(史歷)을 생각해보는 계기가 되기를 바란다. 또한 광복 100년을 향해 나아가는 대한민국이 보다 정의롭고, 더불어 사는 발전된 모습이 되도록 이 책이 조그마한 기여라도 할 수 있다면 큰 보람이겠다.

목

차

01

광복 70주년과 분단 70주년의 현재적 의미

광복 70주년과 분단 70주년은 우리에게 어떤 의미를 주며 그 과제는 무엇인가. '70주년'은 생물학적으로는 노령기이지만 역사적으로는 성장기에 속한다. 70년은 한 개인에게는 생애의 전부에 속하지만, 민족 · 국가의 영속하는 시간으로는 한 순간일 뿐이다.

2015년 을미년은 한민족이 일본제국주의에서 해방된 지 70주년이다. 민족사의 비극은 '해방둥이'가 압제로부터 해방과 동시에 허리 잘린 장애아로의 출산이라는 데서 비롯되었다. 건강한 옥동자가 되지 못하고 장애아가 된 것은 선천성이 아니라 국제열강의 역학정치라는 후천성 때문이었다. '후천성 장애'의 구조는 분단, 6 · 25동족상잔, 냉전으로 이어지고, 이후 남북으로 갈린 두 개의 한민족은 상호 적대관계를 강화하면서 오늘에 이른다.

'해방 70주년'은 일제 통치에서 풀린 지 꼭 두 배의 기간이다. 우리는 흔히 '일제 36년'을 말하지만, 1910년 8월 29일 국치일로부터 해방까지는 정확히 34년 10개월 보름이었다. 해서 올해는 식민지시대보다 해방기간이 두 배가 되는 시점이다. 일제 35년은 길고도 험한 세월이었지만, 해방 후의 기간도 만만치 않았다.

독립 운동가들은 그 잔혹했던 일제와 싸워 해방의 일역(一役)을 맡았지만, 그 두 배의 시간이 지나는 동안 해방 후 세대는 외세가 가른 분단의 장벽을 허물지 못하고 있으니 '못난 후손'이란 지탄을 면키 어려울 터다.

'해방 70주년'을 맞은 한민족에게 지난 70년은 다른 국가에서는 700년에 해당하는 격동과 고통과 애증의 세월이었다. 1945년 8월 15일, 일제는 항복하고서도 쉽게 물러나지 않았다. 9월 7일 미군 극동 사령부가 남한에 군정을 선포하면서 '선수교체'가 이루어졌다.

이후 남한은 미군정, 6·25전쟁, 이승만 12년 백색독재, 4·19혁명, 박정희의 5·16군사 쿠데타, 10·26박정희 암살, 12·12군부 반란과 전두환 쿠데타, 광주민주항쟁, 6월 항쟁, 김대중·노무현 문민정부, '이명박·박근혜'의 보수정권에 이르기까지 격동과 혼란의 시대를 겪어야 했다.

그런 상황 속에서도 최빈국에서 세계 10위권에 속하는 경제성장을 이루었고, 백색독재, 군사독재를 물리치면서 제도적인 민주화를 쟁취하였다. 프랑스가 1789년에서 1814년까지 25년 동안 절대왕정 · 입헌군주정 · 공화정 · 공포정치 · 반동정부 · 군사쿠데타 · 제정 · 왕정복고라는 급격한 반동 정치체제의 변화를 겪었듯이, 우리 역사도 크게 다르지 않았다.

우리는 흔히 지난 70년 동안 경제 성장과 민주화를 동시적으로, 단축하여 성취했다는 자부심을 갖고 있다. 이는 보수나 진보를 가리지 않고 하는 말이다. 상당 수준 맞는 말이기도 하다. 그런데 실상은 어떠한가. 우리나라는 언필칭 국호와 헌법 제1조에서 '민주공화'라 표현하고 이를 선언한다. 국민의 희생으로 '민주'는 법적, 제도적으로 어느 정도 구현했다. 반면에 '공화'는 여전히 구색용일 뿐이다. 본래 '공화(共和)'란 중국 주나라에서 주공(周公)과 소공(召公)이 14년 동안 협의하여 행한 정치를 말한다.

서양에서 공화주의(republicanism)는 직접 민주주의와 대의제 민주주의 사이에서 균형을 취하기 위한 고민에서 비롯되었다. 로마시대의 철학자 키케로는 《국가론》에서 "공화국은 정의와 공동의 이익을 인정하고 동의한 사람들의 모임"이라 말하고, 아리스토텔레스는 "시민들이 교대로 지배하고 지배받는 능력과 평등한 권리, 시민들 간의 평등"이라고 정의하였다. 축약하면 "정의와 공동의 이익, 시민들 간의 평등"이 공화주의라는 것이다.

여기에 민주와 공화주의가 한 묶음이 되면서 민주는 시민적 권리, 공화는 시민적 평등을 담보하고자 근대 서구의 여러 나라에서 경쟁적으로 채택해 왔다. 한국도 1907년 안창호 등이 비밀결사 신민회를 조직하면서 '민주공화주의'를 내걸었으며, 1919년 4월 상하이 대한민국 임시정부가 수립되면서 국호와 약헌(約憲)에서 이를 채택하였다. 그리고 1948년 8월 대한민국 정부에서 이를 그대로 받아들여 오늘에 이른다.

임시정부를 비롯하여 항일 독립 운동가들의 일치된 소망은 자주 독립이었다. 그리고 다수의 독립 운동가들의 정치적 비전은 통일된 조국에서 민주공화제를 실현하는 것이었다. 한데 해방 70주년을 맞이 하는 지금, '자주독립'은 박근혜 정부가 다시 전시작전지휘권(전작권)을 미군사령관에게 무기한 연장시켜줌으로써 기약 없는 바람이 되었다. 유엔 회원국 200여 국가 중 군사주권이 없는 유일한 나라라는 신세가 연장되고 있다.

민주공화제는 제대로 작동되고 있는가. 우리 국민은 4월 혁명, 광주민주화운동, 6월 항쟁 등의 희생과 저항을 통해 제도적 · 법적인 민주주의는 구현하였으나 지난 대선의 부정, 정보기관의 간첩조작, 민변 · 전교조 등의 탄압 그리고 지난해 12월 헌법재판소의 통합진보당 해산과 소속의원들의 의원직 박탈에서 보듯이, 애써 쟁취한 민주주의는 다시 유신, 5공시대로 회귀하고 있다.

우리나라는 국가보안법이 건재하고 형법에 반국가사범을 처리하는 규정이 엄존한다. 국사범은 이들 법으로 처리하면 된다. 그런데 임명제 헌재재판관들이 정당 해산과 국민이 선출한 국회의원의 자격을 박탈하는 반민주적 행태를 자행하였다. 미국 헌법의 아버지라는 토마스 제퍼슨은 "사과 하나를 따기 위해 거침없이 사과나무를 잘라버리는 사람이 독재자"라 한 것은 오늘 우리에게 시사하는 바가 있다.

공화주의 정신은 어떠한가. 국민의 피와 땀으로 성취한 경제발전의 공은 특정 개인의 공적으로 치부되는가 하면, 성장의 열매는 소수 재벌과 권력층이 독차지하고 있다. 정부가 1인당 국민소득이 3만 달러에 이르렀다고 장밋빛 선전을 하며 떠들고 있지만 상위 10%가 전체 소득의 48.05%를 차지하는 현실은 무엇인가. 여기에 빈부격차와 양극화, 청년실업은 심각한 공동체 위기현상으로 대두되고 있다.

한국의 지배층은 친일세력에서 기원한다. 그들은 매국배족(賣國背族)의 대가로 재산을 모으고 자식들을 교육시켜서 미군정 이래 권력의 핵심이 되었다. 이들은 정치, 언론, 재벌, 대학, 사법부 등 국가의 모든 권력을 장악하고 이를 세습하면서 불패의 집단이 되었다. 이들은 통일과 민주화세력을 빨갱이, 용공, 좌경, 종북으로 몰아쳤고, '북한 프레임'을 내걸면서 국민을 선동, 현혹하면서 권력을 유지해 왔다.

해방 70년은 독재와 반독재의 힘겨운 대결에서 짧은 기간, 그러니까 4·19혁명 공간과 김대중·노무현 정권 10년을 제외하면 60여 년 동안은 반민주세력의 독재시대였다. 정치적 독재는 경제적으로 독점재벌을 낳고 사회적으로는 그 하수인으로 어용언론, 지식인, 종교인, 판·검사를 배출하고 양육해 왔다. 이들은 권력의 풍각쟁이가 되어 국민을 혹세무민하고 여론을 조작하면서 민족사를 오도해

온 장본인이다.

이런 모든 죄악들이 가능한 것은 분단으로 인한, 북한이라는 '마취제'가 존재하기 때문이다. 중세시대 '마녀'의 존재(사실은 무존재)가 비판자를 화형시키고 매장시켰듯이, 분단시기 남북의 지배세력은 '적대적 공존' 관계를 유지하면서 비판세력을 탄압하고 그들만의 독재 권력을 유지해왔다.

현재의 국제 정세는 싫든 좋든 미국과 중국 2대강국(G2) 체제로 진행되고 있다. 대륙세력과 해양세력의 중간에 낀 한반도는 70년 전이나 지금이나 국제열강의 땅따먹기 장기판의 졸(卒) 신세를 면치 못하고 있다. 이런 때일수록 남북이 민족적 구심력으로 외세의 원심력을 이겨나가야 하는데, 지배자들은 외세의 종이 될지언정 내부의 주역이기만을 원한다.

여기에 일본 아베 정권의 극우노선과 한·미·일 군사정보공유 의정서 체결, 한국의 MD체제 편입 등이 향후 동북아질서와 한민족 운명의 변수로 작용할 것이다.

해방 70주년, 분단 70주년을 맞아 이제는 달라져야 한다. 뒤틀린 민족사를 주인인 국민이 바로 잡아야 한다. 남북화해의 길을 찾고, 잃어버린 자주와 잊어버린 공화정신을 회복해야 한다. 옛사람들이 역사를 감계(鑑戒)라 하여 "지난 일을 거울에 비춰보고 교훈으로 삼아야 한다"고 한 이유를 되새기면서, 새로운 시대를 열었으면 한다. 여기 회고하는 역사적 사실들을 기록한 글들이 새 역사를 향한 한 바가지의 마중물이 되었으면 싶다.

02

8·15 해방 "동포여 자리차고 일어나거라"

어둡고 괴로워라 밤이 길더니
삼천리 이 강산에 먼동이 텄다
동포여 자리차고 일어나거라
산넘어, 바다건너 태평양 넘어
아아, 자유의, 종이 울린다
_〈독립행진곡〉

일왕 쇼와는 1945년 8월 14일 밤 11시 25분부터 궁내성 내정 청사 2층에서 이른바 '옥음 방송'을 녹음하였다. 4분 37초가 걸린 이 녹음은 "참기 어려움을 참고, 견디기 어려움을 견뎌, 이로써 만세(萬世)를 위해 태평한 세상을 열고자 한다."로 시작되는 항복 선언이지만, 최고 전범자로서 사죄의 말은 한 마디도 없었다. 녹음된 방송은 이튿날인 8월 15일 정오에 발표되었다. 의도한 것인지 우연인지 이 '종전 조서'는 8백 15자(字)로 되어 있어 그 배경을 살피게 한다.

8·15 해방은 우리 민족에게는 노예의 삶으로부터의 해방이었다. 일제의 식민통치는 세계 식민지 역사상 유례가 없는 혹독한 것이었다. 말과 글과 역사를 빼앗기고, 성씨를 비롯해 전통과 문화를 박탈당하고, 인력과 자원·물자를 수탈당하는, 민족 말살 바로 그것이었다.

일제에 짓밟힌 시기는 말이 36년이지, 1910년 8월 29일 국치일로부터는 만 34년 10개월 보름만이고, 1876년 2월 2일 강압에 의해 체결된 병자수호조약(강화도조약)으로부터 기산(起算)하면 69년, 실질적으로 국권을 강탈당한 1905년 11월 17일의 을사늑약으로 치면 40년이다.

해방은 우리 민족에게 광명이고 부활이었다. 그래서 국내에서 훼절하지 않고 광복의 날을 맞았던 《소설 임꺽정》을 썼던 홍명희는 〈눈물 섞인 노래〉를 이처럼 목 놓아 불렀다.

아이도 뛰며 만세
어른도 뛰며 만세
개 짖는 소리 닭 우는 소리까지
만세 만세
산천도 빛이 나고

초목도 빛이 나고

해까지도 새 빛이 난 듯
유난히 명랑하다

함석헌은 "해방이 도둑같이 왔다."고 술회했지만, 독립 운동가들은 국내외에서 줄기차게 일제와 싸우면서 해방을 준비하였다. 특히 김구·김규식 등이 주도한 대한민국 임시정부는 중국 충칭에서 좌우합작의 정부를 세우고 광복군을 조직하는 한편 일제가 태평양 전쟁을 도발한 지 이틀 후에 일본에 선전포고를 하였다.

광복군은 미군 OSS부대와 합작하여 국내로 진공할 날을 기다리며 맹훈련을 하고 있던 중에 일제가 항복함으로써 때를 놓치고 말았다. 김구 주석이 일제의 항복 소식을 듣고 환호하고 감격하기 보다 "우리는 크게 한 일이 없는데 조국의 앞날이 걱정된다."고 개탄했던 것은 이 때문이었다.

김구가 우려한 대로 자력으로 해방을 쟁취하지 못한 데다가 해방과 동시에 분단이 이루어지면서, 해방의 날은 왔으나 완전한 해방일 수 없었다. '춘래불사춘(春來不似春)' - "봄이 왔지만 봄 같지 않다."는 고사 그대로였다. 친일파들은 '춘면불각효(春眠不覺曉)'-"봄 잠에 취해 새벽이 오는 줄도 몰랐다."고 할 것이다.

해방의 날을 보지 못한 채 "그날이 오면"을 애타게 그리다가 젊어서 숨진 《상록수》의 작가 심훈의 〈그날이 오면〉에는 모든 항일 운동가와 민중들의 염원이 담겨 있다.

그날이 오면 그날이 오면은
삼각산이 일어나 더덩실 춤이라도 추고
한강물이 뒤집혀 용솟음칠 그 날이
이 목숨이 끊기기 전에 와주기만 할 양이면
나는 밤하늘에 날으는 까마귀와 같이
종로의 인경을 머리로 들이받아 울리오리다
두개골은 깨어져 산산조각이 나도
기뻐서 죽사오매 오히려 무슨 한이 남으오리까

8·15의 정언명령(定言命令)은 통일된 자주독립국가의 건설이었다. 친일파 민족반역자를 처단하고, 대한민국 임시정부가 건국강령으로 채택한 개인 간, 민족 간, 국가 간의 균등을 구현하는 민주적 삼균주의의 실천이었다. 그런데도 대한민국은 분단주의자, 친일파, 외세 추종자들이 주류가 되고 독립 운동가, 민족주의자, 남북협상파는 암살되거나 제거되고 말았다. 변통세력이 정통세력을 짓밟고 이 땅의 주역이 된 것이다. 따라서 8·15 해방정신은 실종되고, 반 8·15 세력이 득세하는 민족모순, 역사모순이 자리 잡게 된 셈이다.

이 나라 이 사회의 기득권을 장악하고 있는 주류 세력은 과연 누구인가? 불행하게도 이 나라의 주류로 기득권을 가지고 있는 세력은 민족사의 정통성과는 거리가 먼 존재들이다. 일제가 패망하고 이 땅에 등장한 정치경제적 주류 세력은 일제시대 일본제국주의 세력에게 부역했던 자들이었으며, 이들은 미국 군정의 배경을 뒤로 하고 다시 자신들의 권세를 보호하면서 주류 행세를 하기 시작했던 것이다. 이들을 거슬러 올라가 보면 봉건시대의 잔재와 맥이 닿아 있으며, 이러한 연고로 해서 해방 이후 남한에 세워진 국가를 장악한 주류 세력들은 이 땅의 민족적 열망을 배반한 자들이었다.

그뿐인가? 그렇게 해서 권력과 부를 움켜쥔 세력들은 대를 이어 이 사회에 부정한 기득권 세력으로 군림하고 있다. 우리 사회는 정의롭지 못한 기득권을 지탱하느라 진전이 가로막히는 일이 한 두 번이 아니며, 들통이 나도 시간이 지나도 권력이 대충 은폐하고 가려줌으로써 그 악의 뿌리는 뽑힐 줄 모르고 있다.

해방 70주년이 되는 오늘에 이르기까지 대한민국의 3대 미해결의 모순이라면 친일파 미청산, 분단 미해결, 군사독재 잔재 미청산이라 할 것이다. 이런 잔재들이 상호연대, 연계하면서 한국사회의 주류가 되고 이를 세습하면서 역사를 오도하고 민주주의를 짓밟고 있다. 이것은 현재진행형이다.

'그 나라의 정치는 그 국민의 수준을 넘어설 수 없다.'는 말이 있다. '이명박 · 박근혜' 정권이 지난 8년 여 동안 저지른 반통일, 반민주, 반서민의 퇴행은 세계 제2위의 대학진학률, OECD 가입국가의 형편으로는 부끄러운 일이 아닐 수 없다. 4월 혁명으로 이승만을 반

유신 항쟁으로 박정희를, 광주민주화운동과 6월 항쟁으로 전두환을 몰아낸 우리 대한민국 국민이다. 그렇지만 민주화와 평화통일은 여전한 국민적 과제가 되고 있다.

해방 정국에서 크게 불리었던 〈해방의 노래〉이다.

해방의 노래

1. 조선의 대중들아 들어보아라
우렁하게 들려오는 해방의 날을
시위자가 울리는 발굽 소리와
미래를 고하는 아우성 소리

2. 노동자와 농민들은 힘을 다하여
놈들에게 빼앗겼던 토지와 공장
정의의 손으로 탈환하여라
제 놈들의 힘이야 그 무엇이랴
(조선음악동맹 작사, 김순남 작곡)

03

누가 38선을 그었는가

한민족은 918년 왕건이 삼국을 통합한 이래 1,000년 이상을 통일된 민족국가로서 영광과 고난을 함께해왔다. 그 사이에 몽골의 전란, 왜구침범, 임진왜란·정유재란 7년 전쟁, 정묘호란·병자호란의 치욕을 거쳐 망국, 식민지를 함께 겪어야 했다.

우리 민족은 오랜 고난의 역사를 살아오면서 거듭되는 외세의 침략에 맞서면서도 항상 민족의 정체성을 유지해왔다. 외세의 침략은 군사, 정치, 경제, 문화, 종교 등 모든 분야에 걸쳐 나타났지만, 외압에 눌리면서도 결코 그들에게 동화되는 것을 거부하였다. 주변의 강자였던 말갈족, 흉노족, 여진족, 만주족, 몽골족 등의 행방을 살펴보면 한민족이 얼마나 강인한 모습으로 민족적 정체성을 지켜왔는가를 이해하게 된다.

우리는 고대 부족국가 형성기에 중국 한나라의 침략으로부터 시작하여 국토심장부와 주요 영역에 400여 년 동안이나 외세의 식민 지배를 받아 왔다. 또한 고려시대 40년의 몽골(元) 지배, 조선조 전기 250년의 명나라 간섭, 병자호란 이후 260년의 청국 복속, 일제 35년의 식민 지배라는 가혹한 침략과 수탈의 역사를 경험해 왔다. 하지만 이러한 역경 속에서도 굳건한 민족의 정체성으로 이를 극복할 수 있었다.

따라서 한민족 공동체의 원형질이 되어온 '민족'이란 접두어는 우리에게 언어나 이데올로기 이상의 의미를 갖는다. 늘 외세에 짓밟히고 강대국의 지배와 속박에 시달려온 우리에게 민족이란 용어는 각별할 수밖에 없다. 그럼에도 최근 일부 식자들 사이에서 '민족'이란 용어나 '민족주의'가 마치 고리삭은 개념처럼 배척 · 폄하되고 있는 것은 안타까운 노릇이다.

제국주의적 민족주의나 침략주의형 민족주의는 배척해야 마땅하지만, 민족공동체의 유지와 이를 위한 저항적 민족주의는 보호받고 앙양되어야 마땅하다.

1,000년 이상을 운명 공동체로 함께 해온 한민족이 일제로부터 해방이 되면서 반도의 허리가 잘리는 분단 체제가 되었다. 강토 분단과 민족 분열의 원죄는 일본이지만, 제2차 세계대전 후 해방군이 아닌 점령군으로서 남북에 진주한 미국과 소련, 그리고 좌우합작과 남북협상을 통해 통일 정부를 세우지 못하고 남북에 각각 분단 정

권을 세운 좌우, 남북의 지도자들에게도 책임이 적다할 수는 없을 것이다.

북위 38도선으로 국경 아닌 국경선이 되어 국토가 양단된 지 어언 70년이 되었다. 38선은 그동안 가족적으로는 이산의 아픔, 공동체로는 적대의 대상이 되어 증오의 칼날을 받아왔다. 그 동안 두 차례의 남북정상회담과 6 · 15선언, 10 · 7선언 등 화해 협력의 시기가 없지 않았지만, 남북의 극우, 극좌세력이 대결과 증오심을 작동하여 정권을 잡거나 유지하려 들면서 화해의 분위기는 파탄나곤 하였다.

다음은 분단의 안타까운 심정을 노래한 대중가요이다.

1. 아~ 산이 막혀 못 오시나요
아~ 물이 막혀 못 오시나요
다같은 고향땅을 가고 오건만
남북이 가로 막혀 원한 천리 길
꿈마다 너를 찾아 꿈마다 너를 찾아
삼팔선을 탄(歎)한다

〈가거라 삼팔선〉, 1946, 이부풍 작사, 남인수 노래

1. 고향이 그리워도 못가는 신세
저하늘 저산 아래 아득한 천리

언제나 외로워라 타향에서 우는 몸

꿈에 본 내 고향이 마냥 그리워

〈꿈에 본 내 고향〉, 1953년, 박두환 작사, 김기태 작곡

제2차 세계대전 말기인 1943년 11월 27일 루스벨트 미국 대통령, 처칠 영국 수상, 장개석 중국 총통이 이집트의 카이로에서 회담을 갖고 대일본전 기본 목적에 관해 협의한 결과로 공동 코뮤니케를 채택했다.

코뮤니케 중에는 제1차 세계대전 후 일본이 탈취한 태평양 제도를 박탈하고, 만주 · 대만 · 팽호 열도 등을 중화민국에 반환하며, 일본이 약취한 모든 지역에서 일본 세력을 축출한다는 내용이 담겼다. 특히 한국에 대해서는 특별 조항을 넣어 "현재 한국민이 노예 상태에 놓여 있음을 유의하여 '적당한 시기'에 자유독립국가로 할 결의를 가진다."고 선언하였다. 연합국 수뇌들의 회담에서 한국의 독립을 명시한 것은 이것이 처음이었다. 임시정부 김구 주석 등이 장개석 총통을 움직여 얻어낸 성과였다.

1945년 2월 4일부터 7일까지 미 · 영 · 소 3개국 수뇌가 크림반도의 얄타에서 다시 회담을 갖고 일본의 항복과 전후 처리 문제를 논의하였다. 이 회담에서 공식 거론되지는 않았으나, 루스벨트가 제안한 미 · 중 · 소 3국에 의한 한반도 신탁통치안이 재확인되었다. 이때부터 한반도 분단의 씨앗이 잉태된 것이다.

1945년 7월 26일 독일의 포츠담에서 미·영·중·소 4개국 수뇌 회담이 열렸다. 선언문은 일본에 항복을 권하고 전후의 대일 처리 방침을 밝힌 13개조의 합의문을 채택했다. 또한 카이로 선언의 실행과 일본 영토의 한정, 일본군의 무장 해제, 전쟁 범죄자 처벌, 일본군수산업의 금지 등이 담겼다. 그리고 카이로 선언에서 채택했던 한국의 독립이 여기서 다시 확인되었다.

미국은 2차 대전 종결 후 한반도에 관해 일정 기간 동안 4대국이 신탁 통치를 한다는 구상이었다. 한국민이 자활·자력·자립의 능력이 없다는 이유에서였다. 특히 미군이 오끼나와를 점령할 때 막대한 희생을 치룬 것을 감안하여 만주에 주둔한 일본 최강의 관동군을 무장해제시키는 데는 소련의 참전이 중요하다는 인식을 갖고 있었다.

알타 회담에서는 소련군이 유럽과의 전쟁에서 역할이 끝나는 즉시 대일 참전을 하기로 약속했다. 이런 국제 정세 속에서 일본은 8월 6일과 9일 두 차례 원자폭탄 세례를 받고도 소련의 참전을 기다리느라 항복의 시간을 늦추고 있었다. 소련이 참전하여 한반도의 북쪽에 들어오면 일본 대신 한반도가 분단될 것으로 내다 본 것이다.

일본의 예상대로 소련은 8월 9일 대일 선전포고를 하면서 참전하여 만주에서 작전을 성공적으로 이끌면서 한반도를 공격 목표로 삼아 진격하였다. 8일에는 나진, 9일에는 웅기와 10일 경흥으로 진공하였다. 8월 9일 일본은 천황제 유지의 조건부로 중립국 스위스를 통해 포츠담 선언의 수락 의사를 밝힘으로써 항복하기에 이르렀다.

소련 극동군이 한반도를 향해 진격하면서 미국무성, 육군성, 해군성의 3자 정책조정위원회는 8월 12일 저녁, 딘 러스크 대령과 본스틸 대령이 아시아 지도를 펴놓고 30분 만에 서울을 미국 측에 포함시키는 조건으로 북위 38선을 분계로 하여 소련군과 미군의 점령지역을 나누자는 안을 만들었다. 이 안은 루스벨트의 사망으로 승계한 트루먼 대통령이 스탈린에게 정식 제안했고, 스탈린이 받아들임으로써 확정되었다.

이 제안에 대해 미국 측은 소련 측이 의외로 손쉽게 받아들인 데 놀라고, 소련 측은 미국이 예상 외로 북쪽을 분할선으로 제시한 것에 놀랐다고 한다. 한반도는 한반도 문제에 전혀 문외한인 미국의 두 대령에 의해 쪼개지고, 이를 소련이 수용하면서 분단의 운명을 겪게 되었다. 딘 러스크 대령은 나중에 미국의 국무장관이 되고 본스틸 대령은 주한 유엔군 총사령관을 역임하였다.

미국이 제안하고 소련이 수용한 38선 분할은 미·소 양군이 일본군의 무장 해제를 위한 '일시적인 잠정조치'라고 했지만 38선을 경계삼아 70년간 한민족의 허리를 잘라낸 국경선으로 굳어졌다.

1945년 12월 말 모스크바에서 미·영·소 3국 대표들이 모여 한반도 신탁통치안을 결정했다. 이를 둘러싸고 국내에서는 통일정부 수립, 친일파 척결과 같은 민족사적인 과제가 찬·반탁의 회오리바람 속에 매몰되고 말았다.

미 · 소공동위원회의 활동도 시간만 낭비한 채 끝나고, 결국 한반도 문제는 미국의 의지대로 유엔에 넘겨졌다. 그리고 '가능한 지역'만의 총선거로 1948년 8월 15일 남한에서는 대한민국 정부가, 북한에서는 같은 해 9월 9일 조선민주주의인민공화국이 수립되어, 해방 3년 만에 남북에는 두 개의 이질적인 정부가 수립되고, 38선은 경계선이자 국경선이 되었다.

김구, 김규식 등이 분단 정권을 반대하면서 남북 협상을 하고자 평양을 방문하여 김일성, 김두봉 등과 회담을 하였으나 양쪽의 극우, 극좌세력과 미 · 소 양국의 반대로 결국 뜻을 이루지 못하였다.

04

여운형의 암살과 건국 준비위원회

포악한 일제식민체제는 국내에서의 독립 운동을 불가능하게 했다. 인도나 베트남 등 아시아국가가 자국에서 독립 운동을 한데 비해 한국의 독립운동은 중국 등 해외에서 이루어졌다. 그만큼 일제의 지배가 광포했던 것이다.

예외가 전혀 없었던 것은 아니다. 박헌영 등은 국내에서 지하조직을 통해 항일운동을 계속하고, 1919년 상하이에서 신한청년당을 조직하여 김규식을 파리 강화회의에 파견하고 국내에 밀사를 보내어 대규모 항일시위를 준비토록 하는 등의 역할을 했던 여운형은 일경에 피체되어 국내로 들어와서도 항일 운동을 멈추지 않았다. 옥고를 치르고 나온 여운형이 〈조선중앙일보〉 사장일 때에는 베를린 올림픽 대회 손기정 선수의 일장기 말소 사건으로 신문사가 폐간되는 고초를 겪기도 했다.

여운형은 일제의 패망을 내다보면서 준비를 서둘렀다. 1944년 8월 10일 서울 삼광 한의원에서 조선건국동맹을 결성하고 지방 조직에 이어 10월에는 경기도 용문산에서 농민 동맹, 1945년 3월에 건국 동맹 산하에 군사 위원회를 조직하는 한편, 북경과 연안 등지에 연락원을 파견하여 임시 정부와 화북조선독립동맹 등 해외 혁명 단체와의 연계를 시도했던 것이다.

패망의 소식을 접한 조선 총독부는 8월 15일 아침, 엔도 정무총감을 통해 여운형에게 치안 유지의 책임을 제의하였다. 이에 그는 5가지 요구 조건을 제시했다.

① 전조선의 정치범, 경제범을 즉시 석방하라.
② 집단 생활지인 경성(서울)의 식량 8, 9, 10월 3개월분을 확보하라.
③ 치안 유지와 건설 사업에 아무런 구속과 간섭을 말라.
④ 조선에 있어서 추진력이 되는 학생의 훈련과 청년의 조직에 간섭을 말라.
⑤ 전조선에 있는 각 사업장의 노동자들을 우리 건설 사업에 협력시키며 아무런 괴로움을 주지 말라.

엔도는 이 제의에 동의했고 여운형은 해방 공간의 막중한 시기에 치안 유지의 책임을 맡았다. 이것이 가능했던 것은 비밀리에 조직했던 건국 동맹이 뒷받침되었기 때문이었다. 여운형은 해방 당일

홍증식에게 〈매일신보〉를 접수해 조선독립을 알리는 호외를 찍어 알리도록 하고, 여운홍에게 경성 방송을 접수해 조선 독립을 방송토록 하는 한편 건국 동맹원을 소집하여 치안대 조직, 식량 대책 위원회 조직 등의 임무를 부여하고, 안재홍과 함께 조선건국준비위원회(이하 건준)를 조직하였다.

건준은 여운형을 위원장으로, 안재홍을 부위원장으로 하여, 좌우익의 인사를 고루 실무 부서 책임자로 선임했다. 건준은 3대 강령을 내세웠는데, 첫째는 완전한 자주 독립 국가의 건설, 둘째는 전체 민족의 정치적, 사회적 기본 요구를 실현할 수 있는 민주주의 정권의 수립, 셋째는 일시적 과도기에 있어서 국내 질서를 자주적으로 유지하여 대중 생활의 확보를 기한다는 내용이었다.

여운형은 9월 4일 미군의 진주에 앞서 건준을 모체로 국내 혁명세력을 주축으로 하는 인민 위원회를 구성키로 하고 조직을 확대하였는데, 한 달 만에 전국에 145개의 지부가 결성될 만큼 국민의 지지가 따랐다. 또한 그는 미군을 환영하기 위해 여운홍, 백상규, 조한용을 건준의 대표로 인천에 보내 하지 사령관에게 메시지를 전달하기도 했다.

그렇지만 9월 2일, 맥아더가 북위 38도선을 경계로 미·소 양국의 분할 점령 정책을 발표하고 9월 7일에는 미 극동 사령부가 남한에 미군정의 실시를 선포하면서 인민 위원회 등을 불법 단체로 적시하였다.

여운형은 9월 6일 전국 인민 대표자 회의에서 임시 의장으로 선출되어 활동하던 중, 9월 7일 6인조 테러단의 습격을 받았다. 미군정이 여운형을 적대시하고 그의 조직을 불법 단체로 인정하면서, 잇따른 테러에 시달리게 되었다. 인민 위원회 조직이 공산주의자들의 수중으로 넘어간 것은 여운형의 일대 정치적 실패작이라는 평가가 따른다.

미군정 당국이 여운형과 건준을 적대시한 데는 배경이 있었다. 하지 장군이 인천에 상륙하기 전에 미군은 선발대를 서울로 보내 총독부의 항복 절차를 밟도록 했다. 총독부는 이 선발대 요원들을 최고급 호텔에서 영접하면서 여운형이 공산주의자라는 날조한 문건을 만들어 건넸다. 총독부는 자신들의 안전을 도모하고자 여운형에게 과도기적인 치안 유지를 맡겼는데, 그가 건준을 조직하는 등 독립 정부 수립 쪽으로 활동하자 그를 배척하는 정보를 미군 측에 제공한 것이다. 대신 친일경력의 한민당 인사들을 미화시켰다.

하지와 미군정 수뇌부는 이 같은 총독부의 정보에 따라 민족주의자들을 배척하고 친일부역자들을 군정의 요직에 중용하고 한민당을 지원하게 된다. 반면에 임시정부와 건준, 인민위원회 등은 불법 단체가 되고 말았다.

에드가 스노가 지적한대로 아무런 준비 없이 남한을 점령한 미군이 건준을 활용했더라면 한국의 해방정국은 방향을 크게 달리했을 것이다. 건준은 여운형, 안재홍을 비롯하여 김병로, 이인, 허헌 등 우익 및 중간노선의 인물들이 중심이 되고, 중앙 위원회에도 김준연, 이용설, 김약수, 이강국, 김동화, 최용달 등을 임명하여 좌우 각 계열 인사들이 고루 포함되었다.

송진우, 장덕수 등 우파 세력은 건준에 참여를 거부했다. 이들은 처음에는 충칭의 임시 정부 봉대를 내세웠다. 임시 정부의 환국을 기다린다는 명분이었다. 그러던 중 미군정이 임시정부를 개인 자격으로 귀국케 하면서 돌변하여 한민당을 급조하고 미군정에 참여했다. 이들은 일제 강점기 자신들의 행적 때문에 새로운 권력의 실체로 등장한 미군정의 눈치를 살피면서 건준 참여를 주저하고, '임정 봉대'에서 '미군정 봉대'로 변신하게 된 것이다.

이와 같은 좌절에도 불구하고 건준의 역사적 의미는 막중했다는 평가를 받고 있다.

첫째, 건준의 조직은 진정한 민족적, 민주적 정부 수립을 위한 기초적 준비 작업이자 민족 통일 전선을 결성하기 위한 시도였다. 즉 건준은 민족 통일 전선인 동시에 건국 사업의 조직적, 정치적 준비 작업 수행자였다. 이것이 건준의 가장 중요한 본질적 의의였다.

둘째, 건준은 해방직후의 치안 유지, 식량 관리, 재산 관리라는 과도적 임무를 담당했다. 이 임무를 단시일 내에 해결할 수 있는 것이 아니었지만, 이미 건국 동맹에서 수년간 조직, 준비해 온 과제였기에 체계적인 처리가 가능했다.

셋째, 결국 건준의 결성은 정세에 비추어 합리적이며 순리적이었다. 일제 패망 뒤 자율적인 정부 수립이 당면과제였던 상황에서 건국의 준비조직인 건준의 결성은 민족적 요구를 자연스럽게 반영한 것이었다. 또한 건국 동맹이라는 조직과 준비된 역량이 뒷받침되었기 때문에 결국 동맹은 건준으로 자연스럽게 연계될 수 있었다(정병준,《몽양 여운형 평전》).

일제의 패망을 앞두고 미국은 일본 점령에 대비하여 2천 명의 행정관을 선발하여 교육시키고 그들을 일본에 파견하였다. 그러나 한국에 대해서는 아무런 사전 준비도 없었고, 오히려 자생적인 건준과 임시 정부를 인정하지 않은 과오를 저질렀다. 어디까지나 자신들의 점령 정책을 수월하게 하기 위한 책략이었겠지만, 전범국 일본에 비해 한국에는 차별정책을 폈고, 그 피해는 오롯이 한민족이 겪게 되었다.

해방직후《여운형론》을 쓴 이강국은 "일본제국주의의 포악한 위협과 교묘한 회유 속에서도 권위와 절도를 지키면서 지하의 투사, 지상의 신사로서의 전술을 겸비한 사람"이라고 여운형을 평가했다. 이 같은 평가가 아니더라도 여운형의 독립 운동과 해방 후 건준 조직, 김규식과 좌우합작 등은 통일 정부 수립에 큰 기여가 될 뻔했는데, 친일세력과 미군정에 거부당하는 바람에 그 뜻을 제대로 펼 수 없었다. 여운형이 1947년 7월 19일 혜화동 로터리에서 극우 청년에게 암살당하면서 건준의 이상도 그와 함께 역사의 뒤안길에 묻혀 버렸다.

05

해방군 또는 점령군, 미군정 3년

일본이 미국에 공식 항복한 날은 1945년 9월 2일 도쿄만의 미국 군함 미조리호 함상에서였다. 일본 정부 대표 시게미쯔 가오루, 일본군 대표 우메즈 미찌로우는 맥아더 장군 앞에서 포츠담 선언을 수락하고 연합국에 무조건 항복을 하여 일본의 통치 권한을 연합국 최고사령관의 제한 하에 둔다는 항복 문서에 조인했다.

시게미쯔 가오루는 주중 일본 공사로서 1932년 4월 상하이 일왕 생일 및 전승기념행사장에서 윤봉길 의사가 던진 폭탄에 한쪽 다리가 잘린 장본인이다.

맥아더는 이날 연합군 최고 사령부 일반 명령 제1호로서 동아시아 각 전선의 일본군의 항복을 수락하고 그 무장을 해제하기 위한 연합국 간의 지역적 분담을 발표했다. 이는 전 동북아시아에 대한 국제적 역학 관계를 규정한 문서였다. 여기서 처음으로 북위 38도라는 인위적인 선에 의한 한반도가 양단되는 것이 드러났다.

일반 명령 제1호 2항은 "만주, 북위 38도 이북의 한국, 화태 및 천도열도에 있는 일본의 선임 지휘관과 모든 육상, 해상, 항공 및 보조 부대는 소비에트 극동군 최고 사령관에게 항복할 것", 3항은 "일본 대본영, 일본 본토에 인접한 제 소도, 북위 38도 이남의 한국, 유구 제도, 필리핀 제도에 있는 일본 선임 지휘관과 모든 육상, 해상, 항공 및 보조 부대는 미국 태평양 육군 총사령관에게 항복할 것"을 명령하였다.

이에 앞서 8월 20일 미군의 B29가 서울 상공에 나타나 웨드마이어 장군 명의의 삐라를 시내에 살포했다. 내용은 미군의 진주를 예고한데 이어, 9월 2일에는 다시 미 제24군단 사령관 하지 중장의 명의의 포고 삐라를 살포했다. 〈남한 민중 각위에 고함〉이란 제목의 '재조선 미군 사령관 포고 1'과 2. 3으로 계속된 포고령은 해방군이기보다 점령군적인 내용이 담겼다. "주민의 경솔, 무분별한 행동은 의미 없는 인민을 잃고 아름다운 국토가 황폐화되어 재건이 지연될 것이다.", "각자는 보통 때와 같이 상업에 전념해주기 바란다. 이기주의로 날뛴다든가 혹은 일본인 및 미 상륙군에 대한 반란행위, 재산 및 기설 기관의 파괴 등의 경거망동을 하는…." 따위의 협박적인 내용이었다.

남북에 미군과 소련군이 진주하면서 마련한 일련의 정책과 분위기는 해방군이라기보다 점령군으로서의 성격을 나타냈다. 남한의 경우 9월 12일 하지 중장이 아놀드 소장을 군정 장관에 임명하고, 20일에는 군정청의 성격, 임무, 기구 및 인사를 발표하면서 본격적인 미군정체제가 수립되었다.

이에 앞서 9월 8일 남한에 상륙한 미 제7사단은 제1단계로 서울, 경기 지역을 점령하고 7월 12일부터 23일까지 개성, 수원, 춘천 등을 점령했다. 제2단계에는 제40사단이 경남북지역을 점령하고, 7사단의 점령 지역이 확대되어 10월 10일까지 경기, 강원의 모든 지역을 점령했다. 제3단계는 6사단에 의해 전남북 점령으로 남한 전역을 점령하게 되었다. '점령'이란 표현을 썼지만 일본군의 저항이 전혀 없어서 '무혈입성'이나 마찬가지였다.

미군정 당국은 남한에서 군정을 실시하면서 충칭의 임시정부는 물론 여운형의 인민 공화국 등을 인정하지 않았고, 전국 각지에서 자발적으로 구성된 인민 위원회, 치안대 등 각종 자치기구들을 강제로 해체시켰다. 일본의 식민지 통치기구를 그대로 존속시키면서 조선인 행정관리와 경찰을 인계받아 통치했다. 일제에서 미국으로 주인만 바뀐 셈이다.

하지 장군은 김성수 등 11명의 한국인을 군정장관 고문으로 임명한데 이어 조병옥, 장택상 등을 경찰 책임자로 임명했다. 또한 영어를 잘하는 지주 출신의 친일 인사들을 행정고문으로 임명했는데, 이는 사실상 과거의 친일관료, 경찰, 지주 등 반민족적 인사들이 재

등장하는 과정이었다. 여기서 사회주의자들은 물론 임시정부 인사들도 배제되었다.

미군정은 치안 유지법, 사상범 예비구금법 등 일제가 만든 악법을 폐지했으나 신문지법, 보안법 등은 존속시켜 점령 통치에 활용했다. 미군정기에 발생한 대구 10·1 항쟁, 제주 4·3항쟁 등 민중항쟁은 친일경찰이 미군정 경찰로 변신하여 국민을 탄압, 수탈한 데서 발생한 요인이 적지 않았다. 이른바 '통역정치'의 병폐도 많았다. 미군의 통역을 하면서 귀속재산을 가로채는 등 악덕 모리배가 횡행하였던 것이다.

미군정체제에서 입법 기구는 1946년 2월 14일 개원한 남조선과도 입법의원이 효시가 된다. 미군정 사령관의 자문 기관으로 출범한 민주의원은 의장 이승만, 부의장 김구, 김규식이 선출되었고, 좌익계를 제외한 인사들이 총망라되었다. 그렇지만 이승만이 의장을 사퇴하면서 김규식이 대리 의장을 맡아 운영하였다. 이승만이 남한 단독 정부 수립을 주장하고, 김구, 김규식 등은 좌우합작운동을 추진함으로써 민주의원은 사실상 기능이 정지되었다.

그 후신으로 설립한 것이 남조선과도입법의원이다. 1946년 미군정법령 제18호로 설치된 입법의원은 민선의원 45명, 관선의원 45명으로 구성되었다. 민선의원은 간접 선거로 선출되었는데, 이승만과 한민당 계열이 대부분 당선되었고, 관선의원은 좌우합작위원회 등 중도 노선의 각계 인사가 임명되었다. 의장 김규식, 부의장 최동오, 윤기섭이 선임되었다.

입법의원에서 심의 제정한 법령은 50여 종이었는데 미군정은 민족 반역자, 부일 협력자, 간상배에 대한 특별법과 농지개혁법 등 가장 중요한 입법은 공포하지 않음으로써 친일청산과 농지개혁의 시기를 놓쳐 버렸다. 두 법안이 사산한 것은 한민당 출신의 입법의원들과 미 군정청 간부가 된 친일세력의 방해 때문이었다.

미군정기에 빼놓을 수 없는 것은 미·소공동위원회 활동과 결렬이다. 모스크바 3상회의 결정으로 한반도 문제 해결을 위해 1946년 3월 20일 개최된 미·소공동위원회는 미국측 수석위원 아놀드 소장, 소련측 수석위원 스티코프 중장이었다. 신탁통치 문제를 둘러싸고 좌우익의 대립이 심화되고 있는 가운데 열린 미·소공동위원회는 김구, 김규식 등의 좌우합작과 남북 협상론, 이승만과 한민당측의 단독정부 수립론, 여기에 미국과 소련의 이해 대립으로 공전을 거듭하다가 결국 미국의 제안으로 한반도 문제를 유엔으로 이관하면서 막을 내리게 된다.

1947년 11월 14일 제2차 유엔총회는 한국문제 해결을 위해 유엔 한국 임시 위원단을 설치하여 그 감시 하에 1948년 3월까지 자유선거를 실시, 국회 및 정부 수립 후 미·소 양군이 철수한다는 결의안을 제출했다. 소련 측은 이는 모스크바 3상회의 결정을 위반하는 것이며, 한국문제는 미·소 양군이 철수한 후 조선인 스스로 결정하게 하는 것이 가장 바람직하다고 반대했다. 당시 미국의 영향권 아래 있던 유엔은 미국의 제안을 받아들여 가능한 지역만의 총선거를 실시토록 결의하였다.

1948년 8월 15일 남한에서 대한민국 정부가 수립되고, 9월 13일 한·미간의 행정권 이양이 이루어지면서 만 3년여 만에 미군정 체제는 완전히 종결되었다.

3년 동안 무소불위의 위치에서 남한을 통치한 존 하지는 1893년 6월 12일 미국 일리노이 주에서 태어나 대학에서 건축학을 전공하고 정규 육사가 아닌 고등사관 양성소 출신으로 육군부에서 근무하다가 태평양 전쟁이 발발하자 전선에 투입되었다. 육군 24군단 소속으로 오끼나와에서, 1945년 11월로 예정된 일본 본토 공격을 준비하고 있을 때 일본의 항복과 함께 남조선 점령군 사령관으로 선발되었다. 그와 그의 부대가 선발된 것은 한국에 가장 빨리 이동할 수 있다는 물리적인 이유에서였다.

하지는 주둔군 사령관으로 군림하면서 김구를 중국으로 추방하려 하는 등 한국 민족주의 세력을 적대하고, 국면을 분단 정부 수립으로 이끌어가는 주역이었다. "그의 점령 통치는 한반도에 분단의 씨앗을 뿌렸다. 그는 임기를 마치고 귀국하면 그만이었지만 한국인들은 여전히 역사가 남긴 부(負)의 유산을 극복하기 위해 애쓰고 있다"(정용욱, 《존 하지와 미군점령통치 3년》).

06

임시정부는 돌아왔지만 '개인자격'

대한민국 임시정부는 충칭에서 일제의 패망을 내다보면서 좌우합작을 이루고 광복군을 창설하여 본토진격 등을 준비하였다. 1919년 3·1혁명을 계기로 4월 13일 상하이에서 출범한 임시정부는 27년 동안 중국 관내를 돌아다니면서 일제와 싸운 한민족의 대표적인 독립운동 기관이었다.

임시정부는 1941년 11월 28일 건국 강령을 제정하여 해방 후 건설할 민족국가의 성격과 강령을 마련하고, 12월 9일에는 일본에 선전을 포고하는 한편 1944년 4월 약헌(헌법)을 개정하여 부주석제를 신설, 김규식을 영입하고 민족 혁명당 등과 통합하여 좌우합작 정부를 출범시켰다.

임시정부는 또 국무위원 장건상을 연안에 특사로 파견하여 김두봉을 비롯한 독립동맹 간부들을 만나, 충칭에 모여 통합문제를 협의키로 하였다. 그러나 시국이 급진전하면서 김두봉의 충칭행은 이루어지지 못하였다. 이것이 성사되었으면 해방 후 통일 과업을 논의하는 데도 크게 기여할 수 있었는데, 안타까운 일이 아닐 수 없다.

임시정부는 일제의 항복 소식을 듣고 〈임시정부의 당면 정책〉 네 가지를 제시했다.

1. 임시정부는 최소기간 내에 입국할 것
2. 미 · 소 · 영 등 우방과 제휴하고 연합국 헌장의 준수
3. 국내에 건립될 정식 정권은 반드시 독립국가, 민주정부, 균등사회를 원칙으로
4. 독립운동을 방해한 자와 매국자 처단

김구 주석 등 임시정부 요인들은 11월 5일 장개석 정부가 내준 비행기를 타고 5시간 만에 임시정부가 출범했던 상하이로 돌아왔다. 그러나 미국이 보내주기로 한 비행기는 상하이에 머문 지 18일 만인 11월 23일에야 도착했다. 이날 김구 등 1진 15명은 미군 C-47 중형 수송기편으로 3시간 만에 김포공항에 도착 환국하였다. 그나마 2진은 일주일 후 목포공항을 통해 귀국했다. 국내에는 임시정부 환영 준비위원회가 구성되어 있었으나 미군정 측은 이를 알리지 않아 공항에는 환영객 하나 없었다.

미군정은 임시정부를 개인 자격으로 귀국케 하는 등 임시정부로

서 인정하지 않았다. 그리고 미국에 있던 이승만은 10월 16일 미국 태평양 방면 육군 총사령관 맥아더가 주선한 비행기를 타고 도쿄를 경유해 서울에 도착했다. 미 육군 남조선 주둔군사령관으로 임명된 존 하지 중장이 이승만이 일본 도쿄에 도착했을 때 그를 만나러 일본까지 가서 맥아더와 3인 회담을 가진 데 이어 대대적인 귀국 환영 대회를 연 것과는 크게 대조되었다.

미국은 투철한 민족주의자인 김구 등 임시정부 요인보다 친미성향이 강한 이승만을 처음부터 점찍고 차별대우를 하였다.

임시정부 요인들은 환영 준비위원회에서 마련한 경교장과 한미호텔에 머물면서 해방정국에 대처하였다. 12월 19일 대규모적인 임시정부 개선 환영식이 열렸다. 미군정은 냉대했지만 국민은 임정 요인들을 뜨겁게 환영했다. 식장에는 조선음악가협회가 제정한 〈임시정부 환영가〉가 우렁차게 울려퍼졌다.

1. 원수를 물리치고
맹군이 왔건만은
우리의 오직 한 길
아직도 멀었던가
국토가 반쪽이 나고
정당이 서로 분분
통일없인 독립없다
통일만세 통일만만세

2. 30년 혁명투사
유일의 임시정부
그들이 돌아오니
인민이 맞이하여
인제는 바른 키를
돌리자 자주독립
독립없인 해방 없다
통일만세 통일만만세

환국한 임시정부는 해방정국의 주역이 되지 못하였다. 12월 말 모스크바 3상회의에서 5년 신탁통치를 결정했다는 소식이 전해지면서 임정요인들은 반탁운동에 앞장서고, 미군정과 친일세력으로부터 사사건건 견제를 받았다. 참다못한 김구 주석은 12월 31일 내무장관 신익희에게 「국자(國字)」 제1호, 2호의 임시정부 포고문을 발령케 했다. 미군정과 정면 대치하는 결단이었다.

국자 제1호

1. 현재 전국 행정청 소속의 경찰 기구 한국인 직원은 전부 임시정부 지휘 하에 예속케 함
2. 탁치 반대의 시위운동은 계통적, 질서적으로 할 것
3. 돌격 행위와 파괴 행위를 절대 금함

4. 국민의 최저생활에 필요한 식량, 연료, 수도, 전기, 교통, 금융, 의료 기관 등의 확보 운영에 대한 방해를 금함
5. 불량상인들의 폭리 매점 등은 엄중 취제함

하지는 이와 같은 임시정부의 처사를 군정에 대한 쿠데타라고 비판하면서 김구를 구속하여 인천 감옥에 수감했다가 중국으로 추방할 계획을 세웠다. 이 계획은 한국 민중의 대대적인 저항을 불러올 것이라는 주변의 만류로 실행되지는 않았다. 하지만 임시정부(김구)와 미군정은 돌이키기 어려운 관계가 되었다. 해방정국은 신탁통치를 둘러싸고 좌, 우 세력의 찬반투쟁으로 갈리고 통일정부 수립과 친일파 청산 등 민족적인 과제는 실종되었다. 임시정부는 미군정이 비록 실체로 인정하지는 않았으나 정치적으로는 가장 활발하게 반탁운동을 전개하였다. 한 세대에 걸쳐 피어린 투쟁으로 독립된 나라가 또 다시 외국의 신탁통치를 받을 수 없다는 것이 임시정부 측의 소신이었다.

김구는 미군정뿐 아니라 소련 측으로부터도 배척되었다. 1946년 3월 20일 미·소공동위원회가 덕수궁 석조전에서 열렸다. 소련 대표 스티코프가 김구를 '반동적, 반민주주의적'이라고 비난하면서 "앞으로 수립된 민주주의 임시정부는 모스크바 3상회의를 지지하는 민주주의 정당과 사회단체를 망라한 대중 단결의 토대 위에서 창설되어야 한다."고 하여 사실상 김구와 임시정부 세력을 배제하는 발언을 하였다. 김구는 격노하여 하지와 만난 자리에서 이를 따

졌다.

> 김구 : 장군, 단도직입적으로 말하겠는데 당신들은 나라를 전략적으로 점령한 데 불과하오. 자주 독립 정부를 세워야 할 것이 절실한 당면 과제인데 미 · 소 양국이 한국에 신탁통치를 실시한다는 것은 잘못이 아니겠소.
>
> 하지 : 김구 선생, 신탁통치안은 어디까지나 잠정적인 조치에 불과할 뿐입니다. 우리 역시 한국의 자주정부 수립을 희망하고 있는 것은 사실입니다.
>
> 김구 : 아니 잠정적인 조치일 뿐이라니, 물론 장군도 소련 스티코프란 자의 개회사를 기억하고 있을 것이 아닙니까? 분명히 말해두겠지만 이번에 열리는 미 · 소공위는 한민족 전체의 염원을 짓밟는 강대국의 처사라고 아니할 수 없소. 따라서 신탁통치를 반대하는 것은 우리 민족의 당연하고도 엄숙한 의사표시인 것이오(《백범 김구전집》, 제5권).

미 · 소공동위원회가 결렬되고 한국문제가 유엔으로 넘어가 남한 단독 선거가 결정되면서 김구는 김규식 등과 남북협상을 제기하고 평양에서 북한 지도자들과 만나 단선, 단정을 반대하고 통일정부 수립을 논의했으나, 결과적으로 남북한에 두 개의 정부가 수립되었다. 임시정부는 대한민국 정부수립과 김구 주석의 암살로 사실상 종료되고 말았다.

07

헌법, 어떻게 무엇을 담았나

국가의 기본법인 우리나라의 헌법은 어떻게 제정되었는가. 1948년 5월 10일 초대 민의원 선거가 실시되고 당선된 의원들은 6월 1일 국회 본회의에서 헌법 기초위원 선임을 위한 전형위원을 각 도 별로 1명씩 10명을 선출하였다. 그 전형 위원들이 30명의 헌법 기초위원을 선출하였으며 사법부, 법조계, 교수 등 각계에서 권위 있는 10명을 전문 위원으로 선임하였다.

헌법 기초위원장에는 서상일이 선임되고 기초위원은 유성갑, 윤석구, 김상덕, 허정, 조헌영, 조봉암, 이청천 등이, 전문 위원에는 유진오, 권승렬, 윤길중 등이 선임되었다. 헌법 기초위원회는 6월 3일부터 22일까지 16차례 회의를 열어 전문 10장 102조의 헌법안을 초안하였고 23일 국회본회의에 제출하였다.

헌법 초안은 대한민국 임시정부의 '대한민국 임시헌법' 그리고 미군정시대 남조선대한국민대표민주의원에서 마련한 헌법안, 1919년에 제정된 독일 바이마르공화국의 헌법을 모델로 삼았다.

> 바이마르 헌법은 그 당시 다른 나라에서는 찾아볼 수 없는 세계적으로 가장 앞선 민주헌법이었다(오인석, 《바이마르공화국의 역사》).

실무적으로는 유진오가 개인적으로 마련한 초안을 중심으로 심의되었다. 유진오의 초안은 바이마르 헌법이 모델이었다.

제헌헌법은 심의 과정에서부터 정치세력 간의 알력을 갖게 되었다. 이승만 측은 대통령제를 선호하고, 한민당 측은 내각제를 바랐다. 이승만은 자신의 집권이 예상되면서 강력한 대통령제를 원하고, 한민당 측은 대통령은 이승만을 선출하되 실권은 자신들이 갖는 내각제를 바랐던 것이다.

헌법 기초위원회에서 처음 만든 안은 내각책임제였다. 즉 대통령은 상징적으로 하고 실권은 국무총리에게 부여하는, 국회에 의한 내각의 통제 등을 특징으로 하는 시안이었다. 이 헌법안에 대해 이승만이 6월 15일 헌법 기초위원회에 출석하여 "직접 선거에 의한 대통령책임제가 적합하다."고 발언한 데 이어 며칠 후 다시 "이 초안이 헌법으로 채택된다면 이 헌법하에서는 어떠한 지위에도 취임하지 않고 민간에 남아서 국민운동을 하겠다."고 선언하였다.

대통령 지위가 아니라면 정부 참여를 거부하겠다는 협박이었다.

이에 한민당 측은 고민에 빠졌다. 만일 김구·김규식에 이어 이승만 마저 정부에 참여하지 않는다면 그 정부는 약체정부가 될 수밖에 없었다. 이에 21일 밤 서상일·김준연·조헌영 등 한민당 측 중진의원들은 이승만의 요구를 받아들이기로 합의했다(박찬승, 《대한민국은 민주공화국이다》).

이렇게 하여 대한민국 헌법은 내각책임제에서 대통령중심제로 탈바꿈되어 6월 22일 헌법 기초위원회에서 채택되었다. 처음부터 '위인설관'의 비극적 운명을 타고 태어난 셈이다.

국회 헌법기초위원회에 내놓은 유진오 헌법 초안의 제1조는 "조선은 민주공화국이다."로 시작되어 "주권은 인민에게 있고 모든 권력은 인민으로부터 나온다."로 이어진다. 당시에는 대체적으로 '국민' 대신 '인민'이라는 용어가 널리 쓰였다. 미국 독립선언이나 프랑스 혁명의 인권선언, 유엔 인권선언의 '피플'은 국민보다 인민에 더 가깝다.

국호를 둘러싸고도 치열한 논쟁이 일었다. '조선'과 고종이 1897년 건원칭제를 단행하면서 채택한 대한제국의 '대한(大韓)'을 찾아서 광복하자는 이름을 다시 찾아 써야 한다는 주장이 맞섰다.

결국 투표로 정하기로 했다. 헌법 기초위원 30명 중 26명이 참가한 투표 결과 대한민국 17표, 고려공화국 7표, 조선공화국 2표로 '대한민국' 이 국호로 채택되었다.

유진오헌법 초안의 전문(前文)에는 "3·1혁명의 위대한 독립정신을 계승하여"라고 되어 있는 부분을 이승만 의장(국회)이 "기미 3·1 운동으로 대한민국을 건립하여"라고 고쳐줄 것을 주문했다. 이리하여 '3·1혁명' 이 '3·1운동'으로 표기하게 되었다.

제헌헌법은 이승만의 권력 야망으로 권력체제 문체에서 변질되기는 했으나 국민주권주의를 바탕으로 하는 진보적인 내용을 많이 담고 있다. "유구한 역사와 전통에 빛나는 우리들 대한국민은 기미삼일운동으로 대한민국을 건립하여 세계에 선포한 위대한 독립정신을 계승하여, 이제 민주 독립국가를 재건함에 있어서, 정의와 인도와 동포애로써 민족의 단결을 공고히 하며…"로 이어지는 헌법 전문은 신생 대한민국이 지향하는 방략을 제시하였다.

여기서 "민주 독립국가를 재건"이란 대목은 대한민국 임시정부의 법통을 승계한다는 뜻이다. 최근 보수 일각과 사이비 사학자들이 8·15 정부 수립일을 광복절 대신 건국절로 하자는 주장이 얼마나 무식하고 반 헌법적인 정신인가를 살피게 한다.

헌법 전문에 나타나는 대한민국 국가건설의 정신은 첫째, 민족의 단결을 공고히 하고 둘째, 사회적 폐습을 타파하고 셋째, 민주주의 제도를 세우고 넷째, 모든 영역에서 개인의 기회를 균등히 하여 능력을 발휘케 하고 다섯째, 국민의 책임과 의무를 완수해야 한다고 선언했다. 세계 선진 민주국가 어느 나라의 헌법과 비교해도 손색이 없는 내용이었다.

특히 본문 제2조 "대한민국의 주권은 국민에게 있고, 모든 권력은 국민으로부터 나온다."는 조항은 임시정부의 헌장을 그대로 계승한 것이며, 제1조의 "대한민국은 민주 공화국이다"라는 국호와 정체의 규정에서 단순한 '공화국'이 아닌 '민주 공화국'이라고 표현한 것은 바이마르공화국의 헌법에도 없는 매우 독창적인 내용이다.

훗날 군사독재 정권이 '자유민주주의'라는 용어를 쓰고, 최근 보수 세력이 이 용어를 전가의 보도처럼 사용하지만, 우리나라 제헌 헌법 정신은 일체의 관사를 허용하지 않은 '민주 공화국' 즉 '민주주의' 공화국일 뿐이다. 민주주의에 관사를 붙이면 정치적 불순성이 담보된다. '민족적 민주주의', '인민 민주주의' 따위가 그렇다고 할 수 있다.

제헌헌법의 특징 중의 하나는 정치적 민주주의와 경제적 민주주의였다. 경제적 민주주의는 임시정부가 채택한 조소앙의 삼균주의 즉 정치적 균등, 경제적 균등, 교육적 균등사상을 이은 것이다. 헌법 전문의 중간 부분에는 "안으로는 국민생활의 균등한 향상을 기하고 …"라 하여 삼균주의적 요소를 담고 있다.

1987년 6월 항쟁의 결과로 마련된 제9차 개헌의 119조 1항은 "균형 있는 국민경제의 성장 및 안정과 적정한 소득의 분배를 유지하고, 시장의 지배와 경제력의 남용을 방지하며, 경제주체 간의 조화를 통한 경제적 민주화를 위하여 경제에 관한 규제와 조정을 할 수 있다."고 한 것은 제헌헌법의 경제적 균등 정신을 뒤늦게 채택한 것이다. 박근혜 대통령이 '경제정의'를 선거 공약으로 내걸었다가 집권 후 폐기한 것은 헌법정신에 위배된다.

08

신탁통치안, 해방정국의 블랙홀

1945년 12월 말 미·영·소 3국의 대표들이 모스크바에 모여 한반도의 신탁통치안을 결정했다. 한반도의 신탁통치 방침은 2차 대전 중 미국에 의해 구상되고 카이로, 테헤란, 얄타회담 등에서 제안된 바 있다. 일본이 예상보다 빨리 항복하고 한반도를 미·소 양군이 분할 점령하게 되자 관련국들은 한반도 문제 처리를 위해 모스크바 3상 회의를 열었다.

이 회의에서 미국은 한국인의 참여가 극히 제한된 '통일 시정기구'를 설치하여 "미·영·중·소 4개국 대표로 구성되는 집행 위원회에서 권한을 수행할 것"과 "탁치 기간은 5년을 넘지 않을 것" 등을 골자로 하는 안을 제시했다. 이에 소련은 "한국의 독립을 부여하기 위한 임시정부 수립과 그 전제로서 미·소 공동위원회 설치" 등

4개 항의 수정안을 냈다. 회의는 소련의 수정안을 약간 손질하여 최종결정으로 채택했다.

신탁통치안을 요약하면 첫째, 한국을 독립국가로 재건하기 위해 임시적인 한국 민주정부를 수립한다. 둘째, 한국 임시정부 수립을 돕기 위해 미·소 공동위원회를 설치한다. 셋째, 미·영·중·소의 4개국이 공동 관리하는 최고 5년 기한의 신탁통치를 실시한다는 내용이었다.

한반도 5년 신탁통치안이 국내 신문에 보도되면서 남한의 정국은 마치 벌집을 쑤셔놓은 것 같았다. 신탁통치 소식을 전한 〈동아일보〉는 "소련은 신탁통치 주장, 미국은 즉시 독립 주장" 이란 제목의 1면 머리기사를 대서특필했다. 외신 보도의 형식이었다.

이 기사는 "모스크바에서 개최된 3국 외상 회담을 계기로 조선 독립문제를 표면화하지 않는가 하는 관측이 농후해가고 있다. 즉 번즈 미 국무장관은 출발 당시에 소련의 신탁통치안에 반대하여 즉시 독립을 주장하도록 훈령을 받았다고 하는데, 3국간에 어떤 협정이 있었는지 없었는지는 불명확하나, 미국의 태도는 카이로 선언에 의하여 조선은 국민투표로서 그 정부의 형태를 결정할 것을 약속한 점에 있는데, 소련은 남북 양 지역을 일괄한 일국 신탁통치를 주장하여 38선에 의한 분할이 계속되는 한 국민투표는 불가능하다고 하고 있다."면서 "소련의 구실은 38선 분할점령"이란 큰 제목을 달아 보도하였다.

이 보도를 근거로 이승만과 한민당, 김구와 임시정부 세력은 반탁운동을 격렬하게 전개하였다. 정치인들뿐만 아니라 국민 대부분이 반탁운동에 동조하였다. 즉각적인 자주독립만을 기대했던 독립운동가와 국민에게 신탁통치란 상상할 수 없는 날벼락이었다. 이념과 정파를 초월하여 반탁운동이 전개되었다. 공산당과 조선인민당도 반탁대열에 섰다. 좌익세력의 경우 1946년 1월 2일부터 공식적으로 찬탁의 입장을 취할 때까지 개별적으로는 반탁의 입장을 분명히 하였다.

모스크바 3상 회담이 진행 중인 시점에서 반탁운동에 불을 지른 이 기사는 3상 회담의 내용을 신탁통치만으로 국한시키면서 미국이 즉시 독립을 주장하고, 소련이 신탁통치를 주장한 것처럼 전한 잘못된 기사였다. 더욱이 놀라운 것은 12월 25일자 미국발 기사라면서 정확한 출처도 밝히지 않았다. 그 때문에 이 기사가 나가게 된 배경을 놓고 당시 국내 언론을 통제하던 미군정 당국의 단순 실수설, 반소·반탁 감정을 형성하기 위한 국내외의 모종의 음모설 등이 지금까지 제기되고 있다. 〈동아일보〉의 이 기사와 관련 최근 연구성과에 따르면 조작이라는 주장이 제기되고 있다.

이 기사를 조작한 자는 누구였나? "워싱턴 25일 발 합동"이라는 걸 보면 합동통신사로 거슬러 올라가서 찾아봐야 할 텐데 워싱턴의 어느 매체에 누가 쓴 글인지도 밝혀져 있지 않다. 그렇다면 한민당 대표 송진우가 사장으로 있던 〈동아일보〉의 조작으로 보지 않을 수 없다. 〈동아일보〉가 주범이란 것은 증거가 분명한 사실인데, 범죄의 성격으로 보아 단독범행은 아니다. 공범 내지 공모자를 밝히는 것은 명확한 증거가 없으므로 쉽지 않은 일이다. 정용욱은 〈태평양 성조기〉지 12월 27일자에 같은 기사가 실린 것으로 보아 맥아더 사령부 개입의 개연성을 밝혔고, 이 허위기사의 유포가 방치된 사실로 보아 군정청의 작용을 시사했다. 완벽한 실증적 증거는 아니라도 더할 나위 없이 명확한 개연성을 보인다(김기협,《해방일기》2).

그러니까 신탁통치를 추구하는 미국무성 정책을 뒤집기 위해 맥아더 사령부, 군정청, 이승만, 한민당 세력이 협력하여 조작한 것이라는 주장이다.

임시정부는 12월 28일 긴급 국무회의를 열어 김구와 김규식의 명의로 "4개국 원수에게 보내는 결의문"을 채택하고, 각계 대표 70여 명으로 탁치반대 국민총동원 위원회를 결성하였다. 여기서 강력한 반대 투쟁을 결의하고 김구, 김규식, 조소앙, 김원봉, 유림, 신익희, 김붕준, 엄항섭, 최동오 등 9인을 탁치반대 총동원 위원회 '장정위원'으로 선정했다. 이날 채택한 성명서는 다음과 같다.

> 성명서
>
> 우리는 피로서 건립한 독립국과 정부가 이미 존재하였음을 다시 선언한다. 5천 년의 주권과 3천 만의 자유를 전취하기 위하여 자기의 정치활동을 옹호하고 외래의 탁치 세력을 배격함에 있다. 우리의 혁혁한 혁명을 완성하자면 민족의 일치로서 최후까지 분투할 뿐이다. 일어나

자 동포여!

1개 신문의 잘못된 신탁통치 보도는 해방 정국의 황금과도 같은 시간을 이 문제로 인해 온통 블랙홀로 만들었다. 모든 이슈가 이곳으로 빨려들어갔다. 해방정국의 최대 이슈는 통일정부 수립과 미·소 양군의 철수 그리고 친일 민족반역자 처벌이었다. 하지만 탁치 문제는 이 같은 민족사 절체절명의 과제를 뒤로 한 채 찬반 투쟁으로 치달았다. 그리고 찬반 운동이 어느새 이념대결로 대치되었다. 이 같은 공작을 꾸민 세력은 쾌재를 불렀을 터였다.

사실 모스크바 3상 회의에서 결정된 사항 중에는 활용하기에 따라 우리에게 유리한 조항도 없지 않았다. 민족지도자들이 좀더 진지하게 이를 검토하고 분석하여 결집된 역량으로 대처했으면 상황이 크게 달라질 수도 있었을 것이다. 하지만 정확한 정보가 없었던 것이 무엇보다 아쉬운 대목이었다.

민족진영은 반탁운동에 참여하면서 미·소 열강의 대립과 이에 추종하는 사대주의 세력의 준동을 지켜보면서 한없는 무력감에 빠져들었다. 그리고 즉각적인 자주독립정부 수립 운동에 나섰으나 세가 불리하여 역부족이었다.

한민족은 일제로부터 해방되었으나, 분단과 함께 또 다시 외국의 신탁통치를 받게 되는 비극을 맞게 되었다. 봄이 왔으나 봄은 아니었다(春來不似春).

09

한 세기를 망친 김구 암살범 안두희

환국 후 김구의 사생활과 정치활동은 근검하고 청렴하기로 알려졌다. 많은 국민과 재력가들이 그를 존경하여 금품을 보내왔지만 그는 대부분 돌려보냈다. 정치활동에 적지 않은 돈이 필요하였을 터인데도 부정한 돈은 받지 않았다. 당시 친일파들이 구명의 조건으로 독립운동가들에게 거액을 헌납하는 것이 상례처럼 되고, 이에 대해 비난 여론이 일기도 하였다. 그러나 김구는 철저하게 주변을 관리하였고 자신도 청렴성을 견지하였다.

김구 암살의 시점은 그 전후에 발생한 정치적 사태와 연결할 때, 이승만 정권의 절묘한 타이밍이 작동한 것이 아닌지 살피게 한다. 정부는 1949년 5월 외국군 완전철수와 남북회담, 반민특위법 제정을 주도한 노일환, 이문원 등 진보적 소장파 의원 13명을 남로당 프락치 혐의로 구속하여 공포분위기가 조성되었다. 6월 6일, 이승만 정권은 눈엣가시처럼 여기던 반민특위를 경찰을 동원하여 짓밟았다. 헌법 조항에 따라 설치된 국가기관을 '국립경찰'이 짓밟은 폭거였다. 그리고 6월 26일 이들의 정신적 기둥이었던 김구가 암살되었다. 권력 상층부에서 절묘하게 준비한 스케줄이라는 인상이 짙다.

1949년 6월 26일 경교장에도 초여름의 밝은 햇살이 눈부시게 쏟아지고 있었다. 김구는 경교장 2층 거실에서 《중국시선(中國詩選)》을 읽고 있었다.

이날 그는 주일예배에 참석할 예정이었으나 차가 없어서 교회에 가지 못하고 집에서 무료함을 달래며 책을 읽고 있었다. 이 무렵 김구는 집에 있는 시간이 많아서 가끔 예의 떨림체로 휘호를 쓰곤 했다.

자주 쓰는 휘호에는 서산대사가 지은 이른바 '답설야(踏雪野)'라는 싯구도 있었다.

> 踏雪野中去 不修胡亂行
> 今日我行蹟 遂作後人程
>
> 눈 덮인 들판을 걸어갈 때 함부로 어지럽게 걷지 말라
> 오늘 내가 가는 이 발자취는 뒷 사람의 이정표가 될 것이다

운명의 날 오전 11시가 조금 지나 포병소위 안두희가 경교장에 나타나 김구를 뵙기를 요청했다. 김구는 먼저 방문한 창암학원의

여 선생과 면담 중이었다.

이 방문객이 돌아가자 비서 선우진은 강홍모 대위에 이어 안두희를 김구의 방에 안내하고 아래층으로 내려갔다. 그 뒤 2~3분이 채 못되어 2층에서 총소리가 울렸고 김구는 쓰러졌다. 총소리에 놀라 아래층 응접실에 있던 비서 이풍식, 이국태와 독립운동가 출신으로 대광고등학교 교장인 박동엽과 경비원 2명이 뛰어올라 갔을 때는 이미 그는 운명한 후였다. 이때의 시간이 12시 45분경, 그의 나이 향년 74세였다.

독립과 통일정부 수립을 위해 하루도 편한 날이 없는 생애를 보낸 김구는 이날 안두희가 쏜 4발의 흉탄에 쓰러졌다. 일제가 거액의 현상금을 걸고 체포와 암살에 혈안이 되었지만 끝내 목적을 달성하지 못했던 민족의 지도자가 해방된 조국에서 동족의 흉탄에 파란만장한 생애를 마감한 것이다.

김구 암살을 확인한 전봉덕은 즉각 경무대로 달려가 이승만에게 사건을 보고했다. 이승만은 수사를 맡게 될 장흥 사령관은 임정계통이고 김구와 가깝다는 이유로 사령관직에서 해임하고 즉석에서 전봉덕을 사령관으로 임명하여 사건수사를 맡겼다. 일제시 경기도경 경무과장을 지낸 전봉덕은 사전에 암살음모를 알고 있었으며 중요한 역할을 했음이 훗날에 드러난다.

전봉덕의 윗선에는 원용덕과 육군참모총장 채병덕 그리고 국방장관 신성모가 있었다. 원용덕은 안두희 재판의 재판장으로 임명되어 안두희에게 유리하게 이끌었으며, 석방 후 안두희의 군복귀를 주도하고 예편한 뒤에는 헌병사령부 문관으로 채용했다. 또 암살단의 일원인 서청 부단장 김성주가 논공행상 과정에서 소외되자 암살사건의 배후를 떠들고 다니는 것을 알고 그를 이승만 암살혐의로 구속하여 자기집 창고에서 사살하기도 했다.

채병덕은 암살 당시 육군참모총장으로 8·8구락부의 핵심 멤버였다. 그는 김구 암살을 장은산 포병사령관에게 암시했고, 거사 후 장흥 헌병사령관을 퇴진시키고 전봉덕을 사령관으로 임명케 했으며, 암살 배후 은폐에 노력했다. 안두희 재판 때에는 군검찰관 홍영기에게 압력을 가해 사형을 구형하지 못하게 했다.

신성모는 사건 당시 국방장관으로서 암살사건의 수괴급에 해당된다. 8·8구락부의 리더로서 장은산 포병사령관에게 김구 제거의 필요성을 암시하였고, 암살사건 이후 안두희의 종신형을 감형시켜 석방시키고 군에 복귀시켰다. 신성모는 김구의 암살을 보고 받고 "이제 민주주의가 되겠군."하며 반갑게 맞았고, 김창룡과 더불어 안두희 수감생활을 보호하고 그의 감형, 잔형정지, 잔형면제, 석방과 육군복귀를 주도하였으며, 전쟁중 부산에서 안두희를 불러 모윤숙과 김활란이 보는 앞에서 거액의 생활비를 제공하였다.

장은산은 사건 당시 포병사령관으로 계급은 중령이었다. 8·8구락부에 참여하여 채병덕, 신성모의 지령으로 안두희 등을 끌어들여 김구 암살음모를 총지휘했다. 김구 암살 후 논공행상 과정에서 소외당하자 암살 전모를 폭로하겠다고 위협하자 김창룡에 의해 투옥되었고 6·25전쟁 중에 행방불명되었다.

김구 암살을 기획, 실행한 세력은 육군수뇌부와 포병사령부 쪽이었다. 국방장관에서 말단 포병소위에 이르는 다단계의 지휘실행계통은 세계 암살사상 유례를 찾기 어렵다. 최고 권력자의 존재가 없이는 불가능한 일이다. 이승만 집권기 암살 지휘라인과 실행자들은 대부분 출세했지만 그들 중 논공행상 과정에서 배제된 자들은 철저히 제거되었다.

안두희(安斗熙) - 백범 김구 선생 암살범의 고유명사이면서 친일파, 분단세력, 서북청년단, 이승만 권력, 미국(CIC)을 배후로 하는 보통명사의 테러범.
미군 방첩대(CIC)의 정보원 및 요원, 우익 테러조직인 백의사(白衣社)의 자살 특공대원, 해방정국의 정치, 정보부분의 고위 공작원.
독립운동의 상징으로 불리는 민족지도자를 죽이고도 권력의 비호를 받으며 호의호식하고, 6·25전쟁 때는 100만 서울시민을 버리면서도 이승만 정권이 감옥에서 꺼내어 피난길에 동행했던 귀한 신분.
분단정부냐 통일정부냐, 사대권력이냐 자주권력이냐, 독재냐 민주냐라는 민족의 운명이 갈리는 분기점에서 민족양심을 살해한 살인청부업자이자 확신범.

김구 암살의 '배후'는 66년 전의 과거사가 아닌 현재에도 활개치고 있고, 배후의 배후로 추정되는 사람을 추종하는 세력은 지금 그를 '국부'라 부르면서 백범 선생을 폄훼한다. 따라서 안두희와 그 배후는 죽지 않았다. 부끄러운 역사의 반복이고 지속현상이다. 우리 현대사의 가장 수치스러운 대목의 하나이기도 하다.

김구 암살자 안두희는 보통 암살사건의 하수인과 다른 확신범이었다. 그는 단순한 총잡이가 아니라 해방정국의 극렬한 테러집단이었던 서북청년단의 핵심 간부이면서 이승만 정권의 실세이던 8·8 구락부에서 강도 높은 스크린 과정을 거쳐 적임자로 선발된 테러리스트인 한편 미정보기관 소속의 에이전트였다. 김구 암살 배후는 그 이전에 벌어졌던 몽양 여운형 암살사건과 상당부분 연계되기도 하는 측면이 있다.

해방 후 이 땅에는 '자주독립국가(정부) 수립'을 주장하는 지도자를 제거하는 '악의 축'이 형성되었다. 그들은 거침없이 애국자들을 제거하였고 친일잔제세력이 주류가 되는 정치 사회적인 터전을 만들어 나갔다.

김구 암살사건은 이승만의 가장 강한 정치적 라이벌을 제거했다는 일반적인 '정치암살'의 성격을 훨씬 뛰어넘는다. 역사의 물굽이를 근저에서부터 역류시켜 버린 것이다. 항일운동세력 대 친일세력, 자주독립세력 대 사대의존세력, 통일정부수립세력 대 분단정부세력, 민족정기 대 역사왜곡, 정의와 양심 대 거짓과 위선의 대결이었다. 전자가 패하고 후자가 승리하면서 이후 이승만 정권은 거침없이 반민특위를 짓밟고 친일 민족반역자들을 중용함으로써, 한국사회는 독립국가이면서 친일파들이 지배하는 민족모순이 시작되었고, 이같은 현상은 현재진행형으로 이어진다.

10

'독부 이승만'의 반민족, 반민주적 행적

제헌국회는 이승만을 대통령으로 뽑았다. 여운형이 암살되고, 김구와 김규식은 단독정부에는 참여하지 않기로 했기 때문에 그의 집권은 식은 죽 먹기나 마찬가지였다.

이승만의 독재가 절정을 이루던 자유당 말기, 절세의 독립운동가 심산 김창숙은 〈이승만 대통령 하야 촉구 공개장〉에서 '독부(獨夫) 이승만'이라 지적했다. '독부'란 "민심을 잃어서 남의 도움을 받을 곳이 없게 된 외로운 남자"를 말한다.

이승만은 독부였다. 자유당 말기뿐만 아니라 미국에 망명했을 때나 귀국하여 단독정부를 세우고, 12년 동안 1인 독재 권력을 유지할 때까지 다르지 않았다. 독재, 독부, 독선, 독점 등 그에게는 홀로 독(獨) 자가 유독 많았다.

'위대한 독립운동가'로 분장된 그의 망명기가 얼마나 위선적이었는지 모른다. 지금 보수세력이 '건국 대통령'으로 포장하고 있지만, 이승만의 해방 전후의 행적이 얼마나 비민주적이었는지, 집권기간의 1인 전제가 어떻게 독부의 길이고, 얼마나 반민족, 비민주적이었는가를 각종 자료를 통해 살펴본다.

여기서 파란만장한 그의 생애를 전부 취급할 수는 없고, 지금까지 비교적 덜 알려진 부일행적과 독립운동으로 분칠된 내용을, 그리고 비민주적인 행적을 요약해서 정리하고자 한다.

(1) 1899년 1월 독립협회를 이끌면서 반정부투쟁을 벌이다 구속되어 서소문 감옥에 갇힌 이승만은 탈옥하다가 체포되어 사형선고를 받는다. 그 후 무기형으로 감형돼 1904년 8월 9일 일본공사 하야시 곤스케의 지원으로 5년 7개월 만에 출감했다. 이 기간 미국 선교사들의 도움으로 독실한 기독교인이 되고, 많은 독서를 하면서 《독립정신》등을 저술하고 80여 편의 논설을 썼다.

(2) 출감하여 상동교회 부설 청년상동학원의 교장(3주)을 지냈다. 미국 미네소타 주의 미니에폴리스에서 열리는 기독교 국제회의에 참석하기 위해 일본을 거쳐 미국으로 건너 갔다. 그의 출국을 주선한 사람은 친일파로 소문난 미국인 감리교 감독 헤리스였다. 이승만은 총독부가 발급해준 여권으로 고국을 떠났다. 이때 민영환·한규설이 미국정부에 보내는 밀서를 지참했다.

(3) 워싱턴에서 존 헤이 국무장관을 만나 민영환·한규설의 밀서를 전하고 한·미수호조약의 이행을 촉구한 데 이어 루스벨트 대통

령을 면담했으나, 루스벨트의 특사 테프트와 일본수상 가쓰라의 비밀협정체결로 한국독립 보장의 성과를 얻지 못했다. 그러나 루스벨트 면담, 독립청원 등을 보도한 미국 신문 내용이 국내에 전해지면서 '청년지사'로 알려지게 된다. 당시 '일진회 대변인'이었다는 기사가 〈뉴욕 데일리 트리뷴〉(1905. 8. 4)에 게재됐다.

(4) 미국에 눌러앉아, 미 기독교계 인사들의 주선으로 조지 워싱턴 대학에 입학했다. 인문분야는 성적이 우수했으나 수학, 경제학은 불량했다. 이어서 하버드대학에 입학했는데, 미 선교사들은 한국 선교 목적으로 그가 종교지도자가 되길 원해 적극 지원했다. 프린스턴 대학원에서 〈미국의 영향을 받은 국제법상 중립〉으로 박사학위를 받았는데, 1776년부터 1872년까지 미국이 국제법에 규정되어 있음에도 지켜지지 않았던 전시중립을 다룬 내용이었다.

(5) 하버드 재학 중 1908년 스티븐슨을 처단한 장인환 의사의 통역 의뢰를 받고 "예수인 신분으로 살인재판을 통역할 수 없다."는 이유로 거부하자, 교민들의 분노와 반이승만 여론이 확산되었다. 이후에도 이봉창·윤봉길 의사 등 의열 투쟁을 비판하기도 했다.

(6) 주한 미국 선교사들의 요청으로 1910년 10월 5년 만에 귀국했다. 한국은 이 해 8월 29일 일제에 병탄. 1912년 초까지 YMCA 학생부·종교부의 간사로 근무, 한국 체류 5년 동안 민족문제, 독립운동 관련은 외면했으며, 오히려 "반일운동에 관심이 많았던 학생들에게 자신의 유학을 통해 많은 지식을 갖게 되었다."고 발언하는 등 반일보다 해외유학을 권려했다.

(7) 총독부가 1912년 데라우찌 총독 암살사건을 조작, 신민회 간부와 기독교 지도자 등 900여 명을 구속하고 이 중 105명을 기소하는 등 '105인 사건'의 와중에 미국인 친일 목사의 주선으로 미국으로 출국했다. 이때 많은 애국지사들은 혹독한 고문으로 사망하거나 불구가 되고, 해외 망명을 택했다.

미국에 도착하여 옥중에서 의형제를 맺은 박용만의 도움으로 네브라스카 주 체스팅스의 소년병학교를 방문했다. 이 무렵 〈워싱턴포스트〉회견에서 "(병탄 이후) 불과 3년이 지나기도 전에 한국은 낡은 인습이 지배하는 느림보 나라에서 활발하고 떠들썩한 산업경제의 한 중심으로 변모했다."고 일제의 식민통치 정책을 옹호하는 발언을 했다. 1912년 후반까지 뉴저지 주 YMCA에서 있다가 박용만의 주선으로 1913년 2월, 하와이 호놀룰루에 정착했다.

(8) 당시 하와이에는 8천여 명의 교민이 살고 있었다. 교민들은 이승만이 '105인사건'을 피해왔다고 불만을 토로했다. 이승만은 〈태평양 잡지〉를 발행하고, 잡지와 선전책자에서 독립운동가들의 무력항쟁과 의열투쟁을 비판하여 교민들의 항의를 받았다. 교민사회가 분열되고, 대한민국민회의 주도권 싸움으로 대조선국민군병단의 박용만을 축출하면서 이때부터 무장투쟁론과 외교론이 대결하게 되었다. 트러블 메이커로 알려졌다.

(9) 1919년 초 제1차 대전 전승국들의 파리강화회의 참석을 시도했으나 실패했고 스승인 윌슨 대통령의 면담도 좌절되었다. 강화회의에는 상하이 한국독립당의 김규식이 참석했다.

(10) 정한경과 1919년 2월 25일 〈위임통치청원서〉를 파리강화회의에 제출했는데 "연합국 열강이 현 일본의 통치로부터 해방시켜 국제 연맹의 위임통치에 두는 조처를 해달라."는 내용이었다. 측근 정한경은 국내의 3·1운동 뒤에도 미국 신문에 쓴 〈한국의 호소〉(뉴욕타임즈)에서 일본 대신 미국의 통치를 요청했다.

(11) 국내의 3·1혁명 소식을 듣고 3월 14~16일까지 서재필, 윤병구 등과 필라델피아에서 독립기념관까지 가두시위, 〈미국정부에 보내는 호소문〉 등을 채택한다. 서울에서 수립된 한성정부의 집정관총재로 추대되었다. 한성정부는 실체적 조직보다 '지상정부'의 성격이었다. 소수인들이 모여 구성했고 언론보도로 과대포장되었다. 여기서 그는 집정관총재에 추대되었다. 이 때문에 한성정부를 정통정부로 인식했다. 이후 집정관총재직을 갖고 대통령으로 행세한다.

(12) 상하이 임시정부에서 국무총리로 선출하였으나 신채호, 박용만 등 무장투쟁론자들이 '위임통치론'을 들어 반대했다. 그는 미국에서 여전히 대통령으로 행세, 임정에서 시정을 촉구했으나 듣지 않았다. 1919년 8월 상하이 임시정부가 한성정부, 블라디보스토크의 국민의회정부와 통합하면서 개헌을 통해 대통령직제로 개편할 때까지 미국에서 자신을 대통령으로 부르며 행세했다.

(13) 1년 반 만에 상하이 임시정부에 도착, 정부운영 방안·항일투쟁 방책이 없어 임정 내분이 격화되었다. 이동휘, 안창호, 김규식, 신채호, 박용만 등이 임정과 결별했으며 이때 만주에서는 청산리전투와 봉오동전투 등 무장투쟁이 전개되고 있었다. 당시 이승만은

현실성이 없는 외교론만 주장했다.

(14) 1921년 5월 29일 1년 반 만에 다시 임시정부를 떠나 미국행, 워싱턴 D. C의 구미위원부를 한국위원회로 바꾸고 활동 근거지로 삼았다. 파리 강화회의에 참석했던 김규식이 위원장에 선임되었다.

(15) 1922년 2월 하와이로 귀환하여 이듬해 6월 자신이 운영하는 한인기독학원 남녀학생 20명으로 〈하와이 학생 고국방문단〉을 구성하고, 일본 총영사관과 교섭 끝에 이들을 일본여권으로 한국을 방문케 했다. 명색이 임정 대통령의 신분으로 한 일이다. 이때 하와이의 한 강연에서는 청 · 일전쟁 당시 일본군이 모범적이었다고 찬양하여 물의를 일으켰다.

(16) 임시정부 의정원은 1922년 6월 17일 1주일 간의 토론 끝에 재적 3분의 2의 찬성으로 이승만 불신임안을 결의하여 정부수립 6년여 만에 대통령 탄핵이 결정되었다.

(17) 상하이 임시정부는 1925년 4월 10일 구미위원부 폐지령을 내렸다. 이승만은 이에 불복하여 윤치영 등을 시켜 명맥을 유지하면서 임시정부를 격렬하게 비난하는 성명을 발표했다. 하와이 체류 중에 한인사회 단체를 자기중심체제로 바꿔 교민사회가 분열했고, 대한인동지회를 개편하여 자신을 '종신총재'에 추대했다.

(18) 중 · 일전쟁의 발발로 국제정서의 변화를 지켜보면서 1939년 10월 임시정부 김구 주석에게 구미위원부의 인정을 요구, 임시정부는 미 · 일 전쟁이 임박해지자 1941년 6월 이승만을 주미외교

위원장으로 임명하고, 임정의 주 워싱턴 전권대표로 임명했다.

(19) 미 · 일전쟁의 발발과 함께 활동을 개시했다. 이승만과 한미협회는 1943년 3월 미 정부에 임시정부의 인정을 요구했으나 미 정부는 거부했다. 한인연합회 하와이지부 등 임정에 이승만의 소환을 요청했다. 이유는 교민 사회의 불화, 분열을 주동한다는 것. 미 정부의 한국 임정 승인 거부에는 미주 한인사회의 분열과 이승만에 대한 불신도 작용했다. 1944년 6월 주미외교위원부를 임시정부체제로 개편하려다 교민들의 반대로 무산되었고 1945년 2월 미 국무차관과 7월에는 트루먼 미 대통령에게 전보로 임정의 승인을 요청했다.

(20) 1945년 7월 말 태평양전쟁을 이끌고 있는 맥아더에게 전문으로 강력한 반소 · 반공입장을 전달, 맥아더의 주목을 받게 되었다. 이승만은 일제의 항복으로 귀국을 서둘렀다. 중경의 김구보다 먼저 귀국하기 위해 맥아더와의 접촉에 성공했다. 그의 주선으로 9월 16일 군용기를 타고 일본을 거쳐 하지와 함께 귀국했으며 도쿄에서 맥아더 · 하지와 한국문제에 대해 요담을 마치고 미군장교 복장으로 귀국했다(윤치영 증언).

(21) 귀국 뒤 "나는 공산당에 호감을 가지고 있는 사람입니다. 그의 주의에 대하여도 찬성하므로 우리나라 경제정책을 세울 때 공산주의를 채용할 점이 많이 있습니다"(〈매일신문〉. 1945. 10. 26)라며 공산주의에 대해 우호적인 발언을 하기도 했다. 그러나 미군정의 공산당 불법조치로 극렬 반공주의자로 다시 선회했다.

(22) 1946년 6월 3일 '정읍발언'으로 단독 정부수립을 처음으로 주장하고 김구, 김규식 등의 남북협상을 반대했다. 46년 말 미군이 제공한 군용기로 미국에 건너가 〈남한 단독정부 수립안〉 6개항을 제시하고, 미국의 반소 정책을 촉구하는 등 대미활동을 한다.

(23) 1948년 5·10총선에서 동대문 갑구에 출마, 독립운동가 최능진의 입후보를 봉쇄했는데, 최능진은 6·25전쟁 시기에 내란음모혐의로 총살형을 내려 정치보복 제1호 희생자가 되었다. 철학부재, 정책부재의 비판을 피하고자 '일민주의'를 내걸고 국민을 일원체제로 묶고자 시도하기도 했다.

(24) 제주 4·3항쟁이 일어나자 계엄법률을 제정하여 계엄령을 선포하고, 국무회의에서 "강력히 처벌하라"고 지시했다. 이 일로 2만 5천~3만 명의 희생자가 발생하였다. 제주 4·3항쟁, 여순사건 등을 빌미로 국가보안법을 제정하여 정적 제거와 언론 탄압에 악용하기도 했다.

11

친일세력,
반민특위를 짓밟다

제헌국회는 1948년 9월 22일 일제강점기에 일제에 협력하여 민족 배반 행위를 했던 친일분자들을 처벌하기 위해 반민족행위처벌법을 공포했다. 헌법 제101조에 의거한 특별법의 제정이었다.

이에 따라 반민족행위특별조사위원회(반민특위)가 구성되고, 국회는 독립운동가 출신 김상덕 의원을 위원장으로 선출한 데 이어 특별 재판부, 특별 검찰부·사무국 등을 구성하고, 각 시, 도에 지부를 설치하였다. 반민특위는 1949년 1월 8일부터 화신재벌 박흥식에 대한 검거를 시작으로 활동에 들어갔다.

반민특위는 최인, 이종형, 이승우, 노덕술, 박종양, 김연수, 문명기, 최남선, 이광수, 배정자 등을 체포하면서 본격적인 활동을 시작했다. 친일세력을 기반으로 집권에 성공한 이승만 대통령은 자신의 지지세력, 특히 친일경찰 출신의 경찰간부들이 구속되면서 정치적 위기에 내몰렸다. 친일경찰은 이승만에 구명을 기대하는 한편 반민특위 해체를 위한 음모를 꾸몄다.

반민자 공판이 진행되고 있을 때 친일세력은 3·1운동의 성지 탑골공원과 반민특위 본부에까지 몰려와서 특위의 해체를 주장하고 반민특위를 빨갱이 집단이라고 외치며 시위를 벌였다. 심지어 6월 2일에는 친일세력의 사주를 받은 유령 단체들이 국회 앞에 몰려와 특위요원들을 온갖 욕설로 헐뜯고 체포된 반민자들의 석방을 요구하기에 이르렀다.

반민특위는 6월 3일 시위자들이 특위본부를 습격한다는 정보를 듣고 경찰에 경비를 의뢰했지만 경찰은 이를 외면하였다. 경찰의 방치 속에서 동원된 시위대는 특위본부를 포위하고 사무실까지 습격할 기세를 보였다. 특위 특경대들이 공포를 쏘면서 간신히 데모대를 해산시키려 하자 그제서야 경찰이 나타났다.

특위의 특경대는 친일경찰 출신인 시경 사찰 과장 최운하가 반민특위활동 저지 데모의 주동자라는 사실을 밝혀내고 그를 구속한 데 이어 선동자 20여 명을 연행하였다.

최운하가 구속되자 각 경찰서의 사찰 경찰 150여 명이 집단 사표를 내는 소동을 벌였다. 국회프락치사건으로 반민특위가 크게 위축된 상태에서 사찰 경찰의 집단 사퇴가 이루어진 것이다. 특위활동을 제약시키고 이에 대항하려는 친일경찰의 조직적인 계략이었다.

서울시경 산하 전 사법경찰이 반민특위 특경대 해산 등을 요구하며 집단 사직서를 내놓고 있을 때인 6월 5일, 중부서장 윤기병, 종로서장 윤명운, 치안국 보안과장 이계무 등은 "실력으로 반민특위 특경대를 해산하자"는 데 뜻을 같이하고 음모를 꾸몄다. 이들은 밤늦게 시경국장 김태선에게 자신들의 계획을 전하고 내무차관 장경근의 지지를 얻어냈다. 장경근은 "앞으로 발생할 모든 사태에 대한 책임은 내가 질 터이니 특경대를 무장해제시켜라, 웃어른께서도 말씀이 계셨다."라고 이승만의 사전 양해가 있었음을 암시하였다.

6월 6일 심야에 내무차관 장경근의 지지와 '웃어른'의 양해를 받은 이들은 반민특위 습격의 구체적인 작전 계획을 짰다. 행동 책임자는 반민특위의 관할 서장인 중부서장 윤기병이 맡기로 하였다. 윤기병은 새벽 일찍 중부경찰서 뒷마당에 전 서원을 비상소집하였고, 차출한 서원 40명을 2대의 스리쿼터에 태워 중구 남대문로의 특위본부로 출동시켰다.

윤기병이 직접 지휘한 습격대는 특위본부 뒷골목(현 한전빌딩)에 도착하여 20명은 주변경계에, 나머지 반은 정문과 비상구, 각층 사무실에 배치되었다. 윤기병은 장탄한 권총을 꺼내들고 오전 8시경에 출근하는 특위직원들을 모조리 붙잡아 스리쿼터에 싣도록 명령하였다.

소식을 듣고 달려온 검찰관 차장 노일환 의원과 검찰관 서용길 의원도 이들에 의해 무장해제 되었다. 뒤늦게 출근하다 사태를 목격한 김상덕 위원장과 김상돈 부위원장이 "국립경찰이 불법으로 헌법기관인 특위를 강점하고 직원을 불법체포하니 이게 무슨 행패냐?"고 분노를 터뜨렸으나 경찰은 들은 척도 아니했다. 특위사무실의 점거사실을 전해들은 검찰총장 겸 특별 검찰관인 권승렬이 현장에 달려왔지만 오히려 경찰에 의해 몸수색을 당하고 출입조차 저지되었다.

현직 검찰총장의 휴대용 권총까지 빼앗는 경찰의 무지막지한 행동은 법질서나 위계 따위는 안중에도 두지 않은 만행이었다. 그들은 '상부의 지시'를 불법의 이유로 댔다. 검찰총장의 상부는 이승만 대통령이었다.

경찰의 반민특위 습격의 배경은 이승만이 직접 반민특위 위원장 김상덕이 거처하는 관사를 두 차례나 찾아와 악질 친일경찰 출신인 노덕술 등의 석방을 요구하였지만 듣지 않자 물리력을 동원하기에 이르렀던 것이다.

경찰의 반민특위 습격사건은 국회로 비화되어 이날 오후 열린 제13차 본회의에서 격론이 벌어졌다. 국회내무치안위원장 라용균 의원은 경무대에서 이승만을 만난 사실을 보고하면서 "특경대 무장해제는 국무회의를 거치지 않고 대통령이 친히 명령한 것"이라는 대통령의 전언을 공개하였다.

특위습격사건이 이승만의 직접 명령이라는 발표에 의원들의 분노는 가라앉지 않았다. 여기에다 사건 경위보고에 나선 장경근이 "특경대는 내무부가 인정한 국가경찰관이 아닌데도 특위가 임의로 임명하여 경찰관 호칭을 사용, 신분증명서까지 소지하고 경찰관 임무를 불법적으로 행사했다."고 말하며, "내무부가 누차 그 불법성을 지적, 해산을 종용했으나 특경대의 경찰권 행사가 더욱 늘어나 부득이 강제해산시켰다."고 변명하였다.

반민특위 간부들의 일괄사퇴서를 받은 국회는 새로운 후임 위원을 선출하였고, 김상덕은 조국남·조규갑 의원과 함께 특위위원으로 재선출되었으나 재차 사임하였다.

경찰의 반민특위 습격에 놀란 국회는 다음날 내각 총사퇴와 압수한 반민특위의 무기와 문서의 원상회복, 내무차관과 치안국장의 파면을 요구하는 결의안을 상정, 찬성 89, 반대 59로 통과시켜 분노의 일단을 표시하고, 정치적인 수습 방안을 모색하였다. 협상 결과 특위가 구속한 최운하, 조응선 등 친일경찰과 연행된 특경대원들을 교환 석방키로 하였다. 석방된 특경대원 중 부상자 22명은 적십자병원에 입원하였다. 참으로 어이없는 '협상'으로 상징적인 친일경찰이 석방되고 반민특위는 만신창이가 되었다.

이런 와중에서 제2차 국회프락치사건까지 발생하여 국회부의장 김약수와 반민법 제정에 앞장섰던 노일환 의원 등이 체포됨으로써 특위활동은 위축될 대로 위축되었다. 때를 놓치지 않고 곽상훈 의원에 의해 반민법 공소시효를 단축하자는 개정안이 국회에 제안되었다.

반민특위 검찰관인 곽상훈은 반민특위의 활동이 여러 가지 요인으로 지지부진하니 반민법 제29조 중 공소시효를 1949년 8월 31일까지 단축토록 하자는 개정안을 내놓았다. 곽상훈은 이에 대해 "반민특위의 모든 공소시효를 중단해도 좋을 만큼 업무수행을 거의 끝냈다."는 엉뚱한 이유를 댔다. 1950년 6월 20일로 규정된 시효기간을 크게 단축시킨 내용이었다. 이 개정안은 표결에 부쳐져 74대 9로 쉽게 가결되었다.

후임 반민특위 위원장에는 법무장관 시절부터 반민법의 모순을 지적하며 반민특위 활동 자체를 못마땅하게 여겨온 이인이 맡게 되었다. 이인은 특위직원을 새로 임명하고 결원된 특별검찰관 및 재판관들을 보강하여 7월부터 잔무처리에 들어갔지만 특위는 이미 사양길에 들어선 뒤였다. 새 진용의 반민특위는 반민행위자들의 자수기간을 설정하여 체면치레라도 하고자 했는데, 예상외로 13명이 자수하여 체면유지를 시켜주었다.

반민특위의 좌절로 민족정기는 굴절되었으며 이승만을 정점으로 하는 친일반민 세력의 장기독재 구축의 전기가 되었다.

반민특위는 해방된 국민의 열화와 같은 성원과 기대를 모으며 1949년 1월 8일부터 활동을 개시하여 6·6사태 전날까지 나름대로 역할을 하고자 노력하였다.

그러나 권력을 쥔 이승만과 이에 기생하는 친일세력의 조직적인 도발을 막는 데는 역부족이었다. 그리하여 국회프락치사건, 김구 암살사건 등 정치적 외압과 "반민특위는 빨갱이"라는 친일세력의 반격과 음해를 견디지 못하고, 공소시효 기간이 단축되는 등 반민특위는 반신불수의 상태를 겪은 끝에 당초의 목적을 이루지 못한 채 좌절되었다.

반민특위의 좌절은 곧 민족양심과 사회정의, 나아가서는 민족정기의 패배였다. 또한 바른 역사의 붕괴를 불러오는 서곡이기도 했다.

12

광복 이후 가장 불행한 6·25동족상잔

김구와 김규식 등은 남북에 두 개의 정권이 수립되면 필연적으로 동족상잔이 벌어질 것이라고 우려하였다. 해서 남북협상을 통해 분단을 막고자 노력했으나 끝내 무위로 돌아갔고, '우려'는 현실이 되었다.

북한군은 1950년 6월 25일 새벽 4시 40분을 기해 전면 남침을 자행했다. 소련제 T-34형 탱크 240여 대, 야크 전투기와 IL폭격기 200여 대, 각종 중야포와 중박격포로 무장하고 있었다.

38선은 쉽게 무너지고 북한군은 물밀듯이 남하하여 26일 낮 12시경에는 야크기 2대가 서울 상공에 날아와 김포공항을 포격했다. 이에 대해 이승만 정부의 방비나 대처는 허술하기 그지없었다. 이승만은 25일 오전 10시 30분경에야 남침 보고를 받았다. 이날 이승만은 9시 30분부터 경회루에서 낚시를 즐기고 있었다.

군통수권자인 대통령이 북한군의 전면남침 보고를 6시간 뒤에야 받은 것이다. 박근혜 대통령이 2014년 4월 16일 세월호 참사 당시 7시간 동안 행방을 알 수 없었듯이, 이승만은 국난의 시간에 한가롭게 낚시를 즐기고 있었다. 그나마 긴급 국무회의는 전쟁발발 10시간이 지난 오후 2시에 열렸다.

국무회의에서 채병덕 육군참모총장은 "적의 전면공격은 아닌 것 같으며 이주하, 김삼룡을 탈취하기 위한 책략으로 보인다."고 엉터리 보고를 하였다. 채병덕은 26일 열린 국무회의에서 "국군 제17연대가 해주로 진격 중이며 곧 반격으로 전환하여 북진할 것"이라고 보고하였다. 하지만 실제로 그 시각 제17연대는 인천으로 철수하고 있었다.

이승만 정부의 국군 수뇌부는 대부분 일본군·만주군 출신들로 포진하고 있었다. 이들은 국가안보는 뒷전이고 뇌물과 승진에만 혈안인 자들이었다. 남침 전야인 24일 저녁 군 수뇌부는 육군장교클럽 개관식을 기념하는 성대한 심야파티를 열었다. 그리고 국군 전 장병에 대해 외출과 외박, 휴가를 실시했다. 이 파티에는 육군본부의 수뇌, 미군사고문단, 서울근교의 일선지휘관들이 초청되었다. 밤 10시까지 파티는 계속되고 2, 3차까지 이어졌다. 채병덕도 새벽까지 술을 마셔 술이 덜 깬 상태에서 남침 보고를 받았지만 방어대책도 제대로 세우지 못하고 국무회의에서는 엉터리 보고로 시종했다.

이승만은 27일 새벽 2시에 특별열차를 타고 대전으로 줄행랑을

쳤다. 그 와중에도 육군교도소에 수감되었던 김구 암살범 안두희를 챙겨갔다. 직전에 국회에서는 수도사수를 결의했는데 이승만은 국회에도, 국무위원들에게도, 육군본부에도 '서울철수'를 통고하지 않았다. 이승만이 서울을 떠난 지 30분 후에 육군공병부대에 의해 한강철교가 폭파되어, 다리를 건너던 시민 600~1200명이 수장되었고, 이후 서울시민들의 피난길도 막혀버렸다.

대전을 거쳐 대구로 갔던 이승만은 너무 내려갔다는 판단에서인지, 다시 대전으로 돌아와 27일 밤 9시경 녹음 방송을 통해 "대통령과 정부는 평상시와 같이 중앙청에서 집무하고, 국군이 의정부를 탈환하고 있으니 국민은 안심하고 생업에 종사하라."는 허위 방송을 내보냈다. 이 방송은 밤 10시부터 11시까지 서너 차례 녹음으로 방송되었다.

대전에 도착한 이승만은 27일 새벽 4시에 비상국무회의를 열어 정부의 천도를 의결하고, 대통령과 내각으로 구성된 망명정부를 일본에 수립하는 방안을 주한 미국 대사에게 문의했는데, 이는 그대로 미 국무부에 보고되었다. 대전에서 4일을 머문 이승만은 7월 1일 새벽 열차편으로 대전을 떠나 이리(현 익산)에 도착했고, 7월 2일에는 목포에 도착하여, 배편을 통해 부산으로 이동했다. 이처럼 이승만은 6·25전쟁 발발 초기의 로얄 타임 동안 도망치느라고 국토방위의 임무를 수행하지 못했다.

분단정부 수립 이후 특히 1949년과 1950년의 38선 부근은 남북 양측 군대 사이에 크고 작은 충돌이 속출하여 준전시 상황을 방불케 했다. 이 같은 상황인데도 신성모는 "아침은 평양에서 먹고 저녁은 신의주에서 먹을 수 있다."는 허언장담을 일삼았고, 이승만은 이를 곧이곧대로 믿었다.

6·25직전 북한은 기동훈련의 명분으로 군을 38선으로 집결시키고 있었다. 그런데도 국방당국은 근거 없는 '태평가'에 취해 몽롱한 상태에 놓여 있었다. 여기에 대통령과 국방장관 등 군통수권자들의 무능, 무책임으로 북한군은 손쉽게 남한의 대부분을 점령할 수 있었던 것이다.

6·25전쟁 발생은 몇 가지 국내외적 요인이 겹쳐있었다. 국외적 요인으로는 1949년 10월 중국대륙이 공산화되고 1949년 8월 주한미군이 500명의 고문단을 남긴 채 철수했으며, 1950년 1월 미국무장관 에치슨이 미국의 극동방어선에서 한국을 제외시켰다. 그리고 1949년 12월 김일성이 모스크바를 방문, 남한의 무력침공계획에 대해 스탈린의 동의를 받았다.

국내적인 요인은 ① 김구, 여운형 등 민족지도자의 정치적 암살 ② 농지개혁의 미진으로 농민의 불만 ③ 반민특위 해체로 국민의 분노 ④ 남로당의 붕괴로 남한내부의 '인민혁명'가능성 희박 ⑤ 5·30총선(제2대 국회)의 결과로 정부에 대한 국민 불신 ⑥ 민족해방투쟁의 경쟁 상대로서 김일성과 박헌영의 대립 ⑦ 북한군에 대한 국군의 병력 열세 등이 지적되며, ⑧ 정치적 위기에 몰린 이승만이 적절한 규모의 국지전을 바라고, 남침 정보를 방치했다는 주장도 제기된다.

북한군은 1948년 10월 소련군이 철수할 때까지 4개 보병사단과 소련제 T-34중형 전차로 장비한 제105기갑대대가 편성되고 1949년 3월에는 북·소 간에 군사비밀협정에 이어, 같은 해 3월에는 중국과 상호방위조약을 체결했다. 이 조약으로 중국에서 일본군과 싸웠던 조선의용군 2만 5천 명이 북한에 인도됨으로써 10개 사단 13만 명이 38선에 배치되었다.

남한은 1946년 1월 미군정 산하의 국방경비대와 해안경비대가 1948년 8월 정부가 수립되면서 각각 육, 해군의 국군으로 개편되었고 1949년 4월에 해병대, 10월에 공군이 편성되어 그 병력이 10만에 이르렀다.

이승만 정부가 피난에 급급할 때 유엔안전보장 이사회는 6월 26일 오전 4시(한국시간) "북한군의 즉각적인 전투행위 중지와 38도선 이북으로 철수"를 9대 0으로 결의했다. 이때 소련 대표가 거부권을 행사하지 않은 것은 풀리지 않은 의문으로 남는다. 이에 대해 소련이 북한을 전쟁에 내세워 중국과 미국이 군사적인 적대관계를 갖도록 유도하고자 하는, 스탈린의 책략이었다는 분석도 나온다.

유엔군의 개입으로 전황은 역전되었으나 초기 전세는 북한군이 파죽지세로 남한을 석권하였다. 4일만에 서울을 점령하고 3개월 만에 대구, 부산 등 경상도 일부를 제외한 전 지역을 장악했다. 그렇지만 한국군도 9월 15일 유엔군의 인천상륙을 계기로 서울을 탈환하고 38선 넘어 진격한 뒤 평양점령과 함께 국군 일부는 압록강 근처

초산까지 진격할 수 있었다.

유엔군의 북진에 위협을 느낀 중국군의 개입으로 전세가 역전되어 한국군은 오산까지 후퇴했다가 다시 38도선을 넘어 철원, 금화까지 진격하는 등 점차 국제전으로 비화해 갔다. 그러자 소련이 휴전제의를 했고, 미국이 받아들이면서 1953년 7월 27일 유엔군과 북한군 사이에 휴전협정이 조인되었다.

3년 동안 전개된 6·25전쟁은 남북 쌍방에 약 150만 명의 사망자와 360만 명의 부상자를 발생시켰고 국토의 피폐화를 가져왔다. 또한 남북에는 이승만과 김일성의 독재체제가 강화되었으며, 민족분단체제가 더욱 굳어졌다. 이후 한반도는 동서냉전의 분계선이 되었다.

13

아직까지 회수되지 못한 전시 작전지휘권

이승만은 전쟁 초기인 1950년 7월 15일 유엔군사령관 맥아더 장군에게 보낸 〈대한민국 육해공군 지휘권 이양에 관한 공한〉을 통해 한국군의 지휘권을 미군에게 이양했다. 아무리 전시라고 하더라도 기한조차 명시하지 않은 채 군지휘권을 외국군 사령관에게 이양했던 것이다. 다음은 이승만이 맥아더 장군에게 보낸 공한이다.

> 대한민국을 위한 국제연합의 공동 군사노력에 있어 한국내 또는 한국근해에서 작전중인 국제연합의 육·해·공군의 모든 부대는 귀하의 통솔하에 있으며 또한 귀하는 최고사령관으로 임명되어 있음에 감(鑑)안하여 본인은 현 작전상태가 계속되는 동안 일체의 지휘권을 이양하게 된 것을 기쁘게 여기는 바이오며, 여사한 지휘권은 귀하 자신 또는

> 귀하가 한국 내 또는 한국근해에서 행사하도록 위임한 기타 사령관이 행사하여야 할 것입니다. 한국군은 귀하의 휘하에서 복무하는 것을 영광으로 생각할 것이며, 또한 한국 국민과 정부도 고명하고 훌륭한 군인으로서 우리들의 사랑하는 국토의 독립과 보전에 대한 비열한 공산 침략을 대항하기 위하여 힘을 합친 국제연합의 모든 군사권을 받고 있는 귀하의 전체적 지휘를 받게 된 것을 영광으로 생각하며 또한 격려되는 바입니다. 귀하에게 심후하고도 따뜻한 개인적인 경의를 표하나이다.

이렇게 미군에게 넘겨준 전시 작전지휘권은 65년이 지난 지금까지 회수되지 못하였다. 못한 것이 아니라 하지 않은 것이다. 미국 측이 되돌려 주겠다고 해도 받지 않은 것이다. 박근혜 대통령은 2014년 전작권을 거의 무기한으로 다시 연장시켰다. 유엔회원국가 중 전작권이 없는 유일한 나라가 된 것이다.

전쟁 중에 이승만(정부)의 행태는 국난을 극복하고 국민을 보호하여 자주독립국가를 세우려는 자세가 아니었다. 1951년 1월 국민방위군사건이 벌어졌다. 정부는 국민방위군 설치법을 제정하여 제2국민병에게 해당하는 만 17~40세의 장정들을 국민방위군에 편입시켰다. 국군의 후퇴가 시작되어 방위군을 후방으로 집단 이송하게 되자, 방위군 간부들은 이 기회를 틈타 막대한 돈과 물자를 빼돌려 사복을 채웠다. 그 결과 보급부족으로 수천 수백 명의 사망자와 환자가 발생했다. 이들이 부정처분한 돈과 물자는 당시 화폐로 무려

24억 원, 양곡 5만 2천 섬에 달했다.

국회는 진상조사에 나서는 한편, 4월 30일 방위군 해산을 결의함에 따라 5월 12일 방위군은 해산되고, 사건을 일으킨 김윤환 등 4명은 처형되었다. 국회조사단이 구성되어 국민방위군사건의 조사에 나서자 이승만은 국방장관 신성모를 해임하고 이기붕을 임명하면서 수습에 나섰으나 이승만과 정부의 행태, 군부의 부패 문제는 쉽게 시정되지 않았다.

6·25전쟁을 전후하여 거창사건을 비롯하여 전국(남한) 도처에서 100만 명에 이르는 민간인이 군경과 우익단체에 의해 학살되었다. 민간인 학살은 국군과 경찰, 특무대, 서북청년단 등 우익세력에 의해 '빨갱이', '통비분자'로 몰려 학살이 자행되고, 미군에 의해 집단학살된 경우도 적지 않았다.

특히 1950년 6~8월에 자행된 국민보도연맹(보도연맹) 학살사건은 수법이나 희생자 수에 있어서 천인공노할 만행이었다. 보도연맹은 1949년 반공검사 오제도의 제안으로 이른바 좌익운동 전향자들이 보도연맹에 가입하면 전과를 묻지 않는다는 명분으로 조직하였다. 그런데 막상 전쟁이 발발하자 군인, 경찰, 서북청년단 등이 이들을 무차별 검거하여 집단학살을 한 것이다. 실제로 이들은 예비검속을 당하거나 자발적으로 경찰서에 출두할 때까지 생업에 충실한 민간인이 대부분이었다.

하지만 군인과 경찰, 우익 단체들은 이들이 북한군에 동조할지 모른다는 이유에서 예비검속하거나 강제로 검거하여 집단학살극을 자행하였던 것이다. 전세가 불리해지자 남한 전역에서 이들에 대한 본격적인 학살이 감행되었다. 육지에서는 산속이나 계곡, 강가 등 인적이 드문 곳에서, 해안지방에서는 배에 실어 돌을 매달아 수장한 경우도 많았다.

6·25한국전쟁 기간에 남한 국민들은 북한인민군에 의해 학살당한 사람도 많았으나 군인, 경찰과 우익단체, 미군에 의해 희생된 경우도 이에 못지않았다. 일차적인 책임은 현지 관련자들이지만, 정치적 책임은 오롯이 이승만에게 있었다.

정부는 북한군에 밀려 대전에서 대구로 이전했다가 1950년 8월 18일 부산으로 옮겼다. 1592년 4월 13일 일본군의 침략으로 선조가 국토의 최북단 의주로 피난한 이래 358년 만에 이번에는 이승만이 최남단 부산까지 피난한 것이다. 임진전쟁 때는 명나라에 구원을 요청하고, 6·25한국전쟁 때는 미국에 지원을 요청하는 모습이나 선조가 한때 명나라로 망명을 준비하고, 이승만이 일본으로 망명할 계획을 세운 것도 반복된 역사의 비극이었다.

피난지 부산에 내려온 부통령 이시영은 이승만의 권력욕과 자신에 대한 견제, 끝없이 이어지는 동족상잔과 거창민간인 학살사건에 대한 정부의 은폐조작 등을 지켜보면서 1951년 5월 1일 〈국민에게 고한다〉는 한 통의 서한을 신익희 국회의장에게 보내고 피난국회에 사임서를 제출하였다.

전시하에서 수많은 국민이 고통을 겪으며 희생되고 있는데 정부 관리들과 군부에서는 엄청난 부패가 자행되고 있었다. 이시영은 이 같은 사태를 지켜보면서 결국 사임을 결의했던 것이다.

6·25한국전쟁 발발 2년 차가 된 1952년이 되었다. 이승만의 임기가 끝나고 제2대 대통령선거가 실시되는 해이기도 했다. 1951년 7월 개성에서 처음으로 휴전회담이 개최된 데 이어 10월 25일 판문점에서 정전회담이 열렸다. 전쟁은 소강상태에서 휴전(정전)으로 전환되고 있었다.

6·25한국전쟁 시기 이승만의 행위 중에 그나마 손꼽히는 것은 1952년 1월 18일 한반도 주변 수역에 한국의 주권을 선언한 해양선인 〈대한민국 인접해양의 주권에 대한 대통령의 선언〉 즉 평화선을 선언한 일이다.

'이승만 라인'이라고도 불리는 평화선은, 해안에서부터 평균 60마일(약 53해리)에 달하는데, 이 평화선을 선포한 이유는 ① 한·일 간의 어업상의 격차 ② 어업자원 및 대륙붕 자원보호 ③ 세계 각국의 영해확장 및 주권적 전관화 추세 ④ 일본 주변에 선포된 해역선인 '맥아더 라인'의 철폐에 따른 보완책 등에 따른 조처였다. 일본은 지속적으로 이 평화선의 철폐를 주장하였다.

이승만은 자신의 대통령 재선을 위해 여러 가지의 구상을 거듭하였다. 원래 국회 의석의 분포로 봐서는 도저히 재선이 불가능한 구도였다. 그래서 짜낸 것이 대통령직선제 개헌이었다. 상식적으로 생각해 봐도 대통령선거를 직선제로 하더라도 전시하에서는 간선제로 바꾸는 것이 도리일 터인데 이승만은 거꾸로였다. 국가의 안위나 정치의 일반 상식보다 자신의 위상을 우선시하였던 것이다.

이승만은 제2대 대통령선거에 대비하면서 1951년 11월 23일 자유당을 발족했다. 원내의 공화민정회, 원외의 국민회, 대한청년단, 대한노총, 대한부인회, 농민조합연맹 등의 대표들을 모아 신당발기준비협의회를 구성했다. 그러나 당의 주도권을 둘러싸고 원내파와 원외파로 분열되었다. 원내파는 이갑성을 중심으로, 원외파는 이범석을 중심으로 각각 자유당을 발족, 하나의 이름으로 두 개의 정당이 만들어지는 기형적인 모습으로 자유당이 창당되었다.

이승만은 재집권을 위한 대통령 직선제 및 양원제 개헌을 앞두고 두 개의 자유당을 하나의 정당으로 통합하여, 악명 높은 자유당을 만들었다. 이 자유당은 향후 10여 년 동안 집권당으로서 온갖 악행을 자행하게 된다.

이승만이 1951년 11월에 제안한 대통령직선제 개헌안은 공고기간을 거쳐 1952년 1월 28일 국회의 표결 결과 재적 163명 중 가 19, 부 143, 기권 1로 부결되는 참패로 끝나고 말았다. 민국당 등 야권은 여세를 몰아 1952년 4월 국회의원 123명이 내각제를 골자로 하는 개헌안을 국회에 제출했다. 이에 당황한 이승만은 5월 14일 국회에서 이미 부결된 직선제 개헌안을 다시 꺼내 맞불을 놓았다.

직선제 개헌안이 국회에서 부결되자 이승만 측은 자유당과 방계단체인 국민회, 한청, 족청 등을 동원하여 1952년 1월 말부터 백골단, 땃벌떼, 민중자결단 등의 명의로 국회의원 소환 벽보와 각종 삐라를 뿌리는 등 공포분위기를 조성하였다. 또 전국애국단체 명의로 대통령직선제와 양원제 지지 관제데모, 가두시위, 국회 앞 성토대회, '민의 외면한' 국회의원 소환요구 연판장 등 광적인 이승만 지지 운동을 전개하였다.

관제데모와 경찰의 방관, 방조 등으로 국회와 사회의 반 이승만 정서는 더욱 고조되었다. 이에 따라 야당은 국회에 개헌정족수인 3분의 2보다 1표가 더 많은 123명이 내각책임제 개헌안을 제출하기에 이르렀다. 국회의 분위기가 내각책임제 개헌으로 기울게 되자 이승만은 강압적인 수법을 동원하고 나왔다.

합법적인 방법으로는 직선제 개헌이 불가능하다고 판단한 이승만은 5월 25일 정국혼란을 이유로 부산을 포함한 경남과 전남북 일부지역에 비상계엄을 선포하고 영남지구 계엄사령관에 측근 원용덕을 임명하는 등 군사력을 개헌 공작에 동원했던 것이다. 적과 대치 중인 전방 전투부대까지 후방으로 빼내어 계엄령을 선포한 것이다.

계엄사령부는 즉각 언론검열을 실시하는 한편 내각책임제 개헌 추진을 주도한 의원들의 체포에 나섰다. 5월 26일에는 국회의원 40명이 타고 국회에 등청하는 통근버스를 크레인으로 끌어 헌병대로 연행하기도 했다.

이런 상황에서 이시영, 김창숙, 김성수, 장면 등 야당과 재야 원로들은 부산에서 호헌구국선언대회를 열어 이승만 독재를 규탄하고 나섰다. 그러나 6·25기념식상에서 김시현, 유시태 등의 이승만 암살미수사건이 터지면서 야권은 완전히 전의를 잃어 버린다.

장택상은 이런 기회를 놓치지 않고 국회해산을 협박하면서 발췌

개헌을 추진했다. 발췌개헌안이란, 정부가 제출한 대통령직선제와 양원제에다 야당이 제안한 개헌안 중 국무총리의 추천에 의한 국무위원의 임명, 국무위원에 대한 국회의 불신임결의권 등을 덧붙인 두 개의 개헌안을 절충형식으로 취한 내용이었다.

발췌개헌안은 7월 4일 심야에 일부 야당 의원들을 강제연행하고 경찰, 군대와 테러단이 국회를 겹겹이 포위한 가운데 기립표결로 시행했는데, 출석 166명 중 가 163명, 기권 2명으로 의결하고, 7월 7일 이를 공포하였다. 비상계엄은 28일 해제되었다.

발췌개헌은 이승만의 권력연장을 위한 사실상 친위쿠데타였다. 개정헌법에 따라 8월 5일 실시된 첫 직선제 대통령선거에서 이승만은 74.6%의 압도적 득표로 제2대 대통령에 당선되고, 조봉암과 이시영은 각각 유효표의 11.4%, 10.7%를 획득했다. 전시하에서 이승만의 일방적인 선거운동의 결과였다.

14

수학공식까지 무시된 4사5입 개헌

이승만의 권력욕이 서서히 발동하기 시작했다. 휴전 1년여 후인 1954년 9월 7일 자유당은 선거공약을 실천한다는 명분으로 이기붕 의원 외 135명의 서명을 받아 개헌안을 국회에 제안했다. 제2차 개헌파동이 시작된 것이다.

개헌안의 내용은, ① 국민투표제의 채택 - 주권의 제약 또는 영토의 변경을 가져올 국가안위에 관한 중대사항에 대한 국민투표제를 채택하는 것 ② 국무총리제 및 국무위원 연대책임제를 폐지하고 민의원에 국무위원에 대한 개별적 불신임권을 부여하는 것 ③ 참의원의원은 2부제로 개선하는 것 ④ 참의원에 대법관 기타 고급 공무원의 임명에 대한 인준권을 부여하는 것 ⑤ 경제체제의 중점을 국유·국영의 원칙으로부터 사유·사영원칙으로 옮기는 것 ⑥ 현 대통령에 한하여 중임제한을 폐지하는 것 ⑦ 기타 8개 항의 개정사항을 포함한 광범위한 내용을 담고 있었다.

개헌안 중에는 민주주의적인 내용이 담겨 있는 것 같지만, 실상은 빛 좋은 개살구 격이고 핵심은 대통령의 중임을 1차에 한해 인정한 것을, 이 헌법 개정 당시의 대통령에 한해 중임제한의 규정을 적용하지 않도록 하자는 것이었다. 한마디로 이승만에게 종신 대통령이 될 수 있는 길을 트자는 속셈이었다.

불과 2년 전 부산에게 정치파동을 일으키면서 발췌개헌으로 제2대 대통령에 당선된 이승만은 종신 대통령을 꿈꾸면서 1954년 5월에 실시된 제3대 민의원선거에서 대규모 부정선거를 저질렀고 그 결과 자유당이 원내 압도적 다수를 차지하게 되었다.

자유당의 개헌안은 공고기간을 거쳐 11월 18일 국회 본회의에 상정되었다. 국회상정에 앞서 이승만 정권은 '뉴델리 밀담설'을 조작하여 극우 반공의 본산인 민주국민당(민국당)을 용공으로 몰아가는 등 개헌안 통과를 위해 수단과 방법을 가리지 않았다.

이승만 정권이 개헌 반대운동을 제압하고 개헌 비판여론을 잠재우기 위해 조작한 뉴델리 사건은, 같은 해 10월 27일 전 민국당 선전부장 함상훈과 신익희 민국당 위원장이 1953년 6월 2일 당시 국회의장 자격으로 영국의 엘리자베스 여왕 대관식에 참석한 후 귀국하는 길에 인도의 뉴델리 공항에서 6·25 때 납북된 조소앙과 밀담하고 비공산, 비자본주의 제3세력을 규합, 남북협상을 추진하여 한국의 중립화를 도모하기로 획책한 사실이 있다는 것이다.

이승만 정권은 이 같은 어마어마한 사실을 날조하여 정적을 용공으로 몰아가면서 종신집권의 개헌을 감행하려고 했다.

개헌안은 11월 27일 국회에서 표결에 부친 결과 재적 203명 중 가 135표, 부 60표, 기권 7표로 개헌정족수인 136표에 1표가 미달되어 부결이 선포되었다. 이날 사회를 맡은 최순주 국회부의장은 개헌안이 1표 차로 부결되었다고 선포했다.

개헌안이 부결된 다음날인 11월 28일은 일요일인데도 자유당은 긴급의원 총회를 소집하고, 정부는 공보처장 갈홍기의 이름으로 203명의 3분의 2는 135표라도 무방하다는 특별성명을 내는 등 개헌안 부결 번복을 위해 총력전에 나섰다.

27일 저녁 자유당 수뇌부는 서울대학 수학 교수 최윤식 등의 아이디어를 동원하여 203의 3분의 2가 135라는 희한한 방식을 착안하고, 이 내용을 이승만에게 보고하여 개헌안이 통과된 것으로 처리하기로 결정하였다.

일설에는 개헌안이 부결된 후 자유당 간부들이 이 대통령에게 보고하러 경무대(현 청와대)로 갔더니, 이 대통령이 135표이면 4사5입하여 통과된 것이라고, 이미 어용교수의 진언을 빌어 통과를 기정사실화 시키고 있었다고 한다.

자유당 의총은 성명을 통해 "어제 최 부의장이 본회의에서 개헌안 투표가 부결임을 선포한 것은 의사과장의 잘못된 산출방법의 보고에 의하여 착오로 선포된 것"이라고 변명하고 "재적의원 203명의 3분의 2는 정확하게 135.333…인데 자연인을 정수가 아닌 소수점 이하까지 나눌 수 없으므로 4사5입의 수학적 원리에 의해 가장 근사치의 정수인 135명임이 의심할 바 없으므로 개헌안은 가결된 것"이라고 발표했다.

다음날 29일 최순주 부의장은 개회 벽두에 전차회의에서 개헌안이 부결이라고 선포한 것은 계산착오이므로 취소하고 가결되었다고 번복하자, 야당의원들이 단상으로 뛰어올라가 최 부의장을 끌어내리는 등 난장판이 벌어졌지만 무술경위들을 동원한 폭력 앞에는 속수무책이었다. 일반적인 수학공식까지 무시한 채 강행한 개헌으로 이승만의 종신 대통령의 길이 열리게 되었다.

우리 헌정사에서 여러 차례 권력 연장을 위한 개헌이 있었지만, 수학의 일반 원칙까지 무시한 채 자행한 것은 그때가 처음이었다.

헌법학자 유진오는 "각국의 전례는 이런 경우 찬성표 수는 적어도 반대한 3분의 1을 기준으로 하여 그 배수, 즉 68의 배수인 136이라고 주장하며, 부결을 선포한만큼 사실의 착오가 아닌 이상, 개헌안은 부결된 것으로밖에 볼 수 없다."고 주장했고, 대법원장 김병로는 "4사5입이란 본래 남은 4를 버리는 것이지 모자라는 데 쓰는 것이 아니다."라고 밝혀 개헌안 번복의 부당성을 지적하였다.

이승만 정권의 4사5입 개헌은 절차상으로도 정족수에 미달한 위헌적인 개헌이었을 뿐만 아니라, 특정인의 종신집권을 보장한 개헌이었다는 점에서 우리 헌정사상 치욕적인 사건이었다. 이 사건으로 자유당 소장파 의원들의 무더기 탈당이 뒤따랐고, 민국당은 무소속 의원들을 규합, 호헌동지회를 구성함으로써 민주당 창당의 계기가 되었다.

국가의 기본법인 헌법이 이승만의 권력연장을 위한 장식물이 된, 이 같은 악습은 박정희에게 그대로 전승되었다.

15

정통야당의 원조, 민주당 출범

한국 정통야당의 원조인 민주당은 현대적인 야당의 형태와 조직을 갖춘 최초의 정당이기도 했다.

민주당은 이승만의 4사5입 개헌을 계기로 반이승만 세력이 보수연합으로 결집하여 출범한 정당이다. 호헌동지회를 모체로 하고 흥사단 계열, 자유당 탈당의원, 2대국회 말기의 무소속구락부 등의 범야세력이 규합하여 창당한 것이다.

이승만 대통령의 거듭되는 횡포와 헌정유린에 효율적으로 대처하기 위해 1955년 9월 호헌동지회는 신당추진위원회를 구성하고 본격적인 창당작업에 들어갔다. 신당운동은 원내의 호헌동지회가 모체로 등장했으나, 민국당의 기성조직과 원내자유당, 조민당, 흥사단, 혁신계 등 광범한 재야세력이 원외조직의 발판이 되었다.

이들은 정권유지를 위해 불법과 전횡을 거듭하는 이승만 정권을 타도하는 것이 당면목표였기 때문에 이념의 동질성과 정책의 공감에서 출발한 것이 아니라, 범야세력을 규합하는 하나의 결집체로서 출범한 성격이 짙다.

신당운동은 진보세력의 조봉암과 이승만의 수족 노릇을 해온 이범석, 장택상의 참여문제를 둘러싸고 진통을 겪는 등 내부진통이 따르기도 했다. 신당의 발기취지문을 기초하는 데 있어서도 "수탈 없는 경제체제를 발전시켜야 한다."는 혁신세력의 주장과 "소이를 버리고 대동에 따르며 호양지심으로 기성조직을 버리고 흔쾌히 결속할 것을 호소한다."는 보수세력이 맞서는 진통이 따랐다. 민주당은 진보, 혁신의 노선보다 자유당과 유사한 보수야당으로 태동한 것이다.

범야세력을 총 집결한다는 목표 아래 추진된 신당운동은 창당과정에서 마침내 보수세력의 자유민주파와 개혁세력의 민주대동파로 갈라지고 말았다. 따라서 민국당의 신익희, 조병옥, 윤보선 원내 자유당계의 장면, 오위영, 무소속의 곽상훈, 박순천 조민당의 한근조 등이 주축이 되는 창당작업으로 축소되었다. 조봉암의 참여를 막은 것은 그의 평화통일론과 개혁노선 그리고 조병옥, 김준연 등의 라이벌 의식 때문이었다.

이에 따라 조봉암, 서상일 등은 별도로 혁신정당의 창당에 나서고, 장택상과 이범석은 제외되었으며 이인, 전진한, 윤치영 등은 신당운동에 불참했다.

신당발기위원회는 1955년 9월 18일 전국 대의원 2,013명이 참석한 가운데 서울시공관에서 창당대회를 열어 선언문 및 강령, 정책을 통과시키고 400명의 중앙위원을 선출했다. 중앙위원회는 234표를 얻은 신익희를 대표최고위원으로 선출했으며 최고위원에 조병옥, 장면, 곽상훈, 백남훈 4명을 선출했다.

민주당 창당대회에서 채택한 정강과 주요 정책은 다음과 같다.

〈정강〉

1. 일체의 독재주의를 배격하고 민주주의의 발전을 기한다.

2. 공정한 자유선거에 의한 대의정치와 내각책임제의 구현을 기한다.

3. 자유경제 원칙하에 생산을 증강하고 사회정의에 입각하여 공정한 분배로서 건전한 국민 경제의 발전을 기하며 특히 농민, 근로자 기타 근로대중의 복지향상을 기한다.

4. 민족문화를 육성하며, 문화교류를 촉진하며, 세계문화의 발전에 공헌함을 기한다.

5. 국력의 신장과 민주우방과의 제휴로써 국토통일과 국제정의의 확립을 기한다.

〈정책〉

Ⅰ. 호헌 준법정신의 구현

Ⅰ. 국민의 기본인권 특히 언론, 출판, 집회의 자유 보장

Ⅰ. 선거에 의한 관권간섭의 배제

Ⅰ. 정당, 사회, 노동단체 및 경제단체의 관제화 배격

Ⅰ. 행정쇄신과 인재등용

Ⅰ. 공무원의 생활 및 신분보장과 그 정치화 방지(이하 생략).

민주당의 창당은 개인의 인기만을 무기로 삼았던 무소속 정치인의 몰락과 정책정당의 탄생을 가져온 한국정치사의 전환을 이룬 계기가 되었다.

특히 이승만 정권에 대한 체계적인 비판과 견제에 나섬으로써 본격적인 양당체제의 확립에 기여했으며 수권 대체세력으로 성장할 수 있는 발판을 만들었다.

이렇게 출발한 민주당은 지방조직이 급속도로 강화되어 갔다. 그러나 새로 출발한 민주당 내에는 민주계와 원내자유당계의 갈등이 조성되어 신구파가 형성되고, 5월 15일 정·부통령 선거를 앞두고 극심한 대립과 암투가 생겼다.

16

이용문, 박정희의 부산 쿠데타 음모

6·25 전란시 피난 수도 부산에서 군사 쿠데타가 기도된 적이 있었다. 일부 군인들이 이승만 대통령을 축출하고 장면 전 국무총리를 옹립하려는 계획이었다. 쿠데타 주동인물 중의 하나는 박정희 대령이었다. 박정희는 당시 육본 작전교육국 차장이었다.

역사의 아이러니라 할까. 1952년 여름 이승만을 축출하고 장면을 추대하려고 기도하였던 박정희는 그로부터 9년 후 장면 정권을 전복하고 스스로 군사정권을 수립했다.

6·25 전란기에 첫 발을 뗀 쿠데타 모의는 길지 않은 우리 헌정사에서 몇 차례에 걸쳐 이어졌다. '5·16쿠데타'와 쿠데타적 사건인 '12·12', 그리고 '5·17 쿠데타'가 그것이다. 10월유신도 엄격한 의미에서는 친위 쿠데타에 해당한다.

이와 같은 몇 차례의 쿠데타와 '쿠데타적 사건'으로 현대사는 장기간의 군부통치를 겪었고, 지금까지도 그 작용과 반작용의 역학구조에서 완전히 헤어나지 못하고 있다.

1952년 봄, 이승만의 권력욕은 헌정질서를 유린하면서 이른바 '부산 정치파동'을 일으켰다. 광복 이후 첫 군사 쿠데타 기도는 바로 이 정치파동의 와중에서 모의되었다.

이승만 정부는 6·25전쟁 발발로 부산에 피난했을 때인 1952년 여름 제2대 대통령 선거를 앞두고 재집권을 위해 직선제 개헌안을 국회에 제안했다. 전쟁 중에 터져 나온 행정상의 무능력, 부정부패, 국민방위군 사건과 거창 민간인 학살 사건 등으로 이승만의 권위는 크게 실추되었다. 이런 데도 이승만은 재집권을 위해 대통령직선제와 국회의 상하 양원제를 골자로 하는 개헌안을 추진하는 한편 신당운동을 통해 자유당을 창당했다.

직선제 개헌안이 1952년 1월 국회에 상정되어 재석 163명 중 가 18, 부 143, 기권 1로 부결되자 이승만은 국민회, 조선민족청년단, 대한청년단, 노동총연맹 등 어용단체를 동원하여 관제데모를 부추겼고, 이에 따라 정치깡패집단인 백골단, 땃벌떼, 민중자결단 등의 이름으로 된 벽보, 삐라가 부산 일대를 뒤덮었다.

이승만은 1952년 4월, 장면 국무총리를 해임하고 장택상을 임명, 그가 이끌던 신라회를 개헌지지 쪽으로 끌어들였다. 또한 5월 22일 부산을 포함한 경남, 전남북 일대에 계엄령을 선포하고 이범석을 내무장관에, 원용덕을 영남지구 계엄사령관에 임명, 내각책임제

개헌추진 주동의원에 대한 체포에 나섰다. 26일에는 국회의원 50여 명이 탄 버스를 헌병대로 강제로 끌고 가 일부 의원에게 국제공산당과 결탁했다는 혐의를 씌우기도 했다.

이처럼 정국의 혼란이 가중되자 6월 20일 이시영, 장면 등 야당의원들과 독립운동가 김창숙 등 60여 명이 국제구락부에서 호헌구국 선언을 시도하였으나 괴한들의 습격으로 무산되었다. 이때 장택상이 대통령직선제와 양원제에다 국무총리의 요청에 의한 국무위원 임명, 국무위원에 대한 국회불신임 결의권을 덧붙여 이른바 '발췌개헌안'을 제안하였다. 개헌안은 7월 4일 경찰과 헌병대가 국회의사당을 포위한 가운데 기립투표방식에 의해 출석의원 166명 중 찬성 163, 기권 3으로 통과되었다.

이 발췌개헌안에 따라 8월 5일 대통령직선제 선거를 실시하여 이승만은 제2대 대통령에 당선되었다. 이때 내무장관으로서 개헌과정에서 이승만의 심복 노릇을 한 이범석은 자유당 공천의 부통령후보가 되었으나, 이승만은 이범석의 족청계가 세력이 커지는 것을 막기 위해 선거 도중 무소속의 함태영을 러닝메이트로 지명하여 부통령에 당선시켰다. 이범석은 '토사구팽'의 신세가 되고 만 것이다. 일부 군인들의 쿠데타 기도는 이러한 상황에서 추진되었다.

육군 작전교육국장 이용문 준장과 작전교육국 차장인 박정희가 쿠데타를 모의한 주동자다. 일본육사 50기 출신인 이용문과 57기 출신인 박정희는 특별한 연고를 갖고 있었다.

6·25 전 이용문이 정보국장일 때 박정희는 이 부처의 문관으로

있었고, 9사단 부사단장일 때 그의 참모장이었으며, 요직인 정보국장에 취임하면서는 박정희 대령을 정보국으로 데려올 만큼 두 사람은 끈끈한 관계에 있었다.

쿠데타 모의는 이용문과 박정희에 의해 주도되고 참모총장인 이종찬을 영입한다는 계획으로 추진되었다. 구체적인 작전으로는 경남 언양에 주둔하고 있던 제15연대 연대장에 유원식(5·16에 참여. 최고회의 최고위원 역임)을 임명하여 이 병력으로 부산을 점령한 뒤 해공군의 협력을 얻어 과도정권을 수립하고 민정으로 이양한다는 것이었다.

이들은 5월 중순께로 거사일을 잡고, 제15연대 병력 2천여 명을 동원하여 원용덕이 거느리고 있는 대통령 친위병력 4-5백 명을 제압하여 정권을 장악한다는 구체적인 전략을 수립하였다.

쿠데타 주동자들은 이승만 대통령을 체포하여 살해한다는 계획도 세웠다. 거듭되는 정치적인 실정과 헌정유린, 사병화한 군동원령 등 이미 국가원수로서의 자격을 상실하고 있다는 판단에서였다.

이들은 이 대통령의 대안으로 국무총리직에서 해임당한 장면을 추대할 계획이었다. 이용문은 5월 10일 평양고보 후배로서 4월 20일 사임한 장면 총리의 비서실장을 지낸 선우종원을 은밀히 만나 무력혁명으로 이승만을 축출하고 장 박사를 추대할 계획임을 밝혔다. 이에 선우종원은 "이 박사는 어떻게 하느냐?"고 물었고 이용문은 "혁명의 성공을 위해서는 죽여야 한다."고 대답하면서, "이 거사는 이종찬 참모총장도 알고 있고 밴플리트 미8군 사령관의 묵계도 받아두었다."는 말을 덧붙였다.

쿠데타 모의과정에서 이 총장과 밴플리트 사령관이 어느 정도로 알고 있었고 묵계를 하였는지는 명확하지 않다. 다만 이용문과 박정희에 의해 모의된 쿠데타 기도가 당시 정치파동에 계엄군 동원을 거부한 이 총장과는 달리 밴플리트 사령관은 묵계 또는 양해했을 가능성이 충분하다. 쿠데타 기도가 장면 측에 의해 거부된 직후 주한미군에 의해 다시 시도된 사실만 봐도 알 수 있다.

이용문으로부터 쿠데타 계획을 전해들은 장면 측은 이를 단호하게 거부했다. 군이 정치에 개입해서는 안 된다는 원칙 때문이었다. 이로써 장면 추대의 쿠데타 시도는 일단 좌절되었다.

또 다른 쿠데타의 기도는 주한미군 측이 한국군을 동원하여 이승만 정권을 전복시키려는 쿠데타 계획이었다. 전남에 주둔한 이용문 연대에서 1개 대대, 거창의 박경원 연대에서 1개 대대를 빼내어 부산의 이승만 정권을 전복시킨다는 계획은 이용문, 박정희의 전략과 비슷한 것이었다.

이들은 2개 대대의 병력으로 원용덕 부대를 무장해제시키고 야당이 우세한 국회에서 이승만을 실각시킨 다음 새 정부를 세우겠다는 계획을 세웠다. 이처럼 정부수립 초기의 몇 차례 쿠데타 기도는 이렇게 좌절되었지만, 박정희의 야심은 여전히 꿈틀거렸고 구체화되어 가고 있었다.

17

'못 살겠다 갈아보자!'

한국의 민주주의는 초장부터 독재자의 몽둥이에 상처입고, 군인들의 군홧발에 짓밟혔다. 그런가 하면 별로 운도 따르지 않았다. 결정적인 시기에 야당 후보가 두 번 씩이나 급사한 것이다.

1956년 5월 15일 실시된 제3대 대통령 선거와 제4대 부통령 선거는 우리 헌정사상 처음으로 여야 후보가 직선에 의해 대결하는 '선거다운 선거'의 효시였다.

집권당인 자유당은 이승만 대통령이 이기붕을 러닝메이트로 하고, 제1야당 민주당은 신익희 대통령 후보에 조병옥 부통령 후보, 혁신계의 진보당은 조봉암과 박기출로 각각 진용이 짜여졌다.

4사5입 개헌 파동으로 이승만의 3선출마의 길을 튼 자유당은 공공연하게 이 대통령의 후계자로 등장한 이기붕을 러닝메이트로 묶어 당선시키기 위해 1년 반 동안에 걸쳐 정치적 작업을 서둘러 왔다.

그러나 노회한 이승만은 3월 5일 실시된 지명대회에서 대통령 후보로 지명을 받았음에도 불출마를 선언, "제3대 대통령에는 좀 더 연부역강한 인사가 나와 국토통일을 이룩해주기 바란다."는 뜻을 밝혔다.

이렇게 되자 자유당은 각종 관제민의를 동원하여 이승만의 번의를 촉구했다. 연일 경무대(청와대) 어귀에는 관제 데모대가 집결하여 이승만의 재출마를 탄원하는가 하면, 각급 지방당부와 지방의회로부터 재출마를 간청하는 호소문, 결의문, 혈서가 답지했다. 그것도 부족하여 평소에는 서울시의 통행을 규제해오던 우차와 마차를 총동원하여 "노동자들은 이 박사의 3선을 지지한다."는 함성을 지르도록 하는 소위 '우의마의'까지 동원했다.

이와 같이 관제민의 운동이 절정에 이르자 3월 23일 이승만은 담화를 통해 "민의에 양보하여 종전의 결의를 번복하고 대통령선거에 출마하기로 결심한다."고 밝혀 선거전에 나서는 곡예를 부렸다.

민주당은 정·부통령후보 선출을 둘러싸고 심각한 갈등과 타협이 벌어졌다. 후보선정에 있어서 신익희(민국당 계열)와 장면(원내 자유당 계열)의 지지세력 사이에 심각한 대립을 나타냈으며 부통령 후보에는 조병옥과 김준연이 경합을 벌였다. 그 후 몇 차례의 타협 끝에 3월 29일 전국대의원대회에서 대통령 후보에는 구파의 신익희, 부통령 후보에는 신파의 장면을 선출했다.

혁신계에서는 진보당추진위원회에서 대통령 후보에 조봉암, 부통령 후보에 박기출을 내세웠다. 이렇게 하여 이승만, 신익희, 조봉암으로 압축된 제3대 대통령 선거전은 5월 15일을 향해 서서히 열기가 달아오른 가운데 야권후보 단일화가 추진되었다. 조봉암은 ① 책임정치의 수립 ② 수탈 없는 경제체제의 실현 ③ 평화통일의 성취 등 세 가지 정책을 단일후보가 수용하면 사퇴하겠다고 제의했다.

이렇게 되자 민주당에서도 야당연합을 기피하고 있다는 인상을 주지 않기 위해 협상제의를 수락하고 ① 내각책임제와 경찰의 중립화 ② 유엔감시하의 남북한 총선거 ③ 경제조항의 재검토 등을 협상 조건으로 내걸고 야당연합전선을 위한 담판에 나섰다. 진보당은 막바지 회담에서 "진보당에서 대통령 후보를 포기할 테니 민주당에서 부통령 후보를 포기하라."는 협상안을 제시하였다.

20여 일을 끈 야당협상이 지지부진한 채 5·15선거전은 어느새 중반전으로 접어들었다. 민주당은 선거구호를 "못살겠다 갈아보자!"로 내걸고 자유당의 실정과 독재, 부정부패를 공격하며 나섰고, 자유당은 "갈아봤자 별 수 없다"는 구호로 맞서면서 조직 확장에 총력을 경주했다. 민주당의 선거구호는 역대 선거사상 가장 탁월하고 시의에 적합했던 것으로 평가되고 있다.

선거전은 날이 갈수록 격렬해졌다. 전국 각 도시는 말할 것도 없고 농촌에까지 붐을 일으킨 민주당은 지지자가 늘어나고, 정부기관지를 제외한 대부분의 언론이 민주당에 동조하는 논조를 보이는 등 정권교체의 가능성이 급속히 확산되기 시작했다. 민주당은 이 같은 선거분위기를 끝까지 끌고 가기 위해 5월 3일 한강 백사장에서 서울에서의 마지막 유세를 열게 되었다.

토요일 오후 한강 백사장에 30만 인파를 불러들인 이 강연회는 선거사상 처음 보는 대성황을 이루었다. 구름같이 모여든 인파 속에서 신익희 후보는 "대통령은 우리 국민의 심부름꾼에 지나지 않는다."고 전제하고, "심부름꾼이 잘못을 저질렀을 때는 주인이 갈아치우는 것은 당연한 권리"라면서 정권교체를 역설하여 열광적인 박수를 받았다.

한강 백사장의 강연회가 폭발적인 인기를 얻게 되자 신 후보는 일요일인 4일 장면 박사와 함께 호남선 열차에 몸을 싣고 지방에도 야당 바람을 일으키기 위해 이리(현 익산)로 향했다.

그러나 연일 과로가 겹친 신 후보는 선거를 10일 앞둔 5일 새벽 4시쯤 열차 안에서 뇌일혈로 쓰러져 운명하고 말았다. 제1야당의 후보를 잃은 채 실시된 선거전에서 이승만의 승리는 불을 보듯 뻔한 일이었다. 자연스럽게 야권 단일후보가 되었으나 민주당 신파는 '조봉암 대통령'보다는 '민주당 부통령'을 택하여 결국 이승만의 재집권을 허용했다.

개표결과 이승만 504만 6,437표, 조봉암 216만 3,808표, 신익희 추모표 185만표로 집계되었다. 엄청난 부정선거에도 불구하고 이승만은 총투표수의 80% 이상을 획득할 것이라는 당초의 예상과는 달리 겨우 52% 득표율에 그쳤다. 부통령에는 장면이 401만 2,654표로 380만 5,502표를 얻는 이기붕을 누르고 당선되어 자유당은 이 선거에서 실질적으로 패배한 셈이 되었다. 그러나 정권교체는 다시 수년을 더 기다려야만 했다.

해공 신익희의 장례식을 맞아 이희승은 〈해공의 급서를 애통함〉이란 추모시를 지었다. 제2연을 소개한다.

해공의 급서를 애통함

하늘도 무심해라
임 가시는 이 날이여
땅을 치고 몸부림해도
천지는 아득히 말이 없네
온 겨레 환호소리
터지는 마당에
임이 가다니
이역 풍상에도
꿋꿋하던 그 모습

아! 해공 선생

18

날치기로 강화된 국가보안법

> 국가보안법은 단순한 법률이 아니라 바로 이 땅의 불행한 현대사를 그 날개로 온통 뒤덮고 있는 거대한 괴조(怪鳥)와도 같은 것이었다.
>
> _박원순

국가보안법이 제정된 1948년 12월 1일부터 현재까지 보안법처럼 국내외적으로 논란과 곡절을 많이 겪은 법률도 드물 것이다. 여수·순천사건 직후에 이승만 정권에 의해 형법보다 먼저 제정된 보안법은 1958년 12월 소위 보안법 파동, 1960년 민주당집권 때의 폐기, 군사정권에서의 강화, 1991년 5월 민자당에 의한 날치기 개정에 이르기까지 그야말로 우여곡절을 겪어왔다.

1958년 12월 24일 국회에서 경위권이 발동된 가운데 자유당 단독으로 신국가보안법을 통과시킨 이른바 '보안법파동'은 자유당 정권의 정권연장을 위한 하나의 폭거였다. 그해 5·2총선거에서 개헌선을 확보하지 못한 채 갈수록 지지기반을 상실해간 이승만의 자유당은 그 대안을 모색하기 위해 부심해오던 중 1960년의 제4대 정·부통령 선거전을 겨냥, 야당의 발을 묶고 언론에 재갈을 물릴 목적으로 보안법을 강화하는 데 눈길을 돌렸다.

자유당은 이와 같은 숨겨진 목적 아래 간첩을 색출하고 좌경세력을 발본색원한다는 명분을 들어 그해 8월 11일 신보안법안을 국회에 제출했다.

자유당 지도부가 정부와 사전협의를 거쳐 전문 3장 40조, 부칙 2조로 된 신국가보안법안을 국회에 제출하면서 간첩행위를 극형에 처하게 하되 ① 간첩활동의 방조행위에 대해 범죄구성의 요건을 명백히 하며 ② 간첩죄 피고인의 변호사 접견을 금지하며 ③ 상고심제도를 폐지한다는 3대원칙의 정략이 숨겨져 있었다.

자유당의 법안이 국회에 제출되자 민주당과 일부 무소속 의원들은 "간첩개념의 확대규정은 정·부통령 선거를 앞두고 야당과 언론인의 활동을 제약하고 탄압하려는 저의가 숨어 있다."고 지적하고, "변호사의 접견금지와 3심제의 폐지는 명백한 헌법위반"이라며 반대에 나섰다.

민주당과 무소속 의원 95명은 '국가보안법개정 반대투쟁위원회'를 구성하여 위원장에 백남훈 지도위원에 조병옥, 곽상훈, 장택상 의원을 추대하여 범야 연합전선으로 저지투쟁에 나섰다. 자유당도

'반공투쟁위원회'를 구성, 장택상을 회유하여 위원장으로 추대함으로서 범야 연합전선의 붕괴를 기도하면서 강행통과를 서둘렀다.

이승만 정권은 그동안 무리를 거듭하면서 이 대통령의 3선에까지 이르렀는데, 1960년 봄으로 예정된 4선을 위해 또 다시 보안법으로 억압통치의 장치를 만들어서 재집권하려는 전략을 세웠던 것이다.

이러한 책략에서 1958년 1월 31일 차기 대통령 선거의 강력한 라이벌의 하나인 진보당 조봉암 위원장 등 간부 7명을 간첩혐의로 구속하고, 군정법령 55호의 발동으로 진보당의 등록을 취소하는 등 치밀한 정지작업을 벌여왔다. 이 '괴조'는 반세기도 훨씬 지난 2014년 11월 헌법재판관들의 손을 빌어 통합진보당을 해산하기까지 불사조가 되어 활약하였다.

목표를 '오로지 재집권'으로 설정한 자유당은 신보안법의 강행통과도 불사한다는 방침을 세워 12월 19일 법사위에 상정하여 야당 의원들이 식사하러 간 사이에 자유당 의원만으로 3분 만에 기습 처리하는 변칙을 보였다.

자유당 의원들의 기습작전으로 법사위에서 허점을 찔리고 만 야당의원들은 법사위의 변칙통과 무효를 주장하면서 의사당 안에서 농성투쟁에 들어갔다. 그 사이에 두 당에서는 협상을 벌였지만 무위에 그쳤고, 마침내 제1공화국의 의정사에 또 하나의 오점을 남기게 되는 12월 24일이 다가왔다.

자유당 정부는 강행통과를 위해 내무부와 은밀한 협의를 거쳐 극비리에 전국 각지의 경찰서에서 유도와 태권도 유단자인 무술경찰관 300명을 임시로 특채하여 3일 동안 국회경위를 맡기기 위해 훈련시켰다.

이날 상오 10시를 기해 무술경위들은 사회를 맡을 한희석 부의장을 에워싸고 본회의장에 난입하여 연 6일째 철야농성으로 지칠 대로 지친 야당의원들을 무자비하게 구타하고 지하실에 감금시켰다. 본회의장은 삽시간에 아비규환이 되었다. 무술경위들의 폭력으로 야당의원의 비명이 의사당 안팎에 메아리쳤다. 무술경위들에게 저항한 많은 야당의원이 부상당했다. 박순천, 김상돈, 허윤수, 유성권, 윤택중, 김응주, 김재건 의원 등이 중경상을 입고 세브란스병원에 입원해 응급치료를 받기도 했다.

이렇게 야당의원들을 폭행한 무술경위들이 의사당의 모든 출입문을 지키고 있는 가운데 한희석 부의장의 사회로 자유당 의원들만 출석한 본회의가 열렸다. 이들은 법절차를 무시한 채 순식간에 보안법을 통과시킨 데 이어 1959년도 새해예산안과 12개의 새법개정안 등을 일사천리로 통과시켰다. 보안법이 통과된 후 지하실 한 구석에 감금돼 있던 야당의원들의 '금족령'이 풀리자 이들은 태평로 의사당 앞에서 "보안법 무효", "민주주의 만세"를 외쳤지만 기차는 이미 떠나고 만 뒤였다.

야당과 언론규제를 목표로 2·4파동을 겪어가면서 보안법을 통과시킨 자유당 정권은 법의 효력이 발생한 지 20일 만인 1959년 2월 5일 서울지방법원으로 하여금 당시 야당지인 〈경향신문〉에 대해 압수수색 영장을 내게 하고 미군정법령 88호를 적용, 폐간 명령을 내리는 등 정권 말기적인 횡포를 서슴지 않았다.

일제가 조선 민족운동(가)의 탄압을 목적으로 하여 제정한 치안유지법을 모태로 한 보안법은 국가안보보다 독재정권이 정부비판자(세력)에 대한 탄압으로 악용돼 왔다는 비판을 받으면서 지금까지 건재하고 있다. 박근혜 정부가 지난 1월 10일 이른바 '종북 콘서트'를 이유로 재미동포 신은미 씨를 강제 출국시킨 것도 국가보안법 위반혐의였다.

19

조봉암 사형과 진보정치 압살

6·25 한국전쟁이 겨우 정전협정으로 마무리 된 1950년대 중반, 한국전쟁에서 조금이라도 좌파 내지 진보적 색채를 띤 사람들은 철저히 학살당하거나 북으로 가거나 아니면 지리산으로 들어가 죽어버렸다. 분단과 전쟁과 학살이 휩쓸고 간 한반도 남쪽에는 멸균실 수준의 반공체제가 이루어졌다. 이런 상황에서 조봉암은 '평화통일론'과 "노동독재도 자본독재도 거부하는" 민주사회주의 깃발을 내걸고 진보당을 창당하여 활동에 나섰다가 참변을 당했다. 이승만의 라이벌 제거와 '반공 히스테리'의 희생물이 된 것이다.

이승만 대통령에게 현재적이든 잠재적이든 도전하는 자는 죽음(죽임)이 따랐다. 제헌의원 선거 때 이승만과 대결한 독립운동가 최능진은 처형되고, 잠재적 라이벌 관계이던 김구는 암살되었다. 야당

대통령후보 신익희와 조병옥은 병사하고, 현직 부통령 장면은 수하들이 총을 쐈지만 '불행히'(다행히) 죽지 않았다. 다음은 조봉암의 차례였다.

제2, 3대 대통령선거에 출마하여 이승만에 도전한 조봉암은 제4대 대통령선거를 앞두고는 정권에 위협적인 인물이 되었다. 그러자 이승만은 자신이 집권한 뒤 정부 조각 때, 농림부장관으로 발탁했던 조봉암을 좌경 용공으로 몰아 처형하고 진보당을 해산시켰다. 조봉암의 '평화통일론'이 정부의 북진통일론에 배치된다는 이유를 댔지만 목적은 정적제거였다. 그로부터 반세기가 지난 지금에도 평화통일운동 세력과 비판세력을 종북 좌경으로 몰아붙이는 터에 당시 정적이나 비판세력에 붉은 딱지를 붙이는 일은 식은 죽 먹기였다.

청년 조봉암은 공산주의 사상을 민족해방운동의 이념으로 삼고 사회혁명사상으로 받아들여 일제와 치열하게 싸우다가 광복을 맞으면서 전향했다. 이승만 정권에 똬리를 튼 친일파들은 자신들의 반민족행위를 재빨리 반공주의자로 탈바꿈하면서 독립운동가, 남북협상세력, 반독재민주인사들에게 용공의 너울을 씌우거나 더러는 형장으로 끌고갔다.

이승만 정권은 사법부를 동원하여 독립운동가이며 초대 농림부장관과 국회부의장을 두 번이나 지낸 사람을 용공으로 몰아 처형했다. 어김없는 '사법살인'이었다. 노회한 이승만은 조각을 하면서 친일파, 우파 일색의 인물들만으로는 미국과 유엔의 지지가 어려울 것으로 알고 공산주의자 출신 독립운동가로서 해방 후 전향하여 대한민국 정부 수립에 참여한 조봉암을 농림부장관으로 임명하였다.

친일 지주계급이 중심이 된 한국 민주당(한민당)을 견제하고, '이승만 정부'가 다양한 계층의 인사들로 조각되었음을 대내외적으로 과시하기 위해 그를 등용했던 것이다. 여기에 주한 미군사령관 하지의 천거설도 있었다.

한민당의 지원으로 대통령이 된 이승만은 조각에서 한민당을 철저하게 배제했다. 이들이 친일지주 출신들이라는 이유와 함께 자신의 권력을 위협하는 세력이 될 것으로 인식하고 미리 견제한 것이다. 한민당을 견제하면서 시급한 현안인 농지개혁을 단행할 적임자로서 조봉암만한 인물을 찾기가 쉽지 않았다. 그는 독립운동, 공산주의운동을 하면서 친일파 지주계급에 증오심을 갖고 있었고, 미국과 유엔 등 대외용으로도 적격이었다.

대한민국 정부가 수립된 1948년 가을 조봉암의 대중적 인기는 국무위원 누구 못지않았다. 국민의 대부분이 농민이고 일제와 친일 지주들의 수탈에 시달려 온 농민들은 정부의 농지개혁을 목이 빠지도록 기다렸다. 북한에서는 이미 해방 직후에 '무상몰수, 무상분배'의 방식으로 농지개혁이 이루어진 터였다.

조봉암은 농지개혁을 서둘렀지만 한민당의 제동으로 쉽지가 않았다. 이 대통령은 날이 갈수록 농민들로부터 인기가 높아가는 조봉암의 행보에 심기가 편치 않았다. 농민들은 조봉암이 독립운동을 할 때 신의주형무소에서 당한 고문으로 손가락 일곱마디가 잘려진 손목을 잡기 위해 그의 곁으로 몰려들었다. 이승만과 대결하게 된 것은 제2대 대통령후보에 출마하면서부터였다. 이후 3대 대선 때에는 온갖 탄압에도 불구하고 이승만과 자유당정권의 간담을 서늘하게 하는 표가 나왔다. 1960년 제4대 대통령선거를 앞두고 이승만 세력에게 조봉암이란 존재는 최대의 걸림돌이었다. 그를 제거하지 않고서는 승산이 어려웠다. 그래서 제거공작이 시작되었다.

'사법살인'에는 법조계가 동원되었다. 그들은 권력의 하수인이 되어 양심과 법률을 팔았고, 조봉암은 끝내 사형대에 서게 되었다. 그를 '사법살인'으로 몰아간 검사, 판사 중에는 친일행위자들이 적지 않았다,

1956년 1월 26일 진보당추진위원회를 구성하고 본격적인 혁신정당의 창당준비에 들어갔던 조봉암은 이때 평화통일론을 제시하였다. 이승만 정부의 북진통일론에 맞선 통일방안이었다. 평화통일론을 제시한 조봉암을 국가보안법 위반 혐의로 구속하고 진보당을 기소한 검찰은 "평화통일이라는 용어는 북한괴뢰가 사용하고 있는 문구인데 진보당에서 이 말을 쓰는 이유는 무엇인가, 조봉암의 『평화통일에의 길』에서는 유엔 감시하의 남북총선거를 주장하였는데, 이는 현 대한민국 헌법의 파괴 내지 폐기를 의미한다. 따라서 이는 대한민국을 부인하고 국헌을 위배하며 정부를 참칭하는 것이 되므로 진보당의 통일론은 국가보안법에 저촉된다."고 주장했다. 조봉암의 제거에는 보수신문과 야당이 힘을 보탰으며, 미국에서도 침묵 또는 '묵시적 동조'의 분위기여서 이승만 정부가 일을 꾸미는 데 어렵지는 않았다.

검찰은 1958년 1월 13일 진보당 간부들을 일제히 검거하고, 2월 16일 조봉암과 간사장 윤길중을 비롯하여 박기출, 김달호, 신창균, 조규희, 이명하, 조규택, 전세룡, 이상두, 권대복, 이동화 등을 국가보안법 위반 혐의 등으로 구속 기소했다. 조봉암에게는 국보법 외에도 간첩죄와 무기불법소지죄 등이 추가되었다.

자유당은 1958년 2·4파동을 일으켜 국가보안법을 개정하였다. 언론탄압과 조봉암의 평화통일론을 탄압하려는 목적이었다. 조봉암이 구속되기 전 측근들은 그를 찾아가 사태의 심각성을 설명하고 해외망명을 권하였다. 하지만 조봉암은 "나도 진보당 탄압의 정보를 들었지만 혼자 편하자고 망명이나 도주를 할 수 없다."고 거절하였다.

조봉암을 죽이기로 한 이승만 정권의 음모는 급속도로 진행되었다. 그렇지만 첩자 양명산을 내세워 불순자금을 조봉암에게 전달했다는 모략 속에서도 1심은 징역 5년을 선고하는 데 그쳤다. 용공판사를 죽이라는 따위의 관제시위가 벌어지고, 이승만은 국무회의에서 세 차례나 조봉암 문제를 언급하였다. 마침내 고등법원은 사형을 선고하고 대법원도 그대로 따랐다. 짜여진 각본대로였다.

조봉암에 대한 재심청구도 기각되었다. 대법원의 주심 판사였던 김갑수가 재심의 주심이 된 것도 상식과는 거리가 먼 처사였다. 일반적으로 사형수는 몇 차례 재심청구를 하고 확정판결 뒤에도 한두 해 정도는 형의 집행이 연기되는 것이 관례였다.

7월 30일 하오 3시, 재심청구 기각통보를 받은 대검은 긴급회의를 열어 이튿날 상오에 조봉암의 사형을 집행할 것을 결정, 만반의 준비를 갖춘다. 어느덧 날이 밝아 7월 31일 오전 10시 30분, 대기 중인 대검검사실에 전화로 "집행하라"는 법무장관 홍진기의 서명이 떨어졌다.

집행관은 의례적인 절차에 이어 조봉암에게 마지막으로 할 말이 없느냐고 물었다. "이 박사는 소수가 잘 살기 위한 정치를 하였고 나와 나의 동지들은 국민 대다수를 고루 잘 살리기 위한 민주주의 투쟁을 했소. 나에게 죄가 있다면 많은 사람이 고루 잘 살 수 있는 정치운동을 한 것밖에는 없는 것이오. 그런데 나는 이 박사와 싸우다가 졌으니 승자로부터 패자가 이렇게 죽임을 당하는 것은 흔히 있을 수 있는 일이오. 다만 나의 죽음이 헛되지 않고 이 나라의 민주발전에 도움이 되기를 바라며, 그 희생물로는 내가 마지막이 되기를 바랄 뿐이오."

2011년 1월 20일 대한민국 사법부는 재심에서 조봉암에게 52년 만에 무죄를 선고했다. 하지만 죽은 조봉암은 살아나지 못하고, 그의 평화통일론과 진보정치는 이어지지 못했다.

20

반독재의 신호탄
2·28 대구학생봉기

1950년대 한국은 전쟁과 전후의 황폐한 국토, 이승만 정권의 폭정으로 어디에서도 희망이 보이지 않은 암담한 시기였다. 이런 속에서도 이승만은 종신집권을 위해 정치적 폭주를 자행하고 있었다.

1960년 봄으로 예정된 제4대 정·부통령 선거를 앞두고 자유당 정권은 무소불위, 앞뒤를 가리지 않고 날뛰었다. 박정희가 중앙정보부와 국군보안사를 내세워 정권을 유지했다면 이승만은 경찰을 앞세웠다.

기성세대들은 전쟁이 남긴 트라우마로 비판과 저항정신을 잃고 현실순응적인 '순한 양'이 되었다. 이승만 시대의 경찰은 일제강점기의 순사들과 다르지 않았다. 국민들을 사사건건 간섭하지 않은 일이 없었으며 가히 법 위에 군림하였다. "말 많으면 빨갱이"라는 유행어가 나돌만큼 국민들에게 침묵이 강요됐다. 민주주의는 허울뿐이고 국가는 경찰국가체제로 운영되었다.

3·15선거를 앞두고 자유당 정권은 이승만의 4선과 이기붕의 부통령 당선을 위해 국력을 총동원하였다. 자유당 정권은 전통적으로 야당세가 강한 대구에서는 특별한 선거전략을 짰다. 자유당 경북도당은 2월 28일로 예정된 민주당 부통령 후보 장면의 선거 유세장에 정치에 민감한 고등학생들이 참가하는 것을 막기 위해 대책에 부심하였다. 그 결과 시내 고등학교장 긴급회의를 소집하여 일요일에 등교시킬 것을 지시하기에 이르렀다.

이에 따라 경북고는 학기말 시험, 대구고는 토끼사냥, 경북사대부고는 임시수업, 대구상고는 졸업생 송별회, 대구여고는 무용발표회 등의 명목으로 28일 일요일 등교지시를 내렸다. 하나 같이 예정에 없던 일들이었다.

우리 역사를 보면 국가적 위난이 닥칠 때면 가장 먼저 구국의 전열에 나선 것은 청년, 학생들이었다. 1919년 도쿄 2·8독립선언이 그렇고, 3·1혁명도 학생들이 선두에 섰다. 1919년 중국 지린성에서 조직된 의열단의 핵심멤버들도 청년들이었다.

자유당 경북도당이 학교장들에게 일요일 등교 지침을 내린 사실을 알게 된 경북고, 대구고, 경북사대부고의 학도호국단 간부 학생들은 25일 밤부터 비밀회합을 갖고 일요일에 등교하여 항의 시위를 하기로 결의했다. 이승만 정권이 전국의 학생들을 옴짝달싹 하지 못하도록 묶기 위해 조직한 학도호국단 간부 학생들이 이승만 정권의 붕괴 전조의 역할을 하게 된 것은 역사의 아이러니다.

반독재 첫 봉화를 올린 것은 경북고생들이었다. 2월 28일 낮 12시 50분 교내 운동장에 모인 800여 명의 학생들은 준비한 결의문을 낭독하고, "민주주의를 살리자", "학원의 자유를 달라", "학생들을 정치도구로 이용하지 말라"는 등의 구호를 외치고 대구시내 중심가로 행진했다.

대구고등학생 200여 명도 오후 2시경 교문을 박차고 나와 시위를 벌이고 경북여고생 100여 명도 시위에 참여했다. 경북사대부고생들은 교사들이 시위를 눈치 채고 학생들을 강당에 가두는 바람에 오후 늦게 시위에 참가했다. 이외에도 시위에 참가한 학생들은 대구여자고등학교, 대구농업고등학교, 대구상업고등학교 등이다.

학생들은 시위에 나서기 전 '결의문'을 낭독하면서 자신들의 의지를 밝혔다.

> 우리 백만 학도는 지금 이 시각에도 타고르의 시를 잊지 않고 있다. … 우리는 민족을 사랑하고 민족을 위하여 누구보다도 눈물을 많이 흘린 학도 … 이 민족애의, 조국애의 피가 끓는 학도의 외침을 들어주려는가? 우리는 이번 처사에 대한 명확한 대답이 있을 때까지 끝까지 싸우련다. 이 민족의 울분, 순결한 학도의 울분을 어디에 호소해야 하나?

학생대표에 의해 '결의문'이 낭독되자 학생들은 의기에 넘쳐 박수와 환호성으로 답례하고, 시내로 나갈 것을 결의하였다. 암울했던 회색의 시대를 떨치고 학생혁명의 새 시대가 열리는 순간이었다. 대구고등학생들의 반정부 시위에 대해 대구의 한 신문은 다음과 같이 보도했다.

> 경북고등학교에서는 전체 학생들에게 극장단체관람을 위해 일요일인 2월 28일 하오 1시까지 등교할 것을 지시했다. 28일 상오 12시 50분까지 학교에 나왔던 2백여 명의 학생 앞에서 동교 운영위원회 부위원장 이대우 군이 공휴일에도 등교시키는 폐습을 시정하자고 학생들을 선동하였다. 일요일에 등교시킨 학교 당국의 조치에 불만을 품은 2백여 학생은 이 선동에 호응하여 학교를 뛰쳐나와 경북도청에 모여들었다. 학생들은 경찰 측의 종용으로 해산했으며 일부 학생들은 경찰에 연행되었다(〈대구매일신문〉, 1960. 2. 28).

경찰은 이날 저녁 7시 40분경 학생시위대를 강제 해산시키고 주동학생 30여 명 등 300여 명을 연행했다. 경찰은 연행된 학생간부들을 폭행하면서 배후를 캐묻고 빨갱이들의 소행으로 몰아가려 했으나, 시위 확대를 우려한 자유당 중앙당의 지시로 모두 석방하였다.

대구 시내 고등학생들이 켜든 횃불은 곧 전국으로 확산되었다. 3월 5일 서울운동장에서 민주당 선거강연이 끝난 후 강연회에 참석했던 1,000여 명이 "학생들은 궐기하라", "공명선거 실시하라" 등의 구호를 외치며 가두시위를 벌였다.

3월 8일에는 대전고생 1,000여 명, 3월 10일에는 대전상고생

300여 명, 수원농고생 300여 명, 충주고생 300여 명, 3월 12일 부산해동고생 · 청주고생, 3월 13일 오산고생 100여 명, 3월 14일 원주농고생 · 부산의 동래고생 · 부산상고생 · 항도고생 · 테레사여고생, 포항의 포항고생, 서울의 중동고생 · 배제고생 · 대동고생 · 보인상고생, 인천의 송도고생 등 고등학생들의 시위가 이어졌다.

특히 3월 13일 서울의 고등학생들은 시내 시공관 앞, 미도파, 반도호텔, 시청, 국제극장 등까지 진출하여 산발적인 시위를 벌이면서 공명선거를 요구했으며 3월 15일에는 마산에서 민주당원 30여 명이 시위한 데 이어 곧 마산시청 앞에서 시민 1만여 명이 행진하고 경찰이 발포하면서 3 · 15의거가 진행되었다.

대구 2 · 28 학생 시위로 촉발된 고등학생들의 시위가 전국으로 확산되고 이어서 마산의거, 4 · 19혁명으로 이어졌다. 2 · 28학생 의거는 단순히 일요등교 지시에 대한 우발적이고 즉흥적인 시위가 아니었다. 학생들은 기성세대가 눈앞에서 벌어진 선거부정과 각종 사회악에 침묵하자 의로운 젊은 혈기로 시대정신을 갖고 궐기한 것이다.

2 · 28의 가장 중요한 정치사적 의의는 선도성(先導性)에 있다고 할 것이다. 2 · 28은 식민통치, 미군정, 분단국가의 수립, 한국전쟁, 이승만 권위주의 정권으로 이어지는 일련의 과정에서 자신의 '정치적 효능'에 대한 회의적 태도를 내면화하고 있던 시민들에게 용기를 주었다. 2 · 28은 냉전체제와 분단체제를 기초로 독재권력을 휘두르고 있던 이승만 정권에게 저항을 시작함으로써 체념적 순종 상태에

있던 국민들에게 자신감을 불어넣어 주었다. 정부 수립 이후 민주 운동을 선도함으로써 2·28은 4월혁명의 횃불을 밝혔다(김태일, 『4월 혁명의 출발 - 2·28 대구민주운동의 정치사적 의의』).

대구 2·28시위가 벌어진 뒤 반세기도 더 지난 2015년 초, 대구 교육당국은 시내 고등학생들에게 특정 영화를 무료관람 시켜서 물의를 일으켰다.

21

독재의 광기
3·15부정선거와 마산의거

사뮤엘 바틀러는 “권력은 마주와 같다.”고 했다. 마실수록 취하고, 취할수록 마시고 싶은 것이 권력이라는 ‘마주’이다. 이승만은 비정상적인 방법으로 헌정을 유린하면서 12년간이나 집권했으며, 그의 나이도 80이 넘었다. 하지만 변치 않는 것은 권력에의 욕망이었다.

제4대 정·부통령을 선출하기 위해 1960년 3월 15일 실시된 이 선거는 이승만 정권이 사상 유례 없는 부정선거를 자행하여 4월혁명의 도화선이 되었다.

이승만 정권은 거듭된 실정과 장기 독재로 공정한 선거를 통해서는 전혀 승산이 없음을 알고 관권을 동원한 엄청난 부정선거 계획을 세웠다.

자유당은 민주당의 대통령후보인 조병옥이 신병 치료차 미국에 건너간 틈을 타 5월 중에 실시하기로 되어 있는 정·부통령선거를 2개월이나 앞당겨 3월 15일 실시로 공고했다. 선거 날짜 택일부터 정략적이었다.

1959년 3월 이승만 대통령은 선거를 앞두고 5부 장관을 경질하고, 내무 최인규, 재무 송인상, 부흥 신현확, 농림 이근직, 교통 김일환을 새로 임명하고, 도지사와 일선 경찰서장을 선거팀으로 교체했다.

최인규는 취임사를 통해 "공무원과 공무원 가족은 대통령과 정부의 업적을 국민에게 선전해야 하며 이 같은 일이 싫은 공무원은 그 자리에 있을 필요가 없다."라고 발표한 뒤로 공공연하게 공무원을 선거에 동원했다.

자유당은 민주당의 조병옥 후보가 결국 병으로 사망했기 때문에 재집권이 보장되고 있었는데도 불구하고 이기붕을 부통령에 당선시켜야 한다는 이유로 선거에 온갖 부정과 관권을 동원했다. 내무부장관 최인규는 공공연히 각 지방의 시장, 군수, 경찰서장 등으로부터 미리 사표를 받아놓고 부정선거에 협력하지 않는다거나 선거결과가 좋지 못하면 파면시킨다는 것을 통고하고 압력을 가했다.

행정기관뿐만 아니라 대한반공청년단을 강화시켜 이들을 일선행동대원으로 이용하기도 했다. 1959년 8월 12일 단장을 신도환으로 바꾼 반공청년단은 89개 시, 군 단부를 조직하는 한편, "우리 전 단원은 국부 이승만 각하와 서민정치가 이기붕 선생을 정·부통령으로 선출하기 위하여 엄숙히 약속한다."는 구호를 외치고 다니면서 유권자들을 공갈, 협박했다.

자유당의 부정선거의 핵심은 4할 사전투표, 3인조, 5인조, 9인조의 공개투표를 통해 자유당 후보의 득표율 85%를 사전에 달성한다는 것이었다. 이 같은 부정선거를 방해하지 못하도록 야당참관인들을 매수, 테러하여 투개표장에서 퇴장시키도록 했다.

그러자 이런 자유당의 부정선거 계획이 말단 경찰관에 의해 폭로되었다. 자유당의 부정선거 폭로내용은 4할 사전투표와 3인조, 5인조의 공개투표 외에 △ 유령유권자의 조작과 야당 성향 유권자의 기권강요 및 기권자의 대리투표 △ 내통식 기표소의 설치 △ 투표함 바꿔치기 △ 개표 때의 혼표와 환표 △ 득표수 조작발표 등이 포함되었다. 이렇게 부정선거의 음모가 사전에 폭로되었는데도, 자유당의 관권 · 부정선거는 멈추기는커녕 더욱 거침없이 자행되었다.

자유당은 관권부정 외에도 엄청난 선거자금을 살포하여 유권자를 매수하거나 동원비에 썼다. 이기붕, 한희석, 박용익, 송인상 등이 협의하여 한국은행과 산업은행을 통해 거액의 은행자금을 기업에 융자해주고 그 융자금을 선거자금으로 염출했으며, 기업으로부터는 별도로 선거자금을 끌어 모았다.

선거가 막바지에 접어들면서 전남 여수와 광산에서 민주당 간부가 구타, 살해당하는 사건이 발생하는 등 전국 도처에서 폭력이 난무했다. 민주당은 자유당의 부정선거 계획과 내무부의 부정투표 지령을 폭로하면서 '부정 살인선거'의 중단을 촉구했지만, 이미 이성을 잃은 자유당 정권은 들은 척도 하지 않았다.

3월 15일 실시된 선거는 자유당의 사전계획대로 전면적인 부정선거로 이루어졌으며 야당참관인들이 거의 퇴장한 가운데 부정투개표가 진행되었다. 민주당은 이날 선거참관을 포기하기로 하는 한편 선거의 불법무효를 선언했다.

개표가 끝나고, 중앙선관위는 선거결과를 발표했는데 전국의 유권자 1,119만 6,498명 중 1,050만 9,482명이 투표에 참가하여 963만 3,376표로 이승만이 제4대 대통령에 당선되고, 부통령에는 833만 7,059표를 얻은 이기붕이 당선되었다고 공고했다. 장면은 184만 4,257표, 김준연은 23만 5,526표, 임영신은 9만 9,090표를 얻었다. 이승만은 전체 유권자의 92%, 이기붕은 78%를 득표했다는 발표였다.

개표가 진행되면서 일부 지역에서는 이승만과 이기붕의 득표수가 총 유권자 수를 초과하기도 하여 자유당 측은 최인규에게 득표수를 이승만은 80% 정도로, 이기붕은 70~75% 정도로 하향조정하도록 지시하는 촌극을 벌이기도 했다.

3·15선거가 부정과 폭력으로 자행되는 것을 지켜본 많은 국민은 분노에 떨었다. 그중에서도 가장 용기 있게 떨치고 일어선 곳은 마산의 시민, 학생들이었다.

마산의 시민, 학생들은 3월 15일 오후 평화적으로 부정선거를 규탄하는 시위를 벌였다. 그런데 이를 강제해산시키려는 경찰과 투석전을 벌인 끝에 경찰의 무차별 발포와 체포, 구금으로 다수의 희생자를 내게 되자 격분하여 남성파출소를 비롯한 경찰관서와 변절한 국회의원 및 경찰서장 자택을 습격, 이 과정에서 7명이 사망하는 등

80여 명의 사상자가 발생했다. 경찰은 주모자로 구속한 26명을 공산당으로 몰아 혹독한 고문을 가했고 정부는 마산의거를 공산당의 조종으로 몰아붙여서 시민들의 분노를 샀다.

시민들의 분노가 가라앉지 않고 있던 4월 11일, 행방불명되었던 마산상고생 김주열 군의 시체가 오른쪽 눈에 최루탄이 박힌 처참한 모습으로 실종 27일 만에 바다에 떠올랐다. 그러자 마침내 온 시민이 궐기하여 경찰의 만행과 부정선거를 규탄함으로써 제2차 마산의거의 불길이 다시 타올랐다.

3만여 명의 마산 시민들은 자유당 건물과 남성동파출소에 이어 마산경찰서, 자유당 허윤수 의원의 집, 북마산파출소, 창원군청, 허윤수가 경영하는 동양주정, 무학 주조공장을 부수고 재차 마산경찰서 앞으로 밀려갔다.

밤 9시경 무장한 경찰과 시민들이 대치하고 경찰의 발포로 시민 2명이 사망했다. 이날의 시위는 밤 12시경 시위대의 해산으로 막을 내렸다. 16일에도 시위가 이어졌다. 마산공고생, 창신고생, 마산여고생, 마산고생들이 앞서고 시민 수천 명이 합세했다. 시위가 격렬해지자 경찰이 소방호스로 붉은 물감을 탄 진화용 물을 퍼부었다. 그리고 붉은 물이 든 시민을 체포하여 이들을 공산주의자로 뒤집어씌웠다. 이승만은 이에 대해 마산 시민들의 시위를 공산당의 사주라고 몰았다. 4월 17일 한옥신 부장검사가 "공산당 개입은 속단할 수 없다."고 발표함으로써 마산의거는 국민저항권의 발동으로 평가되기 시작했다.

마산의거 수호신 김주열을 누가 죽였나

4·19민주혁명은 1789년 7월의 프랑스대혁명과 비슷한 대목이 너무 많다. 주체가 시민, 학생이었고, 전제독재와 전제군주를 축출하였으며, 우리는 박정희의 군사쿠데타에, 프랑스는 나폴레옹의 군사쿠데타에 의해 혁명의 좌절을 맛보아야 했다. 그리고 혁명이 하나의 '우연'한 사건에 의해 촉발되었다는 우연성도 비슷하다.

즉 프랑스의 경우 그 해 5월 파리 주변에 때 아닌 우박이 내려 밀농사가 대흉작이었다. 이로 인해 농민들이 파리시내로 몰려들었고 그들은 루이 왕조를 향해 빵을 달라고 요구하였으며, 마침내 이들은 시민군으로 변하여 장엄한 혁명을 성취하였다. 우리의 경우 3·15 부정선거에 항거하는 마산 시민, 학생들에게 경찰은 총격을 가하였고, 4월 11일 행방불명되었던 마산상고생 김주열 군의 시체가 왼쪽 눈에 최루탄이 박힌 처참한 모습으로 바다에 떠올랐다. 이에 온 시민이 다시 궐기하여 경찰의 만행 규탄에 나섰으며, 이 시위는 마침내 이승만 독재정권을 무너뜨린 4월혁명의 도화선이 되었다.

파리 주변에 우박이 내리지 않았어도, 김주열 군의 시체가 떠오르지 않았어도, 프랑스혁명과 4월혁명은 폭발했을 것이다. 이미 사회변혁의 분위기가 성숙해 있었고 혁명의 개연성이 충분히 잠재하고 있었기 때문이다.

그런데도 혁명의 뇌관에 불을 붙인 것은 '우연히' 내린 우박이었고, '우연히' 떠오른 고등학생의 처참한 시신이었다. 이와 관련, 아무리 역사의 합리성만을 믿는 사람일지라도 우연성의 작용을 외면하지는 못할 것이다.

4월혁명의 도화선이 된 김주열 군의 눈에 최루탄을 쏜 경찰관은 박종표 마산경찰서 경비주임이었다.

박종표는 보조헌병으로 일제에 협력한 자로서, 해방 후 교통부에서 근무하다가 1952년 경사에 임명되었다. 2년 뒤 경위로 승진되어 내무부 치안국과 강원도, 충청남도, 경상남도 등 각 도경찰국에서 근무하다가 1959년 5월 마산경찰서 경비주임으로 발령받았다.

박종표는 보조헌병으로 있을 때도 악질분자였던 것으로 알려졌다. 일제에 충성하느라 동족을 심하게 압박한 친일파였던 것이다.

1960년 3월 15일 오후 7시경 박종표는 시위군중 3천여 명이 "부정선거 다시하라"는 구호를 외치며 마산시청 주변에 운집하자 최루탄과 발사용 총을 갖고 기동경찰대원 7명을 인솔하여 현장에 도착,

저지경찰과 합류했다.

시위군중과 대치하고 있던 박종표는 이날 밤 10시경 무학초등학교 앞 현상동 굴다리 부근의 마산지원 정문 앞에서 시위군중들에게 무차별 최루탄을 발사했다. 이때 그가 발사한 최루탄은 12발이었는데 그 중 1발인 232호 최루탄이 마산지원 앞 노상에서 시위중이던 김주열 군의 왼쪽 눈을 명중시켰다. 박종표가 시위군중들을 향해 정면으로 최루탄을 발사하여 사망케한 것이다.

박종표는 이날 김주열 군 이외에도 카빈총, 권총 등 실탄 200여 발을 발사하도록 지휘하여 김영호, 김호득, 김영순 등 3명을 살해하고 이원자 등 10여 명의 시민, 학생에게 부상을 입히는 만행을 저질렀다. 박종표의 만행은 이에 그치지 않았다. 김주열 군이 눈에 최루탄을 맞고 숨지자 경찰서장 차에 시체를 싣고 돌을 매달아 마산세관 앞 바다에 던져버렸다. 다시 한 번 천인공노할 만행을 저질렀던 것이다.

마산사건으로 사망 7명을 포함하여 80여 명의 사상자가 발생하고 주모자로 구속된 26명은 공산당으로 몰려 혹독한 고문을 당하였지만, 박종표에 의해 살해되어 바다속에 유기된 김주열 군처럼 참혹한 경우는 드물었다.

그러나 하늘은 무심하지 않았다. 무거운 돌에 결박되어 수중고혼이 될 뻔했던 김주열 군의 사체가 기적적으로 한 낚시꾼에 의해 인양되었던 것이다. 27일이나 지났는데도 시체는 전혀 부패하지 않았다. 바다 밑바닥에는 맑은 지하수가 솟아나는 곳이 있는데, 김주열의 사체는 바로 그런 곳에 놓여져 자연냉동상태로 있다가 떠올랐던 것이다.

김군의 참혹한 모습이 부산에서 발행되는 〈국제신보〉(현 〈국제신문〉)에 보도되자, 이를 본 마산시민들은 다시 분노하여 거리로 나섰고, 삽시간에 전 국민을 격분시켜 마침내 독재정권을 타도하는 시민혁명으로 승화할 수 있었다.

이승만 정권이 4천여 명의 무고한 시민·학생을 살상하면서 종막을 고하게 된 것은 이승만 개인의 치매성, 무한권력 욕망 때문이지만, 권력 주변에 다수 포진한 친일분자들의 선천적인 과잉충성과 권력 중독성에도 원인이 있었다.

이승만 정권의 12년 집권기간 동안 친일부역자의 비율은 국무위원의 경우 34.4%, 대법관의 경우 68.4%, 검·경찰간부의 80%에 달할 만큼 친일분자들은 권력의 핵심을 차지해왔다.

특히 3·15 정·부통령선거를 앞두고 이승만은 충성심이 강한 친일파들을 자유당과 선거내각의 주요 포스트에 배치했다. 당정뿐만 아니라 부정선거를 전담할 경찰간부와 도지사 등 일선행정의 수뇌부도 친일분자들로 포진시켰다.

3·15 부정선거를 획책, 주도한 국무위원은 내무부장관 최인규, 법무부장관 홍진기, 재무부장관 송인상, 부흥부장관 신현확, 문교부장관 최재유, 농림부장관 이근직, 보건사회부장관 손창환, 상공부장관 구용서, 교통부장관 김일환, 체신부장관 곽의영 등이었다. 이들 대부분은 친일부역의 경력자들이었다. 일제 강점기 조국을 배반하

고 일제의 관리나 금융인, 판검사 노릇을 하며 동포를 학대했던 자들이다.

최인규는 경성고등상업학교를 졸업하고 조선생명보험주식회사에서 근무했으며, 홍진기는 일본 고등문관시험 사법과에 합격한 후 전주 지방법원 판사직에 있었고, 송인상은 조선식산은행원으로 입사하여 10년간 수원지점장 대리, 안양예금취급소 주임 등으로 근무했다. 신현확은 일본 고등문관시험 행정과에 합격한 후 약 2년간 일본상공성 및 군수성에서 근무하였고, 이근직은 약 15년간 강원도 군속, 도속을 거쳐 평창군수, 원주군수 등을 지냈으며, 구용서는 약 20년간 조선은행 본점 지배인 대리, 신의주지점 지배인 대리, 부산지점 지배인 대리, 대판 서구 출장소 지배인 등을 역임했다. 김일환은 만주국 육군경리학교를 졸업하고 만주국 육군 대위를 지냈으며 곽의영은 괴산군수, 청원군수, 충청북도 상무과장, 광공과장 등을 역임하였다.

일제치하에서 은행이나 보험회사 근무는 경찰이나 행정관료, 판·검사직에 비해서는 뒤떨어지지만 식민지 수탈구조의 요원이었던 것은 두말할 여지가 없다.

3·15부정선거를 기획한 원흉으로 국무위원들 못지않은 집단이 자유당 기획위원들이다. 기획위원은 한희석, 이중재, 박만원, 박용익, 조순, 이존화, 유각경, 정기섭, 정존수, 이재학, 임철호, 정문흠 등 12명이었다.

이들 중 한희석은 고문 행정과에 합격, 총독부속을 거쳐 창녕군

수, 동래군수 도이사관, 내무국 지방과장 등을 지냈으며, 이중재는 제일은행, 조선견직주식회사 전무취체역, 동양면업공사 지배인 등을 역임했다. 박만원은 조선식산은행에서 근무했고, 박용익은 봉화군수, 예천군수 등을 지냈다. 유각경은 유길준의 손녀로서 초기에는 YWCA총무를 역임하는 등 기독교운동을 하다가 일제 말기에 임전보국단 부인대 지도위원, 애국금차회 간사 등을 지냈으며, 정존수는 경성지방법원 서기, 경성복심원 서기 등을 거쳤다. 이재학은 충청북도 사회과장, 단양군수 등을 지냈고, 임철호는 일본 고등문관시험 사법과에 합격하여 변호사업에 종사했다.

자유당 기획위원 중 몇 사람을 제외하고 대부분이 친일부역자들이었음을 알 수 있다. 이밖에도 경찰, 법원, 군부 등에서 3·15부정선거를 주도한 반민자의 대부분이 친일부역자들이었다. 이승만 대통령이 이처럼 자신의 4선을 위해 국민주권을 짓밟고, 이에 항거하는 국민의 가슴에 총질을 하게 만든 자들을 친일부역자들로 충원한 데는 까닭이 있었다.

그것은 그들이 자신들의 추악한 과거 때문에 새로운 주군에 대해 맹종하며 과잉 충성심을 보인다는 이승만의 노회한 용인술 때문이었다. 그러나 이런 '용인술'이 부메랑으로 돌아와 이승만 자신과 과잉 충성분자들을 함께 파멸시키는 업보가 될 것임을 예상하지 못했던 것이다.

박종표는 혁명재판에서 무기징역형을 선고받아 수인이 되었으며, 김주열 군은 민주주의의 수호신으로 국민들의 가슴에 영생하고 있다.

23

4월 혁명, 사상 초유의 독재타도

우리나라 역사는 왕조창업, 반정 반란, 민란, 쿠데타, 유신 등 여러 가지 정치변혁이 있었으나 '성공한 혁명'은 한 번도 없었다. 전봉준의 동학혁명과 1919년 3·1혁명은 좌절된 혁명이었다.

우리나라 역사상 민중이 최초로 정권을 타도하는 데 성공한 1960년 4월의 민주혁명은 3·15부정선거로부터 발화되었다. 마산에서 일기 시작한 부정선거 규탄의 시민, 학생시위는 쉽게 서울과 부산, 대구, 광주, 목포, 청주 등 대도시로 번져나갔다.

1960년 2월 28일 당국이 고등학생들을 야당의 선거유세장에 가지 못하도록 일요일에 등교조치한 것에 반발하여 대구시내 고등학생들이 시위를 벌인 것을 기점으로 하여 주요도시의 고등학생들이 부정선거를 규탄하는 데모에 앞장섰다.

김주열의 시체인양으로 마산의 2차 시위가 4월 11일에 격렬하게 전개되면서 시위는 전국으로 번져갔다. 특히 4월 18일 고려대생 3천여 명이 국회의사당 앞에서 연좌데모를 한 후 귀교길에 정치깡패의 습격을 받아 수십 명이 부상하는 사태가 발생한 일은 다시 기폭제가 되었다. 이날의 고대생 시위는 구호를 부정선거에서 독재타도로 바꾸어놓았고, 이튿날인 4월 19일을 기해 서울시내 대학생들이 총궐기하는 계기가 되었다.

'피의 화요일'로 불린 4월 19일, 고교 · 대학생을 비롯해 10만여 명의 서울시민이 시위에 참가했다. 이날 시위대의 일부가 경무대로 향하는 한편, 정권의 하수인 노릇을 한 서울신문사와 반공회관, 경찰서 등에 불을 지르고 부정선거를 규탄했다. 지방도시에서도 수십만 명의 시민, 학생들이 이승만 정권 타도의 시위를 벌였다.

시위대를 향한 경찰의 무차별 발포로 이날 서울에서만 104명, 부산에서 19명, 광주에서 8명 등 전국적으로 186명이 사망하고, 6,260명이 부상당했다. 희생자는 하층 노동자 61명, 고등학생 36명, 무직자 33명, 대학생 22명, 초등학생 · 중학생 19명, 회사원 10명, 기타 5명 등이었다.

정부는 경찰이 시위대에 발포하기 시작한 직후 서울 등 주요도시에 계엄령을 선포하고 육군참모총장이던 송요찬 중장을 계엄사령관에 임명했다. 그러나 군대는 유혈사태를 방지하고 파괴방지에 전념하면서 중립적인 태도를 견지했다.

4월 21일 내각이 유혈사태에 대한 책임을 지고 물러났고 22일 이기붕이 모든 공직에서 물러난다고 밝혔다. 이어 당시 부통령이던 장면은 이승만이 대통령직에서 물러날 것을 촉구하면서 부통령직을 사퇴했다.

이승만은 자유당 총재직을 사퇴하는 등 일련의 조치를 취하여 사태를 수습하고 정권 유지를 꾀하려 했다. 그러나 이미 혁명적인 열기에 휩싸인 민중은 이승만의 하야를 요구하기 시작했다. 4월 25일 시위의 새로운 물결이 일어났다. 전국 대학교수들이 시국수습을 위한 선언문을 발표하고 시위에 나선 것이다.

이날 오후 3시 서울대학교 교수회관에 모인 27개 대학교수 258명은 "대통령을 위시한 여야 국회의원들과 대법관 등은 3·15부정선거와 4·19사태의 책임을 지고 물러나는 동시에 재선거를 실시하라."는 요지의 14개항 시국선언문을 발표했다.

이어 4백여 교수들은 "4·19의거로 쓰러진 학생의 피에 보답하라"는 슬로건을 내걸고 계엄하에서 평화적인 시위를 감행, 서울시가를 행진했다.

이 4·25교수단 데모는 시민과 학생들의 절대적 지지를 불러일으켰고, 그날 밤부터 다시 시민, 학생들이 궐기했으며, 26일 또다시 대대적인 데모를 촉발시킴으로써 마침내 이승만의 하야를 촉진하는 결정적인 계기가 되었다. 이승만은 4월 26일 새로 임명된 외무장관 허정, 계엄사령관 송요찬과 주한 미국대사 매카나기의 권고를 받아들여 대통령직에서 물러나겠다는 의사를 밝혔다.

이 대통령은 4월 26일 오전 10시를 기해 발표된 하야성명을 통해, 첫째, 국민들이 원한다면 대통령직을 사임하겠다. 둘째, 3·15선거에 많은 부정이 있었다고 하니 선거를 다시 하도록 지시했다. 셋째, 국민이 원한다면 내각책임제의 개헌을 하겠다. 넷째, 선거로 인한 모든 불만스러운 점을 없애기 위하여 이기붕 의장을 모든 공직에서 완전히 물러나도록 조치했다고 발표했다.

이 대통령의 전격적인 하야성명이 발표되기 직전 송요찬 계엄사령관은 26일 아침부터 이 대통령의 하야를 요구하면서 데모를 벌이고 있던 시위군중 속에서 5명의 대표를 골라 이승만과의 면담을 주선했다. 송요찬은 이날 아침 데모군중에 의해 탑골공원에 있던 이 박사의 동상이 파괴되고, 그 동상의 목에다 줄을 걸어 끌고 다니는 것을 목격했으며, 수십만의 군중이 경무대 어귀에 집결하는 것을 보고 이승만의 하야를 더 이상 지체할 수 없다고 판단했다.

이 무렵 사태수습을 협의 중에 있던 국회는 3·15선거의 무효화 선언과 내각책임제의 개헌 등을 수습방안으로 채택했다가 이 대통령의 하야소식이 발표되자 긴급회의를 소집, 이 대통령의 사임권고 결의안을 만장일치로 통과시켰다. 국회의 결의가 전달되자 이 대통령은 4월 27일 국회의 결의를 존중하여 즉각 대통령직에서 물러나겠다는 뜻을 밝히고 대통령직 사임서를 국회에 전달했다.

이로써 이승만의 12년 독재 통치는 종식되었다. 그는 4월 28일 경무대를 떠나 이화장으로 옮겼다가 곧 망명길에 올랐다. 상하이 임시정부에 의해 탄핵되고, 4·19혁명에 의해 두 번째 탄핵당한 부끄러운 정치인이었다.

4·19혁명은 몇 갈래의 역사적 의지가 접목되어서 성공할 수 있었다. 하나는 동학혁명의 맥박이요, 다른 하나는 3·1혁명의 혼이다. 황토현에서 찢긴 민중의 혼이, 탑골공원에서 산화된 독립의 의지가 4·19에 접목하여 벽혈(碧血)이 되어 타올랐다. 때문에 4·19의 의의는 단순 도식의 정치변혁운동이 아니었다. 4·19는 다음과 같은 역사적 의의를 가진다.

첫째, 계층·신분·지역·성별의 구분 없이 민중이 하나가 되어 일으킨 국민혁명이다.

둘째, 외세는 물론 특정 정치집단의 조종이 아닌 민중의 자주적이고 자발적인 주체혁명이다.

셋째, 반공을 분명히 하면서도 남북대화를 제의하는 민족통일정신이다.

넷째, 매판자본·원조물자 착복 등 전근대적인 경제질서를 타파하고 산업의 근대화를 제시했다.

다섯째, 전근대적 신민의식에서 근대적 시민의식을 고취한 시민정신이었다.

여섯째, 정체된 사회에 활력을 불러일으킨 신생활운동이다.

24

'가자 북으로! 오라 남으로!'

4·19혁명은 단순히 독재정권을 타도한 정치혁명이 아니었다. 프랑스혁명이 앙시앙레짐(구체제)을 타도하면서 자유, 평등, 박애의 세기적인 가치를 제시했듯이, 4월혁명은 이승만 정권에서 금제되었던 남북통일을 바라는 신세대들과 혁신계 활동의 물꼬를 텄다.

4월혁명과 더불어 새롭게 나타난 가장 특별한 현상 중의 하나는 혁신세력의 등장이었다. 혁신세력은 이승만 치하에서 불법화되고 조봉암이 간첩혐의를 받아 처형되는 등 가혹한 탄압으로 오랫동안 동면상태를 유지해오다가, 4월혁명의 물결을 타고 우후죽순처럼 정당간판을 내걸고 활동하기 시작했다.

혁신정당 중에서 4·19 직후에 정당간판을 내걸고 7·29총선에 입후보자를 낸 것은 사회대중당, 한국사회당, 혁신연맹 등이었다.

혁신정당의 재건을 목표로 구 진보당 간부와 민주혁신당 일부가 결성한 사회대중당은 1960년 6월 17일 창당준비위원회를 조직하고 서상일, 윤길중 등을 간부로 선출하여 창당작업에 착수, 그해 11월 24일 출범했다.

통일사회당은 1961년 1월 21일 결성되었으며 민족자주통일중앙협의회는 1960년 9월 사회대중당, 혁신동지총동맹, 천도교, 유교회, 민주민족청년동맹, 4월혁명학생연합회 등 혁신계 정당 및 사회단체가 연합하여 결성했다. 중립화 조국통일운동총연맹은 1961년 2월 21일 통일사회당, 사회혁신당, 삼민회, 광복동지회 등 민자통을 이탈한 정당, 사회단체가 결성한 통일운동단체다. 혁신연맹은 김창숙, 장건상, 유림, 조경한, 정화암, 김학규 등 혁신계의 원로급이 중심이 되어 조직했다.

대부분의 혁신정당들은 7·29총선에 입후보자를 내세웠으나 결과는 변변치 않아서 이들 중에서 사회대중당이 민의원 4명, 참의원 1명을 당선시켰고, 한국사회당은 민·참의원 1명씩을 각각 당선시켰을 뿐이다. 혁신세력의 난립으로 지리멸렬함을 면치 못한 것이다.

통일사회당은 창당선언문에서 "폐쇄적 할거성을 지양하고 이념적 산화(酸化)를 시도할 겨를도 없이 산만하고 무력한 태세로 7·29 총선에 임한 것"을 철저히 자아비판하고, "조국을 통일·자주·독립의 훌륭한 민주적 복지국가로 발전시키는 역사적 대과업을 능히 담당, 완수할 수 있는 … 민주적 사회주의 노선을 지향하는 … 대동적이고 단일화한 혁신정당을 창건하려 한다."고 밝혔다.

민족자주통일 중앙협의회는 '자주 · 평화 · 민주'의 3대 원칙 아래 남북통일을 실현하기 위한 국민운동을 전개할 것을 결의하고, 그 구체적 실천방안으로 △ 즉각적인 남북정치협상 △ 남북민족대표들에 의한 민족통일건국 최고위원회 구성 △ 외세배격 △ 통일 협의를 위한 남북대표자회담 개최 △통일 후 오스트리아식 중립 또는 영세중립이나 다른 형태의 선택여부 결정 등의 중립화 통일 방안 등을 주장했다.

민자통은 이와 함께 학생들의 남북학생회담 제의도 적극 지지하여 1961년 5월 13일 '남북학생회담 환영 및 통일촉진 궐기대회'를 개최했다. 1만여 명의 시민, 학생이 참석한 가운데 치러진 이날 대회는 △ 남북학생회담의 전폭적 지지 △ 남북정치협상 준비 등 6개항의 결의문을 채택하고 '가자, 북으로! 오라, 남으로!' 라는 구호를 외치며 통일의 열기를 드높였다.

중립화 조국통일운동총연맹은 민자통의 '자주 · 평화 · 민주'라는 원칙이 지나치게 여러 가지로 해석될 여지가 있고 또 통일의 기본 방향이 될 수 없다는 두 가지 점을 들어 탈퇴 이유를 밝히고 △ 국제회의를 통한 국제적 보장 하에 영세중립통일을 기해야 하며 △ 영세중립화를 성취하기 위해 국민운동을 전개해야 한다는 '영세중립화 방안'을 제시했다.

특히 통일문제가 젊은 층에 호소력이 있는 것을 인식한 혁신정당들은 통일과 관련한 조직을 만들었다. 사회대중당은 민족자주통일연맹을 조직했으며, 통일사회당은 중립통일연맹을 지원했다. 이 단체들은 혁신정당을 대신하여 적극적으로 시위운동을 주도하여 장면 정부가 통일에 보다 적극적인 태도를 보일 것을 요구했다.

혁신세력은 민주당 정권에 의해 추진된 '반공법'과 '집회와 시위에 관한 법률안'을 양대 악법으로 규정하고 대대적인 반대투쟁에 나섰다.

선거를 통해 중요한 정치세력으로 등장하는 데 실패한 혁신세력은 시위와 행동으로 국민의 지지를 확대하고자 하던 중, 마침 정부에서 제안한 두 개의 안보법안에 대한 반대운동을 세력확대를 위한 절호의 기회로 삼고자 했다. 이 이슈는 혁신계의 급진파와 중도파 양집단이 공동의 대의명분을 위해 협동할 수 있는 기회로 삼았다.

혁신정당들과 노조세력, 일부 학생들은 1961년 3월 22일 오후 2시를 기해 서울시청 앞 광장에서 대대적인 '2대 악법 반대 성토대회'를 열었다. 1만여 명이 넘는 군중은 '밥달라 우는 백성, 악법으로 살릴소냐', '데모가 이적이냐, 악법이 이적이냐'라는 플래카드를 앞세우고 시위를 벌이면서 2대 악법을 철폐하라고 요구했다.

이들과 맞서 4개의 반공단체가 동원되어 반공법안을 지지하는 데모가 벌어져 한때 서울의 거리는 양측 데모의 물결로 뒤덮였다.

반공법의 성토대회에 참석했던 일부 학생들이 거리로 쏟아져나오고 혁신계 인사들과 합류하여 밤 8시경부터 시청 앞에서 시작된 횃불데모는 시가행진을 하는가 하면 데모대의 일부는 미대사관 앞에 집결하여 연좌데모를 벌였다. 이날 밤의 횃불데모대의 일부가 과격한 행동을 서슴지 않고 자행하면서 파출소를 파괴하는 등 난동을 부리기도 했다.

혁신세력의 횃불데모로 그동안 혼미상태를 거듭해온 정계에 긴장상태가 고조되고 4, 5월 위기설이 공공연히 나돌았다.

4월혁명 공간에서 혁신계가 이합집산을 거듭하면서 일부 과격한 용어와 슬러건을 내거는 등의 활동이나, 취약한 장면 정부와 지속된 혼란상태는 국민에게 불안감을 안겨주었다. 또 혼란의 틈을 노리는 야심가들에게 기회를 제공해주는 측면도 있었다. 하지만 1961년 봄부터는 치안질서가 유지되고 정국도 차츰 안정을 찾아갔다.

해방공간에서 특히 신탁통치 문제와 미 · 소공동위원회, 단선 · 단정 문제 등에서 지혜롭게 대처하지 못했던 지도자들처럼, 4 · 19 공간에서 보수 · 혁신의 지도자들의 모습도 그와 비슷하였다.

25

내각제 개헌과 부정선거 원흉 재판

대통령직에서 물러난 이승만은 1개월 남짓 이화장 사저에서 두문불출의 나날을 보내고 있었다. 그러다가 허정 과도정부에 의해 부정선거 처벌과업이 한창 진행되고 있을 때인 1960년 5월 29일 상오, 부인 프란체스카만 동반하고 미국 CAT전세기 편으로 비밀리에 김포공항을 떠나 하와이로 망명하였다. 임시정부에서 탄핵된 데 이어 두 번째의 망명이었다.

과도정부 수반은 외무장관 허정이 맡았다. 승계권자인 장면 부통령이 이승만의 사임을 촉구하면서 사직한 터여서 수석 국무위원인 허정이 맡은 것이다.

내각책임제 개헌은 4사5입 개헌파동을 거쳐 범야 신당운동의 결과로 태어난 민주당의 오랜 강령이자 정치적 이상이었다. 4월 민주혁명으로 자유당 정권을 붕괴시킨 시민, 학생들도 독재정치에 신물을 느껴서인지 내각책임제의 개헌을 요구하기 시작했다.

그러다 보니 허정 과도정부 수반도 취임 초 기자회견에서 시국수습을 위해 내각책임제의 개헌을 기필코 실현시킬 것을 다짐하면서 개헌이 성취된 후에 대통령 선거와 국회의원 선거를 실시하겠다고 공약했다. 또 자유당 혁신파 의원들도 내각책임제의 개헌을 위해 움직이기 시작했다. 특히 4월 26일 이승만의 하야성명이 발표되자 수만 데모군중들은 의사당 앞에서 내각책임제의 개헌을 촉구하는 등 6개 항의 결의문을 채택했다.

이처럼 4월혁명 후의 정치적 분위기는 내각책임제의 개헌으로 국민적인 공감대가 형성되고 있었다. 다만 민주당의 신·구파 사이에는 개헌을 둘러싸고 정치적인 이해가 첨예하게 대립하고 있었다.

신파는 장면이라는 국민적 정치지도자가 있기 때문에 종래의 내각책임제 강령에도 불구하고 대통령 중심제를 고수하려는 입장을 보인 데 비해 구파는 조병옥의 사망으로 리더를 잃은 상태에서 내각책임제로의 개헌을 완강하게 주장했다.

그러나 신파도 여론에 따르지 않을 수 없어서 내각책임제로 개헌원칙을 정하고 양파는 5인소위를 구성, 개헌초안을 만들도록 했다. 신파의 엄항섭 의원과 구파의 정헌주 의원이 도맡아서 만든 개헌초안의 요강은, ① 국정은 국무총리를 중심으로 하는 내각이 책임지고 수행하며 ② 대통령은 명목상의 국가원수로서 국군통수권과 영예수여권, 공무원임면권, 국무총리 제청권, 법률공포권 등 내각을 통해 수행하는 형식적인 권한만을 갖고 ③ 국회는 내각 불신임권, 내각에는 국회해산권을 갖게 하여 상호견제를 한다는 것이 주요 골자다.

4·19 공간에서 이기붕 일가 자살, 이승만의 이화장 이사 등 돌발적인 사태의 연속으로 더 이상 국정의 공백을 만들어서는 안 된다는 여론이 일자 국회는 4월 29일 민주, 자유 양당 4명씩과 무소속 1명으로 개헌특위 기초위원회를 구성했다. 위원장으로는 엄항섭 의원이 뽑혔다.

개헌특위는 연일 회의를 거듭하여 그 과정에서 엄 위원장이 과로로 졸도 사망하고 다시 후임으로 정헌주 의원을 뽑는 등 불상사를 겪으면서도 개헌안 작성에 열성을 다했다.

개헌특위는 공법학회에서 개헌초안을 만들어 국회에 보내오는가 하면 특위 주최로 공청회를 열어 국민의 여론을 수렴하는 등 업무를 게을리 하지 않았다. 이렇게 각계의 의견을 듣고 협의를 거듭한 개헌특위는 국회제안 시한을 하루 앞둔 5월 9일, 개헌요강 작성에 대체로 합의했다.

개헌특위의 협의과정에서 민주당측 개헌요강 중에서 크게 달라진 내용은, ① 선거권자의 연령이 21세에서 20세로 낮추어지고 ② 정당에 대한 국가의 보호조항이 강화됐으며 ③ 언론, 출판, 집회, 결사에 있어서 허가 및 검열제가 폐지됐으며 ④ 국회는 상하 양원제로 하되 참의원은 서울특별시 및 도 단위로 하는 중선거구제로 하고 ⑤ 경찰중립화를 위해 특별한 헌법상의 기구가 마련되었다는 점 등이었다.

이 개헌안은 전문 103조로 돼 있던 제1공화국의 헌법 중 무려 52개 조항이 고쳐진 것으로 사실상 제헌이나 다름없는 것이었다. 개헌안의 확정과정에서 자유당의 저지 방해 등 몇 고비와 곡절을 거듭한 끝에 1960년 6월 10일, 30일 간의 공고기간을 거쳐 마침내 6월 15일 재적 211명 중 가 208표, 부 3표로 개헌안이 통과됨으로써 제2공화국의 모태가 만들어졌다.

허정 과도정부가 들어서면서 국민의 관심은 자연히 4·19혁명의 뒷처리에 쏠렸다. 혁명적 분위기에 들떠 있던 시민들은 3·15부정선거의 주동적 역할을 한 사람들과 4·19혁명 때 살상행위를 자행한 원흉들의 처벌을 요구하고 나섰다.

국민들의 요구는 대체적으로 ① 부정선거 원흉들의 처단 ② 발포책임자의 색출 ③ 부정축재자 척결 ④ 정치깡패의 처벌 등을 당면과업으로 부상시켰다.

허정 과도정부 수반은 4월 28일 3·15부정선거의 뒷처리에 관한 성명을 발표하고 "국민이 원하는 방향으로 3·15부정선거의 책임 소재를 밝히고 엄정히 다스리겠다."고 다짐했다.

검찰은 이 같은 정부의 방침에 따라 먼저 3·15부정선거 당시 내무장관이자 국회의원을 겸하고 있던 최인규를 구속하는 한편, 이강학 치안국장, 내무차관 이성우, 내무부 지방국장 최병환, 자유당 선거사무장 한희석 의원, 신도환 반공청년단장, 홍진기 법무장관, 김일환 교통장관, 전성천 공보실장, 자유당 기획위원 이중재, 임철호, 이재학, 장경근, 박만원, 정문흠, 정기섭, 조순, 박용익, 정존수, 이존화, 송인상 재무, 이근직 농림, 최재유 문교, 신현확 부흥, 손창환 보사, 구용서 상공, 박찬일 경무대 비서관, 임흥순 서울시장, 최응복 부시장, 김용진 내무국장, 강남희 시경 사찰과장, 고상원 시경 보안과장, 조인구 치안국장, 유충렬 시경국장, 곽영주 경무관, 백남규 시경 경비과장, 이상국 치안국 특정과장 등을 차례로 구속했다.

그러나 이들 3·15 부정선거의 원흉과 발포책임자, 정치깡패 등에 대한 재판은 지지부진하여 허정 과도정부에서 장면 정권, 박정희 군사쿠데타 정권으로 넘겨졌다.

26

독재 12년 만에 정권교체 이루었으나

내각제개헌안을 마친 제4대 국회가 해산하고 새 헌법의 절차에 따라 1960년 7월 29일 제5대 민의원 선거와 초대 참의원 선거가 동시에 실시되었다.

이승만 정권의 붕괴로 인해 생긴 정치적 공백상태와 민주당 신·구파의 분쟁으로 공천에서 탈락한 인사들의 무소속 출마가 이어지고, 혁신계 등 군소정파가 난립했으나 선거결과는 민주당의 압도적 승리로 나타났다. 민주당은 민의원 233석 중 175석을, 참의원 58석 중 31석을 차지했으며, 나머지 의석은 민의원의 경우 무소속 46석, 사회대중당 4석, 자유당 2석, 한국사회당 1석 및 기타 군소정당 5석 등이었다.

참의원의 경우는 무소속 20석, 자유당 4석, 사회대중당 1석, 한국

사회당 1석, 민족진보연맹 1석 등이었다. 그러나 무소속 당선자 중 상당수가 민주당의 공천에서 탈락되어 무소속으로 출마했던 사람들로서, 이들 중 다수가 국회개원과 동시에 민주당에 재입당한 점을 감안할 때 민주당의 실제 의석수는 앞의 숫자를 훨씬 웃돌았다. 이번 선거는 13개의 선거구에서 부정선거가 이뤄졌으나 곧 재선거가 실시되는 등, 역대 선거에 비해 훨씬 자유롭고 공정한 분위기에서 실시되었다.

총선거의 결과는 민주당 신·구파의 세력분포에 관심이 쏠렸다. 민의원 당선자 175명 중 신파 78명, 구파 83명, 중도파 14명이었다. 세력분포는 팽팽한 형세를 나타냈고 선거과정에서 분당론도 서슴없이 제기되었다. 신·구파는 따로 당선자대회를 갖는 등 이미 분당상태에서 치열한 집권경쟁에 돌입했다.

민주당 구파 측은 민의원의장에는 신파의 곽상훈 의원을, 참의원 의장에는 구파의 소선규 의원을 후보로 내정하고 대통령과 국무총리 후보를 놓고 김도연, 윤보선 두 사람 중에서 안배하기로 결정했다.

신파 측은 대통령후보에 구파의 윤보선을 지지하여 장면을 국무총리로 지명하도록 노력하되, 이것이 실패할 경우에는 인준투표를 모두 부결시키고 민의원에서 장면을 직접 국무총리로 선출한다는 전략이었다.

양파 간의 이 같은 전략에 의해 1960년 8월 8일 민의원 의사당과 참의원 의사당에서는 각각 정·부의장을 선출했다. 우선 민의원의장에는 곽상훈, 부의장에는 이영준, 서민호 의원이 당선되고, 참의원의장에는 백낙준, 부의장에는 소선규 의원이 각각 당선되었다. 민 · 참 양원의 의장단 선거는 구파 측의 승리로 끝나 제1라운드를 장식하게 되었다.

하지만 본 게임은 국무총리 지명전에 있었다. 상징적인 의미의 대통령에 선출된 구파의 윤보선은 부영수격인 김도연을 국무총리에 지명했다. 신파의원들은 묵계 하에 단합투표로 총리지명 인준안을 부결시켰다. 개표결과 재적 227명 중 224명이 투표에 참가하여 가 111표, 부 112표, 무효 1표로 통과선인 114표에서 3표가 부족했다. 이에 윤보선은 마지못해 신파의 지도자인 장면을 총리로 지명했다.

8월 19일 민의원에서 실시된 장면 총리 인준투표는 재적 228명 중 225명이 투표에 참가하여 가 117표, 부 107표, 기권 1표로 통과선인 115표에서 2표를 더 얻었다. 민의원의 인준을 받은 장면 총리는 "어느 한 파에 치우치지 않도록 노력하여 신 · 구파와 무소속의 균형있는 내각을 만들겠다."는 신념을 밝혔다.

총리 인준에 성공한 장면은 첫 조각에 착수하면서 당초의 공약대로 거국내각을 목표로 신파 5, 구파 5, 무소속 2의 비율로 하겠다는 원칙을 밝히고 구파 측에 입각해 줄 것을 제의했다.

그러나 구파는 '구파민주당'이란 이름의 원내교섭 단체를 등록할 것과 장면내각에 입각을 거부한다고 밝혔다. 이에 장면 총리는 청와대에서 윤보선 대통령, 곽상훈 민의원의장, 유진상 의원 등 4자회담을 통해 비상시국을 타개하기 위해 구파의 입각을 공개적으로 약속하고 구파 측에 대해 5명 정도의 입각을 보장하겠다면서 조각협상을 제의했다.

그렇지만 조각협상은 순조롭지 않았다. 장면 총리가 '구파민주당'의 교섭단체 등록을 보류해 줄 것을 요구하고 분당을 전제로 한다면 구파의 입각을 보장할 수 없다고 하여 결국 조각협상은 무산되었다. 그리하여 신파일색의 첫 내각이 탄생되었다.

장 총리는 8월 23일 신파 측 단독의 노장 위주의 각료명단을 발표했다. 외무 정일형, 내무 홍익표, 법무 조재천, 재무 김영선, 국방 현석호, 부흥 주요한, 상공 이태용, 보사 신현철, 교통 정헌주, 체신 이상철, 문교 오천석, 농림 박세환, 국무원 사무처장 오위영 등이었다. 이 중에서 교통장관에 입각한 정헌주는 구파 출신이지만 총리 인준 과정에서부터 신파 측에 동조하면서 사실상 구파와는 결별상태에 있었고, 문교장관 오천석이 무소속일 뿐 나머지는 모두 신파 출신이었다.

신파 일색의 민주당 정부가 첫 선을 보이자 구파의 이탈로 원내의 안정 세력을 갖지 못한 장면 내각은 처음부터 약체일 수밖에 없었다. 장면 총리는 새 내각의 출범에 즈음하여 난국수습과 혁명과업수행에 전념할 것을 다짐했지만 약체성을 면키 어려웠다.

민주당은 장장 12년의 이승만 독재 끝에 그것도 학생, 시민들의 엄청난 희생으로 집권을 했으면 거국내각을 구성하여 새 나라를 위한 새 정치를 해야 함에도, 신·구파로 갈라져 분당하고, 파벌 중심의 조각으로 국민의 신뢰를 잃고 정권의 안정을 지키지 못했다.

4·19혁명 정신을 이어받아 멸사봉공의 모습을 보이지 못한 것은 민주당 지도부의 한계였다. 자유당 정권과 비슷한 보수야당으로서 '적대적 공존' 관계를 유지해오다가 시민혁명 덕택으로 집권한 민주당은 '혁명정부'의 역할을 제대로 하지 못했다.

27

박정희, 5·16쿠데타 헌정파괴

한국 현대정치사에서 가장 비극적인 사건의 하나인 5·16 군사 쿠데타는 4월 민주혁명으로 민주당 정권이 들어선 지 8개월 만인 1961년 5월 16일 새벽에 발생했다. 5·16은 군정 3년과 유신에 이어 그 아류 전두환, 노태우의 제 5, 6공화국에 이르기까지 장장 31년에 걸친 군사통치의 시발이 되었다. 그리고 이들의 유산을 이어받은 박근혜 정권으로 현재진행형이다.

박정희 육군 소장과 그의 조카사위인 김종필 중령을 중심으로 하는 장교 250여 명과 사병 3,500여 명이 중심이 된 반란군은 이날 새벽 3시경 한강 어귀에 진입하여 약간의 총격전 끝에 예정보다 약 1시간 늦게 서울입성에 성공했다.

이들 반란군은 중앙청 및 서울중앙방송국 등 목표지점을 일제히 점거하고, 새벽 5시 첫 방송을 통해 거사의 명분을 밝히는 한편 6개 항의 혁명공약을 국내외에 선포했다. 이어 9시에는 군사혁명위원회 명의의 포고령으로 전국에 비상계엄을 선포하고, 오후 7시를 기해 장면 정권을 인수한다고 밝힘으로써 일단 쿠데타는 성공했다. 혁명공약 6항에서는 군의 '원대복귀'를 약속했지만, 쿠데타 주역들은 번의를 거듭한 끝에 민정에 참여하여, 스스로 공약을 짓밟았다.

쿠데타가 처음으로 모의된 것은 1960년 9월 10일 김종필을 비롯한 영관급 장교 9명이 서울 충무장에서 모임을 갖고 군의 정풍운동을 벌이는 한편 쿠데타를 결의하게 되며, 같은 해 11월 9일에는 신당동 박정희 소장 집에서 다시 회합, 쿠데타 거사를 재확인했다. 이들은 1961년 4월까지 쿠데타 조직 및 거사계획을 완성하고, 4월 19일 일어나려 했으나 좌절됐고, 다시 5월 12일로 예정했으나 역시 실패, 그리하여 16일에 거사한 것이다.

한국군의 작전지휘권을 장악하고 있던 유엔군사령관 매그루더 장군은 당일 쿠데타 반대성명을 발표하면서 강제진압의 의사를 밝혔으나 윤보선 대통령이 "올 것이 왔다."고 군사 쿠데타의 필연성을 인정하고 반란군에 승복하면서 매그루더 장군의 쿠데타 저지 요구를 거절함으로써 쿠데타는 기정사실화되었다.

한편 피신해 있던 장면 총리는 18일 은신처에서 나와 국무회의를 열고 내각총사퇴와 군사혁명위원회에 정권이양을 의결했으며, 윤보선 대통령은 국무회의의 결정을 그대로 재가했다. 같은 날 미국무성도 한국 군사혁명위원회의 지도자가 반공친미적임을 지적하면서 쿠데타를 사실상 승인하여 쿠데타의 성공은 최종 확정되었다.

한때 미국무성은 박정희의 좌익 전력을 이유로 원주의 제2군을 동원하여 진압을 구상했으나 윤보선과 장면의 '투항'으로 실행에 옮기지 못했다. 쿠데타의 원죄가 박정희와 김종필이었다면, 동조 또는 방조범은 윤보선과 장면이었다. 전시작전권을 장악하고 있던 미군의 책임도 못지 않았다.

반란군은 최고권력기구로 군사혁명위원회를 구성하여 의장에는 당시 육군참모총장인 장도영, 부의장은 쿠데타의 실질적 지도자인 박정희를 선임했다. 군사혁명위원회는 남한 전역에 비상계엄령을 선포함과 동시에 포고령 제1호를 통해 옥내외 집회금지, 전국 대학의 휴교령, 국외여행 불허, 언론 사전검열, 야간통행금지 시간 연장 등을 발표했다. 쿠데타에 성공한 반란군은 5월 18일 군사혁명위원회를 국가재건최고회의로 개칭하고, 6월 6일 국가재건비상조치법을 공포하여 최고 권력기구로서의 법적 뒷받침을 갖게 되었다.

국가재건최고회의는 입법권, 행정권의 전부와 사법의 통제권을 장악하여 법제, 사법, 내무, 외무, 국방, 재정, 경제, 교통, 체신, 문교, 사회, 운영, 기획 등 13개 분과위원회를 구성하고, 직속기관으로 중앙정보부, 재건국민운동본부, 수도방위사령부, 감사원을 두어 본격적인 군정을 실시했다. 또한 산하기구로 혁명재판소와 혁명검찰부를 통해 용공분자의 색출을 표방하며 구정권 인사들과 혁신세력을 대대적으로 검거하는 한편, 각종 민주적 정당과 사회단체, 언론매체, 노동조합을 강제해산시키는 등 민주세력에 대한 폭압적인 탄압을 자행했다.

반란군은 5월 20일 장도영을 수반으로 하는 혁명내각을 구성하고, 이주일 소장을 위원장으로 하는 부정축재자 처리위원회를 구성하는 한편, 최영규 준장을 소장으로 하는 혁명재판소와 박창암 대령을 부장으로 하는 혁명검찰부를 설치하고 자유당, 민주당 치하의 부정부패와 5·16쿠데타 전후의 이른바 반혁명사건을 처리케 했다.

군정은 3·15부정선거와 관련된 최인규, 발포책임자 곽영주, 정치깡패 이정재 등을 처단하고, 〈민족일보〉 사장 조용수를 반국가죄로 처형한 반면에 국민의 지탄을 받아온 독점재벌 등 부정축재자들을 경제건설에 적극 활용한다는 명분으로 거의 사면했다.

한편 쿠데타 세력 사이에는 정권 장악이 확실해지면서 내부의 권력쟁탈전이 치열하게 전개되었다. 5·16쿠데타를 방관한 동조자였던 장도영을 몰아내고 실권자인 박정희가 최고회의 의장에 취임했다. 박정희 세력이 7월 3일 장도영과 쿠데타의 주동자였던 육사 5기 출신의 박치옥, 문재준 등을 반혁명 쿠데타를 기도했다는 혐의로 체포하고 김종필 계열의 육사 8기 출신들이 권력의 핵심을 장악했다. 군정기간 동안 적발된 이른바 반혁명사건이 13건에 달했고, 최고회의에 참여하였던 최고위원 장성들의 상당수가 여러 가지 혐의로 제거되어 1963년 2월 최고회의에는 발족 당시 32명 위원 가운데 6명만 남을 정도의 치열한 숙청이 단행되었다.

쿠데타 세력은 정치정화법을 제정하여 민간정치인들 일부는 거세하고 일부는 포섭하는 등 분열통치 전략을 펴면서 자금원을 확보하기 위해 화폐개혁과 통화증발 등의 경제조치를 단행했다.

5·16은 군부가 정치에 개입하여 무력으로 정권을 장악한 좋지 못한 선례를 한국현대사에 남기게 되었으며, 그 선례는 이후 군부 지도자들에게 권력욕의 충동을 뿌리치지 못하게 만들었다.

쿠데타를 주도한 박정희는 1917년 경북 선산에서 태어나 대구사범학교를 졸업하고 문경공업보통학교 훈도(교사)로 재임 중 1939년 일본 천황에 충성을 다짐하는 혈서를 쓰고 일제의 괴뢰 만주국의 군관으로 들어갔다. 거기에서 우수자로 뽑힌 그는 1942년 일본 육사 3학년에 편입되고 1944년 일본육사 57기로 졸업했다. 졸업 후 견습사관으로 일본 관동군에 배속되고 이어 만주국군 제8단의 소대장으로 일본군과 합동으로 팔로군 공격 작전에 참가하는 등 일본군인으로 활약했다. 팔로군은 조선 독립운동가들이 다수 참여하여 항일전을 벌인 부대다.

일제 패망으로 무장해제 당한 박정희는 1946년 5월 미국 수송선을 타고 부산항으로 귀국했다. 이 해 조선경비사관학교 3개월 단기과정을 거쳐 소위로 임관되고, 재학 당시 형 박상희가 대구 10·1사건으로 경찰에 살해당하면서 남로당의 군 내부 조직원으로 가담한 것으로 알려진다. 1947년 조선국방경비대 제8연대 소대장을 지냈고, 1948년 제주 4·3사건이 발발하면서 육군본부 작전정보국에 발탁되어 근무 중 남로당 군 내부 프락치 혐의로 체포되었다.

만주군, 일본군 출신들의 구명운동으로 사형을 면한 박정희는 군법회의에서 무기형을 선고 받고, 1949년 형집행정지와 함께 군에서 파면되었으나 비공식 문관으로 근무 중 6·25전쟁으로 육군본부 정보국 과장으로 현역에 복귀했다. 1949년 준장으로 진급하고 제5사단장과 제6관구사령관을 거쳐 1960년 1월부터 부산군수기지사령부 사령관으로 재임하고, 장면 정부에서 제1관구사령관, 육군본부작전참모부장을 거쳐 12월 제2군 부사령관으로 전보되었다(《친일인명사전》 요약).

민주국가에서 군사쿠데타는 반란행위이다. 더욱이 일본군 장교 출신들의 쿠데타는 정치사 이전에 민족사적으로 비극이었다. 박정희는 18년 5개월 10일이라는 집권기간 동안 군정 940일, 계엄령 3회, 위수령 4회, 대학휴교령 5차례, 비상사태 1회, 긴급조치 9회 등 폭압통치로 일관했다. 그의 집권기간은 이승만보다 6년이 길고 김영삼, 김대중, 노무현 3대의 15년보다 3년 반이 더 많았다.

28

'국민의 원부' 중앙정보부 창설

군사정권 시절에 인권탄압과 정보정치의 대명사처럼 불린 중앙정보부(이하 중정)는 1961년 6월 10일 법률 제619호로 '중앙정보부법'이 국가재건최고회의에서 제정, 공포됨으로써 창설했다.

국가재건최고회의 직속으로 발족된 중정은 "국가안전보장에 관련된 국내외 정보사항 및 범죄수사와 군을 포함한 정부 각 부서의 정보, 수사활동을 감독"하며, "국가의 타기관 소속 직원을 지휘, 감독"하는 막강한 권한을 갖고 태어났다.

중정은 쿠데타에 성공한 박정희 세력이 군내부의 반혁명 기도나 민간정치인들의 저항을 효과적으로 분쇄하고 저지하기 위해 비밀리에 조직한 것이었다. 쿠데타의 제2인자 김종필이 군부 내 기반이었던 특수부대 요원 3천 여 명을 중심으로 중정을 조직하면서 대통령(당시는 최고회의 의장) 직속의 최고 권력기관으로 군림하게 만들었다.

이들 중에는 일본 치하에서 검사, 경찰, 형사, 밀정노릇을 했던 자들도 다수 참가했다. 따라서 중정은 각종 정보, 수사기관뿐만 아니라 정부를 구성하고 있는 모든 기관의 활동을 지휘, 감독할 수 있는 명실공히 최고 권력기관으로 군림하면서 현역 군인의 직접적인 관여를 통해 군부를 완벽하게 장악할 수 있었다.

군사정권은 중앙정보부를 통해 정부기관, 군부에 그치지 않고 사회의 모든 분야에 대한 실질적인 통치력을 발휘하고 감시와 통제활동을 벌여서 국민에 대한 정보통치를 구체화시켰다.

중앙정보부는 쿠데타 직후에 발생한 이른바 장도영의 반혁명사건을 비롯하여 권력내부의 반대세력 제거에 크게 기여함으로써 박정희의 신뢰를 받고 막강한 권부의 실세로 등장했다.

1964년에는 중정의 요원 수가 37만 명에 이르게 되었다. 거번 맥코맥의 《한국과 일본 : 관계정상화 10년》이란 책에는 남한 인구의 약 10% 정도가 중앙정보부와 직간접으로 관계를 맺고 음지에서 활동하고 있었다는 놀라운 사실이 실려 있다.

이 같이 방대한 인원에 달하는 중앙정보부 요원들 중 상당수는 민간인들로 채워졌는데, 이들은 정보요원이라는 자기 신분을 숨긴 채 통상적인 직업에 종사하면서 주변 동태를 감시하고 그 결과를 기관에 보고하는 역할을 했다. 또한 이들은 암암리에 정부의 시책을 홍보하고 그럼으로써 주위의 여론을 정부에게 유리하도록 조성하는 등 다방면에서 권력의 말초신경 역할을 수행했다.

군사정부는 이처럼 요소요소에 정보요원을 심어놓음으로써 국민의 일거수일투족을 감시하고 통제하는 한편, 보다 상급의 전문적인 요원들은(이들 중에는 민간인 복장을 한 현역군인 상당수가 포함되었다.) 학원, 야당, 언론사편집국, 노조, 각종 문화단체 등 사회적으로 영향력 있는 비정부 기관에 공개적으로 드나들면서 정부의 방침에 따르도록 회유하거나 협박하기도 했다.

중앙정보부 요원의 개입활동은 여기에 머무르지 않고 사실상 사회의 모든 영역에 걸쳐 광범위하게 이루어졌다. 하다못해 도시의 다방과 술집에 이르기까지 이들의 손길이 미쳤었다(김정원, 《분단한국사》).

중앙정보부는 공화당 사전조직, 4대 의혹사건을 비롯하여 정치활동규제법 제정, 각종 선거와 야당 전당대회에 이르기까지 개입하지 않는 부분이 없을 정도였다. 특히 인혁당사건을 비롯한, 김대중 납치사건 등 대형 정치사건과 숱한 용공조작 사건을 만들어 많은 사람을 죽음으로 몰아넣었다. 학생, 민주인사들을 끌어다 고문하는 일은 다반사였다.

중앙정보부는 초법적인 위치에서 엄청난 예산과 인력을 동원하여 독재정권의 전위대 역할을 수행했다. 이를 법적으로 뒷받침하기 위해 고안된 것이 바로 1961년 7월 3일에 제정, 공포된 이른바 반공법이다. 이 법은 반공이라는 명분 아래 국민의 모든 권리를 억압하고 탄압하는 것을 조항으로 갖고 있었다.

반공법은 야당, 학생, 언론인, 종교인, 노동자 등 모든 비판세력의 활동을 규제할 수 있는 내용을 담고 있었다. 가히 세계적으로도 유례가 드물 만큼 지독한 악법인 이 반공법은 흔히 말하는 대로 '귀에 걸면 귀걸이 코에 걸면 코걸이' 식으로 권력의 입장에 반대되는 모든 행위들을 처벌할 수 있도록 되어 있었다.

남북협상이나 평화통일론은 말할 것도 없고 단순한 서신교환 등 낮은 차원의 남북교류 주장도 반국가단체인 북한과 회합, 통신하는 것에 해당한다는 이유로 반공법의 저촉대상이 되었다.

이를 근거로 5·16쿠데타 이전에 남북학생회담 추진 등 평화적 민족통일을 위한 운동에 주도적으로 참여했다가 체포, 구속된 인사들 모두에게 반공법이 소급 적용되기도 했다.

이중에는 오직 "남북한의 경제, 문화적 교류를 지지했다"는 이유만으로 폐간조치 당했던 〈민족일보〉 사장 조용수도 포함되었다. 또한 단순히 정부의 정책을 비판하는 시나 소설조차도 반국가단체의 주장에 동조했거나 적을 이롭게 했다는 이유로 처벌의 대상이 되었다. 특히 이 법은 언론탄압에 광범위하게 악용되었다.

5·16쿠데타 무렵 주한 미대사관 문정관이었던 그레고리 헨더슨의 중정에 관한 기술이다.

> 중앙정보부는 고전적인 모호성을 현대적인 비밀로 대체했고, 국내외에서 조사, 체포, 테러, 검열, 대대적 신원조사, 그리고 수천 명의 요원, 밀고자, 스파이 등을 추가했다.(중략) 한국 역사상 … 어처구니없을 정도로 그 기능이 팽창된 시기에 중앙정보부는 폭넓게 감시하고 숱한

정부 기획을 입안했으며, 신임 정부 기관 요원들을 모집하고 일본과의 관계를 고무했으며, 기업체를 후원하고 기업들한테 돈을 빼앗았으며, 학생들을 감시하고 조작했으며… 극단, 무용단, 관현악단 및 워커힐 같은 대규모 관광센터를 후원했다(《브루스 커밍스의 한국현대사》).

여기에는 빠져 있지만, 박정희에게 미녀들을 뽑아 바치는 채홍사 노릇까지 했던 중앙정보부는 마침내 부메랑이 되어 수장이 주군을 암살하는 사태로 번지면서, 18년 만에 또 다른 정보기관에 명칭과 기능을 넘기면서 역사 속으로 사라졌다.

29

박정희의 좌익경력 제물이 된 조용수와 <민족일보>

쿠데타를 일으켜 정권을 장악한 박정희에게 가장 시급한 문제는 미국으로부터 신임을 받는 일이었다. 국내는 계엄령과 중앙정보부, 반공법 제정 등으로 다스리면 되는데 문제는 미국이었다. 그는 군에서 오랫동안 정보업무를 취급했기에 한국 정치에서의 미국의 영향력을 훤히 꿰고 있었다. 더욱이 자신은 과거 좌익에서 활동했던 전력이 있었다.

박정희는 민주당 정부 각료와 군부의 이른바 반혁명세력 그리고 혁신계 인사들을 대대적으로 구속했다. 민주당 각료들과 군부 내 라이벌을 제거한 것은 이들의 재기를 막기 위한 조처였지만, 혁신계의 일망타진은 다분히 미국을 겨냥한 처사였다. '혁명공약' 제1항에 '반공국시'를 내건 것도 박정희의 좌익 콤플렉스 때문이었다.

박정희 군부는 5월 16일 거사 직후부터 혁신계 인사들의 체포 작전에 돌입하여 19일에는 '용공분자 930명', 22일에는 '용공분자 2,014명'을 검거했다고 발표했다. 미 국무성은 그때에야 "한국의 사태는 고무적"이라며 사실상 쿠데타의 지지를 표명했다. 미국의 지지에 고무된 쿠데타 측은 이어서 4천여 명에 이르는 혁신계 인사들을 검거했다고 '전과'를 속속 발표했다. 그럴수록 미국의 신뢰는 두터워져갔다.

쿠데타 세력이 구속한 4천여 명 중에는 진짜 간첩이나 용공분자들이 섞여 있었을지 모르지만 대부분 4월혁명 공간에서 진보, 혁신의 기치로 활동했거나 과거 남북협상 또는 평화통일운동 계열의 인사들이었다. 6·25 전쟁시기에 용케 살아남은 보도연맹 관계자들도 포함되었다.

박정희는 미국도 놀랄 수준의 '빨갱이 사냥'으로 미국의 환심을 사고자 했다. 진짜 빨갱이를 때려잡는 것도 아니었다. 미국으로부터 승인을 받는 것이 주된 목적이었기 때문에 빨갱이가 아닌 사람들을 빨갱이로 때려잡는다면 더욱 좋은 일이었다.

순전히 박정희의 빨갱이 경력을 세탁시켜주는 용도로 수많은 사람들이 억울하게 당해야만 했다. 그 어이없는 게임의 최대 희생자 중 한 사람이 바로 〈민족일보〉 사장 조용수였다(강준만, 《한국현대사 산책 - 1960년대편 1권》).

박정희 군부가 〈민족일보〉 사장 조용수를 구속하고, 결국 사형까지 집행한 것은 두 가지 목적이 숨겨져 있었다. 하나는 물론 미국에 보이기 위한 희생양이고 다음은 언론에 공포, 경각심을 갖도록 하는 의도였다.

이승만 시대에 잔뜩 움츠렸던 언론이 4월혁명에 무임승차하면서 기세를 올리고 자유화 바람을 타고 유명, 무명의 각종 언론사가 우후죽순처럼 난립하여 사이비 기자들의 민폐가 심각한 형편이었다. 조용수의 처형은 이런 상황에서 선택된 '희생양'이었다.

5·16쿠데타가 일어난 4일 만인 5월 19일 계엄사령부는 〈민족일보〉에 폐간을 통보함과 함께 조용수 사장을 비롯한 8명의 간부를 구속했다. 조총련계에서 1억 환의 불법자금을 들여와 신문사를 만들고 북한괴뢰집단에 동조해왔다는 것이 그 이유였다.

조용수는 자유당 때 국회부의장을 지낸 조경구의 조카이며, 대구 출신으로 대륜중학을 거쳐 연세대학 재학중 6·25전쟁 와중에 중퇴하고 삼촌 조경구의 비서관으로 국회에서 근무했다. 1951년 일본으로 건너가 메이지대학에서 수학한 다음 재일거류민단 조직부 차장으로 활약, 조총련계와는 무관하고 오히려 재일교포 북송 때는 앞장서서 반대하기도 한 사람이다.

4월혁명을 맞아 귀국한 조용수는 사회대중당으로 청송에서 7·29총선에 입후보했으나 낙선하고 서상일, 윤길중, 고정훈, 김달호, 이동화, 송지영, 이종률, 안신규 등 혁신계 및 진보적 인사들과 1961년 2월 13일 〈민족일보〉를 창간했다. 이 신문은 4대 사시를 내걸었다.

민족일보는 민족의 진로를 가르키는 신문
민족일보는 근로대중의 권익을 옹호하는 신문
민족일보는 부정과 부패를 고발하는 신문
민족일보는 조국의 통일을 절규하는 신문

〈민족일보〉는 창간 때부터 시련이 따랐다. 진보적 논조 때문이었다. 민주당 장면 정부가 인쇄소 계약을 해지하는 바람에 3일간 휴간한 뒤 3월 6일자로 속간하기도 했다. 신문은 평화통일론을 주장하고, 민주당 정부의 2대 악법제정과 부정선거 원흉 등의 재판 지연을 비판했다. 2월 8일 체결된 한미경제협정의 문제점을 지적하는 등 혁신계의 주장과 논리를 대변했으나 비교적 온건한 편이었다.

〈민족일보〉는 독특한 편집과 진보적인 주장으로 창간 초기부터 국민의 뜨거운 사랑을 받았다. 갓 창간한 신문이 〈동아일보〉, 〈조선일보〉와 비슷한 수준의 발행 부수인 5만부를 발행하고, 가판에서는 단연 1위를 달릴 정도로 영향력이 있었다.

군사정권의 검찰이 조용수 등을 구속하면서 밝힌 협의내용의 요지는 다음과 같다.

조용수는 그가 일본에 있을 당시인 59년 8월 중순경, 대남 간첩인 이영근과 접선하여 소위 혁신세력의 규합 및 위장평화통일 주장의 지령을 받고 귀국한 후, 이(李)로부터 전후 1억 6백만 환의 공작금을 받아 윤길중, 서상일, 고정훈, 최근우 등 혁신계 인물들과 활동하는 동시에,

61년 2월 13일 〈민족일보〉를 창간하여 북한 괴뢰의 주장과 동일한 언론활동을 벌였다. 그리고 조용수 외의 피고 12명은 모두 〈민족일보〉의 사시결정에 결정적 역할을 담당한 자이거나, 이영근 간의 자료 수수를 담당한 자들이다.

검찰이 제기한 〈민족일보〉의 창간 자금은 조총련이 아니라 국내 혁신계 인사들로부터 지국설치 보증금 형식으로 모은 것이었다. 또한 훗날 노태우 정부가 간첩이었다는 이영근에게 국가에 기여한 공로로 국민훈장 문화장을 주었을 만큼, 이영근을 통한 조총련계의 불순자금유입설은 날조된 기소장이었다.

8월 28일 열린 혁명재판 2심재판부 김홍규 대령은 "〈민족일보〉가 평화통일, 남북협상 등 반국가단체 북한괴뢰에 이익이 된다는 점을 알면서 그 주장에 고무, 동조했다."는 등의 이유로 조용수, 안신규, 송지영에게 사형, 다수의 간부들에게는 중형을 선고했다.

조용수는 장문의 상고이유서를 냈으나, 10월 31일 상고심의 문석해, 선우주, 정기순, 양회경, 이존웅, 계철순 재판관이 배석한 가운데 전우영 재판장은 상고를 기각, 사형을 확정했다. 변호인의 변론도 없이 진행된 재판이었다.

조용수는 1961년 12월 21일 오후 현저동 서대문형무소에서 형이 집행되었다. 32세의 짧은 나이에 이 땅에서 처음으로 진보 정론지를 발행하다가 창간한 지 100일도 못되어 쿠데타를 맞고 결국 형장의 이슬로 사라졌다. 대한민국 언론사상 언론인이 재판에 의해 처형된 것은 그가 처음이었다. 조용수는 "민족을 위해 할 일을 못하고 가는 것이 억울하고, 신문을 만들기 위해 동지에게 꾼 돈을 갚지 못한 것이 미안하다."는 유언을 남겼다.

형이 집행되기 전 국제펜클럽과 국제신문인협회 등의 항의전문이 발표되고 일본에서는 구명운동이 제기되었으나 다수의 국내 언론이 침묵한 가운데 박정희 최고회의 의장이 12월 20일 사형을 확인한 다음날에 결국 교수형이 집행되었다. 1961년 1월 13일 국제저널리스트협회는 조용수에게 1961년도 국제기자상을 추서했다.

조용수 사형집행 후 함께 사형선고를 받았던 송지영은 감형이 거듭되어 훗날의 전두환 정권의 여당인 민정당의 전국구의원, 한국방송공사 이사장 등을 지내고, 다른 인물들도 송지영과 비슷한 길을 걸었다. 조용수 처형과 〈민족일보〉 폐간으로 박정희의 목표가 '훌륭하게' 달성되었기에 나타난 기이한 현상들이다.

30

'박정희 헌법' 제정과 정치활동 재개

박정희 국가재건최고회의 의장은 몇 차례의 '반혁명음모사건'으로 반대파 숙청을 거듭한 끝에 명실상부한 실력자로 등장한 뒤 본격적으로 민정참여의 전략을 세우기 시작했다.

박정희는 1963년 2월 18일 이른바 민정불참을 선언한 바 있었다. 그는 이날 시국수습을 위한 9개 방안을 각 정당이 수락한다면 자신은 민정에 참여하지 않을 것임을 천명했다. 이 9개 항목 중에는 5·16의 정당성과 정치보복의 금지, 한일문제의 초당적 협조 등이 들어 있었다. 2월 27일에는 12개 정당대표와 7개 사회단체 대표 및 27명의 재야인사가 개인자격으로 참가한 가운데 소위 민정불참 선서식이 거행되기도 했다.

그러나 박정희는 1주일 만에 민정불참 선서에 부정적인 의사를 표명하고, 3월 16일 "현시국은 과도적 군정이 필요하다."는 이유로 4년간 군정연장을 국민투표에 부치겠다며, 민정불참 선언을 뒤집었다. 이에 야권에서는 3월 22일 군정연장 규탄대회를 열어 군정세력과 맞대결에 나섰다. 우여곡절 끝에 다시 박정희의 4·8성명이 나오게 되었고, 그의 민정참여는 기정사실로 굳어졌다. 결국 혁명공약을 뒤집은 것이다.

군사정부는 1962년 11월 민정이양을 위한 헌법개정안을 국가재건최고회의에서 의결한 후, 12월 17일 국민투표를 통해 이를 확정했다. 우리 나라 헌정사상 처음으로 국민투표에 회부되어 투표자 1,508만 5,998명(투표율 85.28%) 가운데 833만 9.333명(78.78%)의 찬성을 얻어 확정된 이 헌법은 전문을 비롯하여 내용이 내각제 헌법을 전면적으로 개정하였다는 점에서 실질적으로는 헌법의 제정에 가까웠다.

새 헌법의 주요 내용은 △ 대통령중심제 채택 △ 국회의원 소선거구제 채택 △ 국회의 단원제와 정당국가화에 따른 국회활동 약화 △ 법원에 위헌법률 심사권 부여 △ 헌법개정에 대한 국민투표제 채택 △ 경제과학심의회의, 국가안전보장회의 설치 등이다.

박정희는 최고회의에서 개헌안 확정투표를 앞둔 1962년 12월 6일 새벽 0시를 기해 1년 6개월 만에 경비계엄을 해제하면서 "혁명 후 오늘까지 국가존망의 위기를 만회하며 쌓이고 쌓인 갖가지 적폐를 일소하고 혼란했던 사회질서를 바로잡기 위해 계엄령 시행이 불가피했음은 국민 모두가 이해하고도 남음이 있을 것이다."라고 밝혔다.

국민투표를 거쳐 확정된 개헌안은 1962년 12월 12일 최고회의 제28차 본회의에서 정식으로 선포되었으며, 12월 26일 시민회관에서 공포식이 거행되어 제3공화국의 새 헌법으로 확정되었다.

5·16쿠데타 이후 금지되었던 정치활동이 1년 7개월 만인 1963년 1월 1일부터 재개되었다. 군사정부는 1962년 12월 31일 군사혁명 포고령 제4호로 되어 있던 정당, 사회단체의 정치활동 금지조항을 폐기하고 '집회 및 시위에 관한 법률'을 다시 제정함으로써 정치활동 재개의 길을 터놓았다.

이로써 정쟁법에 의해 묶여 있는 핵심적인 구정치인들을 제외하고는 누구든지 정치활동을 전개할 수 있게 되었다. 여권의 공화당 사전조직에 이어 야권도 여기에 맞서는 정당을 창당할 목표로 서서히 활동에 나섰다.

윤보선, 김도연 등이 범야당 결성에 원칙적인 합의를 보고 김병로, 이인, 전진한 등도 여기에 적극적으로 호응했다. 한편 최고회의는 정치활동 재개와 더불어 전 민의원의장 곽상훈 등 171명을 1차로 해제했다. 해제된 정치인은 자유당계 76명, 민주당계 31명, 신민당계 38명, 무소속 26명이었다.

일련의 진통 끝에 정치활동이 재개되자 야당연합을 목표로 삼아 창당 작업을 추진 중이던 민정당(民正黨)은 각 정파 사이에 타협이 이루어져 대통령 후보에는 윤보선, 당대표에는 김병로를 각각 옹립하고, 집단지도체제를 채택하기로 결정했다.

민정당은 재야정당으로는 처음으로 1963년 5월 14일 서울 시민회관에서 창당대회를 가졌다. 대표최고위원에 김병로, 최고위원에 김도연, 백남훈, 이인, 전진한, 김법린, 서정귀 등을 선임했다. 대통령 후보에는 예정대로 윤보선이 선출되었다.

민정당은 창당대회에서 채택한 강령을 통해, ① 우리는 진정한 자유민주주의에 입각한 새시대 창조의 선두주자가 된다. ②우리는 모든 형태의 독재와 독선을 배격하고 자유와 평등의 원칙 하에 모든 국민의 기본권을 보장한다. ③ 우리는 국민자본주의에 입각한 자유경제체제를 확립하고 안정기조 위에 경제성장의 증대를 도모하고 자유경제의 터전을 마련한다. ④ 우리는 민족정기의 앙양, 도의심의 함양 및 과학기술의 향상을 기하고 교육의 민주화를 실현하여 세계문화 창조에 기여한다는 등 7개항을 선언했다.

한편 김종필 중앙정보부장도 정당 창당의 사전조직을 도맡았다. 4대 의혹사건 등으로 엄청난 정치자금을 조달한 중앙정보부는 5·16주체세력을 중심으로 '혁명이념의 계승과 민족적 민주주의 구현'을 표방하면서 창당준비를 서둘렀다. 이들은 정치활동이 재개된 1963년 1월 10일, 가칭 재건당이란 명칭 아래 첫 발기대회를 열고, 1월 18일 민주공화당이란 당명으로 김종필을 창당 준비위원장으로 하는 발기선언대회를 열었다.

그런데 군사정부 안에는 김종필 라인과 유원식, 김동하 최고위원 등의 반발세력이 주축이 된 반김 라인이 형성돼 일촉즉발의 대치상태로 발전하고 있었다. 결국 김종필이 4대 의혹사건과 간첩 황태성의 지침으로 공화당의 창당준비 과정에서 2원화 조직을 도입했다는 비판을 받았고, 그는 모든 공직에서 떠나 제1차 외유길에 올랐다.

공화당은 창당주역 김종필이 반대파에 밀려서 외유길에 오르게 되자, 재야 법조계의 원로 정구영을 총재로 영입하여 창당대회를 갖고 공식 출범했다. 공화당에는 쿠데타 주체들뿐만 아니라 윤치영, 이효상, 박준규, 민관식, 백남억 등 구야권 인사와 학계인사들도 다수 참여했다. 창당대회에서 공화당은 다음과 같은 '강령'을 채택했다.

> ① 우리는 3 · 1정신을 받들어 5 · 16혁명의 이념을 계승하고 민주적 주체성을 확립하며 자유민주주의 정치체제의 확립을 기한다.
>
> ② 우리는 자유경제체제의 원칙 아래 합리적인 경제계획으로 조속히 후진성을 극복하고 민생고를 해결하여 국민생활수준의 향상을 기한다.
>
> ③ 우리는 민주적 인간성을 함양하고 사회복지제도를 확충함으로써 청신하고 명랑한 사회 건설을 기한다.
>
> ④ 우리는 교육의 발전, 언론의 창달 및 민족문화의 보호육성과 과학기술의 진흥으로써 문화수준의 향상을 기한다.
>
> ⑤ 우리는 모든 영역에 걸쳐 승공을 위한 국력을 배양하여 민족적 숙원인 국토통일을 기한다.
>
> ⑥ 우리는 유엔헌장을 비롯한 국제협약을 준수하여 국제사회와의 유대를 강화하며 항구적인 세계평화와 안전에 기여한다.

쿠데타 세력은 정치활동 재개를 앞두고 1962년 3월 16일 민간정치인들의 활동을 규제하는 특별법을 제정했었다. 국가재건비상조치법에 의거, 박정희·김종필 등 군사정부의 핵심세력이 구정치인 및 군내 반대파의 정치활동을 막기 위해 제정된 정치활동정화법에 의해 무려 4,374명의 정치활동이 봉쇄되었다.

한편 윤보선 대통령은 5·16쿠데타가 일어난 3일 후인 5월 19일 쿠데타에 대한 책임을 느끼고 하야를 천명했으나, 국가의 법통을 수호해야 한다는 여론에 따라 하야를 철회했다가 국가재건최고회의가 정치정화법을 제정하여 모든 구정치인의 공민권을 제한하자 전격적으로 사임을 발표했다. 최고회의는 이를 받아들이면서 박정희 의장이 대통령의 권한까지 대행토록 하였다.

31

박정희, 윤보선의 '사상논쟁'

군사쿠데타를 주동한 인물이 여당의 후보로 나선 가운데 '민정이양'이라는 기묘한 대통령선거가 1963년 10월 15일 실시되었다. 제5대 대통령선거인 것이다.

1963년 5월 27일 민주공화당의 개편대회에서 대통령후보로 지명된 박정희는 재야세력으로부터 지명수락에 앞서 공직을 사퇴하라는 압력을 받고 있었다. 그는 8월 13일 지포리에서 가진 전역식에서 눈물을 글썽이며 "이 나라에서 다시는 나와 같이 불행한 군인이 없도록 하자."면서 군복을 벗고 본격적으로 대통령 선거전에 나섰다.

반면에 야권의 사정은 복잡하기만 했다. 재야정당 통합을 위해 추진되었던 '국민의 당'이 결렬되면서 몇 갈래로 흩어진 야권은 9월

15일에 마감된 대통령후보 등록에서 민정당의 윤보선. 국민의 당의 허정, 자유민주당의 송요찬(옥중출마), 추풍회의 오재영, 정민회의 변영태, 신흥당의 장이석 등 도합 6명이 나섰다.

이들 중 허정과 송요찬이 막바지에 후보직을 사퇴함으로써 선거전은 대체로 여권의 박정희와 야권의 윤보선으로 압축되었다.

대통령후보의 난립상태를 보인 가운데 10·15대통령 선거일이 공고되자 7대 1의 비율로 선거전은 개막되었다. 사전조직을 갖춰 리, 동, 반에 이르기까지 조직책을 갖고 있던 민주공화당의 방대한 전국조직과 고무신, 밀가루 살포 등을 감당할 막대한 자금력을 가진 것에 비해 야권은 난립상태에서 군정종식을 바라는 국민여론에 호소하는 방식으로 대결이 시작된 것이다.

초반에 각 당 후보자들은 지방유세를 갖고 각종 공약을 제시하면서 국민의 지지를 호소했다. 그런데 박정희 후보가 9월 23일 방송연설을 통해 "이번 선거는 민족적 이념을 망각한 가식된 자유민주주의와 강렬한 민주주의를 바탕으로 한 진정한 자유민주주의의 사상적 대결"이라고 말한 데서 이른바 '사상논쟁'의 불이 붙었다.

바로 다음날 지방유세 도중에 전주에서 기자회견을 가진 윤보선 후보는 "여순반란사건의 관련자가 정부 안에 있으며 이번 선거야말로 이질적 사상과 민주사상의 대결"이라고 응수함으로써 사상논쟁이 본격화되었다. 윤 후보는 이어 "박정희 후보가 공산주의자라고 말한 것은 아니다. 그러나 그의 민주주의 신봉 여부가 의심스럽다." 라는 뜻을 펴서 국민을 놀라게 했다.

같은 날 윤 후보의 찬조연사로 나선 윤재술 의원은 여수에서 "이곳은 여순반란사건이란 핏자국이 묻은 곳이다. 그 사건을 만들어낸 장본인들이 죽었느냐, 살았느냐? 살았다면 대한민국에서 지금 무슨 일을 하고 있는가를 여러분은 아는가, 모르는가? 여러분이 모른다면 저 종고산(鐘鼓山)은 알 것이다."라고 박정희를 공격했다.

사태가 이렇게 되자 긴급회의를 소집한 최고회의는 윤 후보의 전주발언을 국가안보의 차원에서 대처키로 하고, 공화당에서는 선거법위반으로 고발하면서, "윤 씨가 대통령에 재직하고 있을 때부터 5·16사태를 미리 알고 있었다."고 폭로하여 '이중인격자'라고 비난하고 나섰다.

그러자 대통령후보를 낸 재야 6당은 박정희 후보의 등록취소를 청구하는 행정소송을 제기하는가 하면, 공명선거투쟁위원회 주최의 선거집회에서는 "간첩 황태성의 책략에 의해 공화당의 2원제 사전조직이 추진되었으며 밀봉교육이 실시되었다."고 주장하는 삐라가 뿌려져 사상논쟁을 부채질했다.

이 무렵 국민의 당 대통령 후보인 허정이 기자회견에서 "박정희 의장이 한일회담에서 양보한 대가로 일본 민간회사로부터 거액의 수표를 받았다는 설이 있다."고 폭로했으며, 민정당 기획위원회는 "박 의장의 사상은 이질적이며 위험한 존재"라는 성명을 발표해 쌍방의 논쟁은 더욱 확산돼갔다. 또한 9월 25일 열린 시국강연회에서 자민당 대표 김준연은 1961년 5월 26일자 〈타임〉지의 박정희 프로필을 인용, "박 소장은 전에 공인된 공산주의자였다. 그는 군반란(여순사건)을 조직하는 데 협력했다. 그래서 그는 이승만 씨의 장교들에 의해 사형선고를 받았다. 그러나 그는 전향하여 반란군에 관한 정보를 제공하고 사형을 면제받았다. 그는 지금 분명히 강력한 반공주의자다."라고 포문을 열었다.

이에 대해 박 후보는 기자회견에서 "여순반란사건에 관련됐다는 야당 측 주장을 해명할 수 없느냐?"는 물음에 "허무맹랑한 일이어서 해명할 필요조차 없으며 법이 가려낼 것"이라고 가볍게 응수했다. 그리고 여순사건 당시 진압작전을 지휘한 원용덕을 내세워 "박 의장은 여순사건에 관련이 없으며 토벌작전 참모로서 공을 세웠다."고 상반된 주장을 펴도록 했다.

종반 과정에서 윤 후보를 구속하자는 최고회의의 의견이 대두되기도 했으나 '인지사건'으로 수사한다는 선에서 일단락되고, 선거전은 끝까지 정책대결 아닌 사상논쟁으로 전개되었다.

선거전은 종반에 접어들면서 야당 단일후보의 실현을 위해 허정이 사퇴한 데 이어 송요찬도 사퇴함으로써 박 · 윤의 양자대결로 압축되었다. 투표일을 5일 남겨둔 10월 10일 민정당의 찬조연사 김사만이 경북 안동 연설에서 "대구, 부산에는 빨갱이가 많다."는 등 망언을 하여 선거분위기를 더욱 과열시켰다.

그러나 이와 같은 회오리바람을 몰고온 사상논쟁에도 불구하고 비교적 평온한 가운데 투표가 진행되었다. 선거분위기의 과열 탓이었는지 투표율은 84.99%로 높게 나타났다.

선거결과의 개표집계는 16일 밤까지 윤 후보가 리드하다가 17일 새벽부터 박 후보가 우세하여 15만 6천여 표의 차이로 박정희 후보의 승리로 막을 내렸다. 중앙정보부는 한때 윤 후보의 우세로 집계되자 그를 살해할 계획까지 세웠던 것으로 후일 밝혀졌다.

대통령 선거전이 끝나고 '사상논쟁'의 뒤끝은 월간 《사상계》가 1963년 11월호에서 "특집 진(眞)·위(僞)를 가려라!"를 게재하면서 다시 한 번 국민의 관심을 불러 모았다. 이 특집기사는 〈경향신문〉 정치부장 김경래의 "전향자냐? 아니냐? – 인간 박정희의 전향주변", 정종식 〈한국일보〉 정치부장의 "군사혁명과 윤보선", 신상초 정치평론가의 "무엇이 사상논쟁이냐?", 임방현 〈동아일보〉 논설위원의 "자주·사대논쟁의 저변", 서기원 〈서울경제신문〉 기자의 "정치자금 수수께끼의 실마리"로 구성되었다.

세간의 관심은 김경래의 박정희 전향 관련기사였다. 헌정사 이래 최초로 전개된 대선의 사상논쟁, 특히 좌익으로 몰린 박정희가 당선되면서, 그의 전력은 비상한 관심사였다.

기사는 선거과정에서 "전 ML당 당수였으며 자민당 대표최고위원 김준연 씨는 5·16 혁명 직후 〈타임〉지에 실린 한국군사혁명 전모를 소개한 기사 중 (61년 5월 26일치) 박 의장의 프로필을 인용하고, '박 소장은 공인된 공산주의자였다. 그는 군반란(여순반란사건)을 조직하는데 협력했다. 그래서 그는 이승만 씨의 장교들에 의해 사형선고를 받았다. 그러나 그는 전향하여 반란군에 관한 정보를 제공하고 사형을 면제 받았다. 그는 지금 분명히 강력한 반공주의자이다.' 라는 사실을 폭로하여 윤보선 씨의 전주 발언을 뒷받침해주었다. 이날 강연회장은 물을 끼얹은 듯한 조용한 분위기 속에 당혹과 불안감이 감돌았다."라고 정황을 소개했다.

박정희 후보의 전력을 두고 여야가 바뀌어 벌어진 사상논쟁은, 당사자가 절대 권력자가 되면서 진위 여부는 가려지지 않은 채 덮이고 말았다. 이후 대선에서는 주로 집권층이 야당 후보들에게 색깔론의 공세를 벌였다. 한국적 매카시즘의 광풍은 현재진행형이다.

32

36년 식민지배 5억 달러 면죄부

합헌정부를 쿠데타로 짓밟고 권력을 찬탈한 박정희는 조급증에 시달렸다. 비록 민정이양을 통해 대통령 선거를 거치기는 했지만, 그것으로 정통성을 부여받기는 어려웠다. 해서 무엇인가 가시적인 성과를 국민에게 보여주고자 했다. 그것이 졸속적인 한일회담이었다. 여기에는 일본군 출신으로서 개인적인 '향수'도 작용했을 터이다.

마침 1960년대에 들어 미국은 새로운 동아시아 전략의 일환으로 한, 일간의 국교정상화 문제를 강력히 제기하고 나섰다. 군사 쿠데타를 승인해주는 대가로 비교적 말을 잘 듣는 박정희 정권에 의해 한, 일간의 국교를 정상화시켜서 동아시아에서 소련의 남하정책을 저지하고 중국을 견제한다는 것이 미국의 전략이었다.

한일국교 정상화는 이승만 정권 이래의 현안이기도 했다. 두 나라간의 국교정상화를 위한 한일회담은 1951년부터 시작되었지만 10여 년에 걸친 교섭에서도 타결점을 찾지 못한 상태였다. 자유당 정부에 이어 민주당 정부도 한일회담을 추진, 1960년 10월 25일 제5차 한일회담이 열렸으나 5·16쿠데타로 중단된 바 있었다.

박정희 군사정부는 미국의 원조가 대폭삭감된 상황에서 경제개발계획에 따른 대규모 투자재원의 확보가 필요했다. 여기에 미국의 지역통합전략, 일본의 자본 해외진출 욕구 등이 맞아떨어져 한일회담이 적극적으로 추진되는 요인으로 작용했다. 이밖에 간과할 수 없는 박정희를 비롯한 군사정권 핵심요인들의 심정적인 친일성을 들 수 있다. 이들은 대부분이 일본육사와 만주군관학교 출신들로서 일본에 대해 다분히 애정과 향수를 갖고 있었다.

이런 요인들로 인해 1961년 10월 20일 제6차 한일회담이 재개되었는데, 합의사항을 둘러싼 한일 양국의 이견과 양국 내의 격렬한 반대분위기로 타결이 늦어지고 있었다. 이에 정부는 비밀리에 김종필 중앙정보부장을 특사로 파견, 이케다 수상과 비밀회담을 갖고 타결조건에 대한 합의를 이루도록 했다. 그러나 한국의 거듭된 양보에도 불구하고 일본은 고자세의 버티기 전략으로 맞섰다.

박정희 정권에 있어서 1962년은 경제개발 5개년 계획의 첫해로 시급한 자본도입이 요구되었고, 느닷없이 강행한 화폐개혁의 실패로 경제상황은 매우 불안정한 상황이어서 한일회담의 조기타결을 서두를 필요가 있었다.

그래서 김종필이 다시 일본에 건너가 김종필, 오히라(大平) 회담을 열고 여기서 비밀메모(김·오히라 메모)를 통해 대일청구권 문제 등에서 우리에게 크게 불리한 합의를 해주었다. 따라서 청구권 협상의 타결로 무상 3억 달러를 10년간 지불하고, 경제협력의 명목으로 정부간의 차관 2억 달러를 연리 35%로 제공하며, 상업 베이스에 의한 무역차관 1억 달러를 제공하기로 확정하였다.

청구권이라는 용어도 사용하지 못하고 '독립축하금'이란 이름으로 무상 3억 달러에 36년 식민통치에 따른 모든 배상문제를 마무리하기에 이른 것이다. 특히 독도를 폭파해서 분쟁의 요인을 없애자는 등 그야말로 굴욕적인 협상이었다.

그나마 이와 같은 협상내용도 즉각 밝혀지지 않은 채 1964년에 이르기까지 2년 동안 비밀에 부쳐졌다.

한일회담의 진행과정을 비밀에 부쳐온 박정희 정부는 1964년 3월에야 한일회담의 3월 타결, 4월 조인, 5월 비준의 방침을 밝혔다. 이에 따라 야당과 재야는 즉각 '대일굴욕외교반대 범국민투쟁위원회'를 결성하고 전국을 순회하며 유세에 돌입한 데 이어, 3월 24일 서울대생들은 '한일회담의 즉각중지'를 요구하는 집회를 갖고 이케다 일본수상과 '현대판 이완용'의 김종필화형식을 거행한 뒤 가두시위를 벌였다.

학생들의 시위는 삽시간에 전국으로 번져나가서 5월 20일 서울시내의 대학생연합으로 박 정권이 표방한 '민족적 민주주의' 장례식을 거행하고, 4·19민족·민주이념에 정면 도전한 군사쿠데타정권 타도투쟁을 선언했다. 이날 시위로 학생 1백여 명이 부상하고 2

백여 명이 연행되었다.

그러나 학생들은 굴하지 않고 단식농성 등을 벌이면서 투쟁을 계속하여 6월 3일에 이르러 1만여 명의 시위대가 광화문까지 진출, 파출소가 방화되기에 이르렀으며, 군사쿠데타, 부정부패, 정보정치, 매판독점자본, 외세의존 등 군사정권의 본질적인 문제제기로 확대, 고조되어 정권퇴진을 요구하기에 이르렀다.

학생들의 데모에 많은 시민이 가담하면서 시위의 규모가 커지자 정부는 위기감을 느끼게 되어, 그날 밤 8시를 기해 서울시 일원에 비상계엄을 선포하고 대대적인 탄압을 개시했다. 계엄사령부는 포고령으로 일체의 시위금지와 언론·출판의 사전검열, 모든 학교의 휴교를 명령했다.

4개 사단 병력을 서울시내에 투입하여 3개월 가량 진행된 계엄통치는 7월 29일 계엄이 해제되기까지 학생 168명, 민간인 173명, 언론인 7명이 구속되고, 이 기간 포고령 위반으로 890건에 1,120명이 검거되었으며, 그중에서 540명이 군사재판, 68명이 민간재판, 216명이 즉결재판에 회부되었다.

정부에서는 계엄이 선포된 지 이틀 후인 6월 5일 공화당 의장 김종필을 문책, 당의장직에서 사임시키고 두 번째 외유에 나서도록 조처했다. 김종필을 희생양으로 삼은 것이다.

정부는 야당과 학생들의 격렬한 반대투쟁을 위수령·계엄령으로 억압하면서 1965년 6월 22일 한일기본조약을 체결하기에 이르렀다. 한국 외무장관 이동원, 한일회담 수석대표 김동조와 일본외상

시이나, 수석대표 다카스키 사이에 〈대한민국과 일본국 간의 기본관계에 관한 조약〉(기본조약)과 부속된 4개의 협정 및 25개의 문서로 된 '한일협정'이 일괄 타결된 것이다.

이 협정에 의해 평화선이 철폐되었으며, 우리 측의 40해리 전관수역 주장이 철회되고 일본의 주장대로 12해리 전관수역이 설정되었다.

또한 재일교포의 법적지위 및 영주권문제 등이 일본정부의 임의적 처분에 맡겨지게 되었고, 문화재 및 문화협력에 관한 협정은 일제가 불법으로 강탈해간 모든 한국문화재를 일본의 소유물로 인정해버리고 여성위안부, 사할린교포, 원폭피해자 등의 문제는 거론조차 하지 못한 졸속, 굴욕회담으로 끝나 버렸다.

박정희 정권의 굴욕적이고 졸속적인 한일국교정상화로 인해 일제의 침략과 식민지배에 대한 사죄와 침략조약의 원천무효, 그리고 정당한 배상도 받지 못하고 말았다. 일본은 태평양전쟁 기간 3~4년을 지배한 동남아 각국에도 5~10억 달러의 배상금을 주었다.

33

베트남 참전,
5천 명 사상자에 '용병' 비판

한민족은 유사 이래 한 번도 타국을 침략한 적이 없었다. 숱한 외침을 당하고도 결코 타국의 영토를 침범하지 않았다. 고려 때 원(元)의 일본 정벌에 동참한 일이 있었지만, 강제 동원된 비자발성이었다. 해서 한민족은 '평화민족'이라는 자부심을 가져왔다. 그런데 박정희 정권에서 이 전통은 깨졌고, 국제사회로부터 '미국의 용병'이라는 지탄을 받게 되었다.

박정희 정권은 야당과 국민의 반대에도 불구하고 미국의 요청으로 베트남전에 파병, 참전했다. 베트남 참전은 한국 역사상 초유의 해외전쟁의 참전이라 할 수 있다.

정부는 1964년 7월 30일 국회본회의에서 '베트남 공화국 지원을 위한 국군부대의 해외파병 동의안'을 제출하여 통과시켰다. 의료지원 등 비전투부대 파병안이다. 그러나 전투부대의 파병안은 1965년 8월 13일 야당이 불참한 가운데 공화당 단독으로 처리하였다.

한국군이 처음으로 베트남전에 투입된 것은 1963년 9월 11일, 남부 베트남 정부로부터 지원요청을 받은 직후의 일이었다. 이때는 불과 130명 규모의 의무부대와 10명의 태권도 교관이 전부였다. 그 후 다시 지원요청을 받아 1964년 2월 14일 2천 명 규모의 비전투부대인 공병대 중심의 병력이 파견되었다. 이때만 해도 국내외적으로 크게 말썽이 없었다. 2천 명 규모의 국군병력을 파병하기 위해 정부에서 제출한 동의안은 국회에서 무난히 통과되었다. 그러나 1965년 6월 26일 베트남과 미국정부의 요청을 받고 전투부대 파병 동의안을 국회에 제출하면서부터 상황이 달라졌다. 일반국민과 학생들 사이에도 반대의견이 적지 않았고, 국회 내에서도 여야의 입장을 초월해 반대의견이 쏟아졌다.

정부는 파병의 명분으로 6·25 때 자유우방의 도움으로 공산침략을 격퇴시킨 우리가 한 우방국이 공산침략에 희생되는 것을 바라보고만 있을 수 없다는 주장을 내세웠다. 그리고 6·25 이래 혈맹인 미국을 도와 베트남전을 승리로 이끄는 것이 우리의 도리라고 선전했다.

이와 더불어 파병에는 경제적 측면에서 한·미·일 밀월 3각 협력체제가 선전되었고, 군사적 측면에서 주한미군을 빼내어 베트남에 보내겠다는 미국의 위협도 따랐다.

1964년 9월 소규모 비전투 부대로부터 시작된 한국의 베트남전개입은 1973년 3월 완전히 철수할 때까지 8년 5개월 동안 지속되었는데, 공식적으로 5차례에 걸쳐 군대를 파견했다. 한국은 이 기간 베트남에 평균 5만 명 수준의 병력을 유지했으며 교대근무를 통해 베트남에 파견된 한국군대의 총수는 약 32만 명에 달했다.

베트남에 파병된 주요부대는 1965년에는 미국 측의 추가파병 요청과 그에 따른 보상조치인 이른바 〈브라운 각서〉를 조건으로 2만 명 규모의 백마부대가 추가파병되었다.

베트남에 추가파병은 조약상의 의무에서가 아니라, 미국 측이 파병의 대가로 한국군의 전력증강과 경제개발에 소요되는 차관공여를 약속함으로써 이루어진 것이었다.

미국은 한국군의 베트남 추가파병에 대한 보상조치로 14개항의 이른바 〈브라운 각서〉를 마련했다. 주요내용을 살펴보면 ① 추가파병에 따른 비용은 미국정부가 부담한다. ② 한국군 육군 17개 사단과 해병대 1개사단의 장비를 현대화한다. ③ 베트남 주둔 한국군을 위한 물자 용역은 가급적 한국에서 조달한다. ④ 베트남에서 실시되는 각종 건설·구호 등 제반사업에 한국인 업자를 참여시킨다. ⑤ 미국은 한국에 추가로 AID차관과 군사원조를 제공하고, 베트남과 동남아시아로의 수출증대를 가능케 할 차관을 추가로 대여한다. ⑥ 한국이 탄약생산을 늘리는 데 필요한 자재를 제공한다는 것 등이다.

한국군은 베트남전에서 월맹군 4만 1천여 명을 사살하고 7,438㎢를 평정했으며, 참전기간 동안 국군 약 5천여 명의 사상자를 낸 것으로 집계되었다.

베트남전 기간 동안 노동력 진출은 1965년 1백 명 미만에서 1966년에는 무려 1만 명이 넘는 급격한 증가를 보여주었다. 1963년부터 1970년 6월 말까지 해외취업실적 43,508명 가운데 베트남 취업이 24,294명으로, 선원을 제외한 해외취업자의 70%를 차지하고 있어 많은 고용증대를 가져왔다고 발표되었다.

한국은 베트남 전쟁기간 동안 이른바 '베트남 특수' 현상이 나타나기도 했다. 한국군의 베트남 파병에 따라 얻어진 전시특수였다. 5만 5천 명 규모의 전투요원과 노무자, 기술자 등 민간인 1만 6천여 명이 베트남에 파견되고, 이에 따라 군납, 파월장병 송금, 파월기술자 송금 등으로 1966년에 6,949만 달러, 1966~1970년까지의 총액 6억 2,502만 달러 규모의 수익을 올렸다고 했다.

박정희 정부는 베트남 참전의 결과 총액으로 약 10억 달러의 외화를 획득하여 제2차 경제개발 5개년계획의 수행에 필요한 외자를 충당하여 연평균 12%의 경제성장을 달성할 수 있었다. 그리고 국내적으로 새로운 독점자본과 신흥재벌의 출현을 가져왔다. 한진그룹의 경우 1966~67년 1년간 베트남에서 71억 원을 벌어 '월남상사'라는 호칭을 들었다. 그러나 미군 봉급의 3분의 1 수준인 한국군의 베트남 파병은 순전히 미국 측의 이해에 맞추어 추진되었고, 5천여 명의 무고한 청년의 희생을 가져왔으며, 공산국가와 제3세계, 심지어 다수의 친서방국가들로부터 '용병'이라는 비난을 받아왔을 뿐만 아니라 비동맹권 내에서 한국의 국제적 지위의 약화를 가져왔다.

전후에 드러난 후유증 또한 만만치 않았다. 파월장병 · 취업자들에 의한 현지 2세 문제와, 고엽제 등으로 본인들은 물론 후세들에게까지 유전된 질환 등은 심각한 후유증을 남기고 있다. 또한 베트남 일부 지역에는 한국군에 의한 베트남 민간인들의 잔혹한 학살을 기록한 석비가 남아 있어, 아픈 상처를 보여주고 있다.

34

3선 개헌, 이승만에게 배운 박정희의 권력욕

외줄을 타는 곡예사는 선배의 추락을 지켜보면서도 자신만은 안전하리라고 믿는다. 독재자들도 비슷하다. 숱한 독재자들의 비참한 말로를 보거나 듣고도 교훈은커녕 똑같은 길을 걷는 것이다. 남의 나라 일만이 아니라 우리 현대사도 그랬다.

박정희 대통령은 이승만 대통령이 영구집권을 기도하다가 1960년 4월 부정선거로 쫓겨난 지 9년 만에 다시 장기집권을 위한 3선 개헌을 추진하기 시작했다.

정치학자 새뮤얼 버틀러는 '권력은 마주(魔酒)'라고 했다. 그렇다고는 해도 전임자가 국민의 봉기로 권좌에서 쫓겨난 지 채 10년도 되지 않은 시점에서 다시 장기집권을 기도하는 개헌을 하겠다고 나서는 것은 전혀 역사적 교훈을 배우지 못한 무지한 행동이었다.

1967년 총선거의 6·8부정선거를 통해 개헌선을 확보한 박정희는 권력지향의 충성분자들을 동원하여 개헌에 대한 애드벌룬을 띄우기 시작했다. 6·8국회의원 선거는 3·15가 무색할만큼의 관권부정선거였다. 개헌정족수를 채우기 위해 무리하게 부정선거를 강행한 것이다.

1968년 12월 17일 공화당 당의장서리 윤치영은 부산에서 "조국근대화와 민족중흥의 과업을 이룩하기 위해서는 무엇보다 강력한 정치적 리더십이 필요하다."고 역설하면서 "이 같은 지상명제를 위해서는 대통령 연임조항을 포함한 현행헌법상의 문제점을 개정하는 것이 연구되어야 한다."면서 3선개헌의 물꼬를 텄다.

박정희 대통령은 개헌문제가 야당의 강력한 반대에 못지않게 공화당 내에서도 JP(김종필) 계열의 반발에 부닥치자 일차적으로 '항명파동'을 통해 이들을 숙당하는 등 정지작업을 벌였다. 이런 과정을 거친 박 대통령은 1969년 7월 25일 "여당은 빠른 시일 안에 개헌안을 발의해 개헌추진에 대한 공식적인 입장을 발표하라."고 지시하기에 이르렀다.

마침내 박정희는 이승만과 유사한 '건널 수 없는' 다리를 건너는 무리수를 던진 것이다. 7월 28일 공화당은 백남억 정책의장이 마련한 3선 연임 허용과 국회의원의 각료직 겸직을 내용으로 하는 개헌안 골격을 확정한 뒤 소속의원들에 대한 설득작업에 나섰다.

개헌안은 공화당 의원 108명, 정우회 11명, 신민당 의원 3명 등 모두 122명이 서명하여 국회에 제출되었다. 서명 과정에서 청와대,

중앙정보부 등 권력기관이 총동원되어 JP계 의원들을 협박과 회유로 끌어들이고 성낙현, 조흥만, 연주흠 등 신민당 의원들까지 변절시켜 개헌대열에 끌어들이는 '솜씨'를 보였다. 이승만보다는 많이 '근대화'된 수법이었다.

그러나 당총재를 지낸 정구영은 끝까지 개헌안 서명을 거부함으로써 공화당은 107명이 서명했다. 공화당 창당 과정에서 영입되었던 올곧은 법조인 출신 정구영은 권력의 압박에도 끝내 3선개헌 반대의 소신을 굽히지 않았다.

야당인 신민당은 변절자들의 의원직을 자동 상실케 하기 위한 편법으로 9월 27일 당을 해산했다가 20일 복원시키면서 이 기간 동안 신민회란 이름의 국회교섭단체로 등록했다. 신민당 유진오 총재는 "3선개헌은 민주주의가 돌아오지 않는 다리이며, 이 다리를 넘어서는 날에는 평화적 방법으로 민주주의를 되찾을 길이 영원히 막힐 것"이라며 개헌저지 투쟁에 나섰다. 개헌반대 진영은 야당뿐 아니라 학생, 문인, 종교인 등 양심적인 다수의 국민이 참여했다.

30일 간의 공고기간이 끝난 개헌안이 9월 13일 국회 본회의에 회부되자 신민당 의원들은 표결저지를 위한 단상점거에 들어갔다. 이렇게 되자 이날 자정 이효상 국회의장은 "13일 본회의는 자동적으로 유회됐으므로 월요일인 15일에 본회의를 열 수밖에 없다."고 선포하고 본회의장에서 빠져나갔다.

신민당 의원들이 안심하고 잠자리에 들고 있을 때 광화문길 건너편 제3별관에서는 이변이 일어났다. 9월 14일 새벽 2시 30분, 공화당 의원들만 참석한 가운데 이효상 의장의 사회로 단 6분 만에 개헌안을 변칙처리한 것이다. 국회주변 반경 5백여 미터에 1천 2백여 명의 기동경찰이 엄중하게 통행을 차단하고 있는 가운데 개헌지지 의원들만으로 개헌안을 처리한 것이다. 그야말로 신종 쿠데타적 수법이며 역대 개헌사에서 가장 비도덕적인 개헌안의 처리였다. 부산 5·25정치파동, 4사5입 개헌파동에 이은 세 번째의 변칙 개헌이었다.

공화당이 본회의장을 옮겨가면서까지 변칙적으로 개헌안을 처리한 것은 형식상은 야당의 단상점거 때문이라고 내세웠지만, 실상은 내부의 이탈표가 두려웠기 때문이었다. 김종필 계열에서는 3선개헌을 반대하고 있었던 것이다.

국회 본회의장에서 농성 중에 있던 신민당 의원들은 뒤늦게 변칙처리의 사실을 알고 현장으로 뛰어가 가구와 집기 등을 마구 때려 부쉈다. 하지만 역시 기차 떠난 뒤의 돌던지기였다. 개헌안을 변칙처리한 이효상 의장이 도의적 책임을 지고 의장직 사퇴서를 제출하는 등, 여권은 유화적인 제스처를 보냈지만 야당의 분노를 쉽게 달래기는 어려웠다.

개헌안의 국민투표를 앞두고 공화당의 지지유세와 신민당의 반대유세가 전국적으로 진행돼 국민적인 쟁점으로 부각되었다. 공화당은 "안정이냐 혼란이냐, 양자택일을 하자"고 내세우고, 신민당은 "개헌안 부결로써 공화당정권 몰아내자"면서 국민의 지지를 호소했다.

3선개헌반대 범국민투쟁위원회가 결성되어 개헌저지 투쟁에 나서고 전국의 대학생들이 궐기하는 가운데 10월 17일 개헌안의 국민투표가 실시되었다. 투표율 77.1%, 최종집계 결과 총 투표자 1,160만 4,038명 중 찬성 755만 3,655표, 반대 363만 6,369표, 무효 41만 4,014표로써 개헌은 확정되었다.

개헌안 국민투표 과정에서 정부·여당에 의한 각종 부정과 관권동원이 자행되고 투·개표과정에서도 무더기표 등이 발견되는 등 부정이 나타났다.

개헌반대 투쟁을 일선에서 지휘해오던 유진오 신민당 총재는 9월 10일 뇌동맥경련증으로 몸져누우면서까지 국민투표를 이틀 앞두고 10월 15일 특별성명을 통해 "부정과 불법을 막아 개헌을 저지하기 위해 민권투쟁에 참여해 줄 것"을 호소했다. 그러나 개헌안이 압도적으로 통과되자 10월 19일 국민투표 결과에 대한 책임과 신병을 이유로 신민당 총재직에서 물러날 뜻을 밝히고 신병 치료차 일본으로 떠났다.

3선개헌 반대 투쟁 과정에서 장준하 의원은 박 대통령을 "사카린 밀수왕초", "한국청년의 피를 베트남에 팔아먹었다"는 등의 발언을 해 대통령 명예훼손혐의로 체포되기도 했다.

이로써 박정희는 종신집권을 가로막는 또 하나의 장애물을 제거하고, 이후의 역사가 보여준 대로 유신쿠데타와 긴급조치 등 더욱 철저한 헌정유린으로 나아가게 된다.

35

'내 죽음을 헛되이 말라' -전태일 분신

중국의 역사가 사마천은 "어떤 죽음은 태산과 같이 무겁고 어떤 죽음은 홍모처럼 가볍다."는 말을 남겼다. 한국현대사는 유달리 의인, 열사들의 죽음과 죽임이 많았다. 그리고 이들의 죽음은 민주화와 산업화의 초석이 되었다.

1970년 11월 13일 낮 1시 30분경, 한 청년이 전신에 석유를 뿌려 불에 휩싸이면서 "내 죽음을 헛되이 말라."고 절규하면서 쓰러졌다. 주위에 많은 사람이 있었지만 워낙 순식간의 일이라 아무도 덤벼들어 불을 끄지 못했다. 전신에 치명적인 화상을 입은 이 청년은 병원에 실려 갔으나 끝내 회생하지 못한 채 산화하고 말았다.

청년의 분신은 한 무명 노동자의 죽음이었지만, 이후 한국사회에 미친 파장은 가히 태풍급이었다. 독재정권이 재벌을 키워주고 악덕

기업은 권력과 결탁하면서 노동자들을 착취하는 먹이사슬 구조에서 터져나온 저항의 불꽃이었다. 그의 죽음으로 인하여 권리 위에 잠자던 노동자들이 깨어나고 현대적인 노동운동의 전기가 마련되었다.

청년의 이름은 전태일, 1948년 8월 26일 대구에서 전상수와 이소선 사이에서 태어났다. 6·25전쟁으로 부산으로 피난을 갔으나 봉제 기술자였던 아버지의 파산으로 1954년 가족이 모두 서울로 올라왔다.

전태일은 가난 때문에 정규 교육을 거의 받지 못했다. 남대문초등학교 4학년에 다닐 때 학생복을 제조하여 납품하던 아버지가 사기를 당하고 큰 빚을 지는 바람에 학교를 그만두고 가족의 생계를 책임지기 위해 동대문 시장에서 물건을 떼어다 파는 행상을 시작했다. 그러다 17살 때 학생복을 제조하던 청계천 평화시장의 삼일사에 보조원으로 취직하였다. 일찍이 아버지에게서 재봉 일을 배웠던 전태일은 기술을 빨리 배워서 1966년에는 재봉틀을 다루는 재봉사가 되어 통일사로 직장을 옮겼다. 이 무렵 빚 때문에 뿔뿔이 흩어졌던 가족도 다시 모여 살 수 있게 되었다.

당시 전태일이 일하던 청계천의 평화시장은 인근의 동화시장, 통일상가 등과 함께 의류 상가와 제조업체가 밀집되어 있는 곳이었다. 좁은 공간에 다락을 만들어 노동자들을 밀집시켜 일을 시키다 보니 노동환경이 매우 열악했다. 노동자들은 햇볕도 들지 않는 좁은 다락방에서 어두운 형광등 불빛에 의존해 하루 14시간씩 일을 해야 했다. 환기 장치가 없어서 폐질환에 시달리는 노동자들도 많았다. 이들은 대부분 여성이었는데, 특히 '시다'라고 불린 보조원들은 13~17세의 어린 소녀들로 초과근무 수당도 받지 못한 채 극심한 장시간 저임금 노동에 시달리고 있었다.

전태일은 자신도 가난에 시달리면서 주변 사람들의 어려움을 외면하지 않았고, 어린 여성 노동자들이 열악한 노동환경에 시달리는 것을 보면서 노동운동에 관심을 가지기 시작했다. 함께 일하던 여성 노동자가 폐렴에 걸린 상태에서 해고되자 그를 도우려고 애쓰다가 자신도 해고되기도 했다.

이후 전태일은 재단사 보조를 거쳐 상대적으로 괜찮은 대우를 받던 재단사가 되었으나 동료 노동자들의 노동환경을 개선하려는 노력을 멈추지 않았다. 1968년 근로기준법의 존재를 알게 되자 그것을 공부하면서 법조차 지켜지지 않는 현실을 개선해야 한다는 의지를 더욱 다지게 되었다. 1969년 6월 그는 동료 노동자들과 함께 '바보회'를 만들어 설문으로 평화시장의 노동환경을 조사하며 인근 노동자들에게 근로기준법의 내용을 알렸다. 그러나 이 사실이 사업주들에게 전해지면서 전태일은 해고되었고 그는 평화시장에서 일할 수 없게 되었다.

한동안 막노동을 하며 지내던 전태일은 1970년 9월 평화시장으로 다시 돌아와 삼동회를 조직했다. 그리고 다시 노동환경을 조사하는 설문지를 돌려 노동청, 서울시, 청와대 등에 진정서를 제출하였다. 이러한 내용이 한 신문에 실려 사회적 주목을 받자 삼동회 회원들은 노동환경 개선과 노동조합 결성을 위해 사업주 대표들과 협의를 벌이려 하였다. 그러나 행정기관과 사업주들의 조직적인 방해로 무산되었다.

그래서 전태일과 삼동회 회원들은 1970년 11월 13일 평화시장 앞에서 근로기준법 화형식을 벌여 근로기준법상 노동자의 권리조차 제대로 보호하지 못하는 현실을 고발하기로 했다. 경찰의 방해로 시위가 무산되려는 상황에 놓이자 전태일은 자신의 몸에 석유를 뿌리고 불을 붙인 채 "근로기준법을 준수하라! 우리는 기계가 아니다!" 등의 구호를 외쳤다. 병원에 실려간 전태일은 어머니에게 "내가 못다 이룬 일을 어머니가 대신 이뤄주세요."라는 유언을 남기고 그날 세상을 떠났고, 장례식은 11월 18일 노동단체장으로 엄수되어 경기도 마석의 모란공원에 매장되었다. 어머니 이소선은 아들의 유언에 따라 죽을 때까지 '노동자의 어머니'로 살았다.

전태일(全泰壹)은 자신의 몸을 던져 "모두가 크게 하나 된다"는 이름대로 노동자들의 영원한 친구가 되었다. 그의 죽음은 1970년 11월 27일 70년대 최초의 민주노조인 전국연합노조 청계피복노동조합이 탄생하는 직접적인 배경이 되었다.

박정희식 선성장 후분배의 논리에 입각한 고도성장 정책의 해독과 일선 노동자의 참상을 정면으로 고발한 전태일 분신 사건은 70년대 이후 한국사회의 이데올로기가 되었다.

전태일은 하루 14시간이 넘는 고된 노동 속에서도 독서와 일기쓰기를 게을리 하지 않았다. 그가 쓴 일기는 많이 파손되고 유실되었지만 평화시장에서 일하면서 쓴 일기는 상당부분 남아 있다. 그의 일기와 편지, 관계기관에 보낸 진정서 등은《내 죽음을 헛되이 말라》(돌베개, 1988)라는 책으로 정리되었으며, 일기와 주변 사람들의 구술 등을 기초로 그의 삶을 기록한《전태일 평전》(돌베개, 1983)도 전해진다.

1995년에는 그의 삶을 영화로 옮긴 〈아름다운 청년 전태일〉(박광수 감독)이 국민모금 방식으로 제작되기도 하였다. 그가 자신의 몸을 불태웠던 청계천 6가의 '버들다리' 위에 2005년 그의 정신을 기리는 반신 부조가 설치되었다.

2012년 12월 대통령 선거 때 박근혜 새누리당 후보가 청계천에 세워진 전태일 열사의 부조를 찾으려 했으나 노동자들의 저지로 뜻을 이루지 못하였다. 박근혜 정부의 문화체육관광부는 2015년 초 장관상 대상에서 '전태일청소년문학상'을 배제시켰다. '이명박, 박근혜' 정부에서 '노동자들의 영원한 벗' 전태일 열사의 꿈은 다시 후퇴하게 되었다.

36

박정희, 김대중의 한판 대결

박정희는 3선 금기의 성벽을 무너뜨렸지만 3선으로 가는 길은 쉽지 않았다. 우선 '10년 세도'의 장기집권에 국민들이 혐오감을 갖게 되었다. 여기에 그동안 추진해온 경제개발이 특정지역·계층에 치우치고 빈부양극화 현상이 가속화된 데다 '혜성'같이 나타난 야당의 젊은 후보가 도전하고 나섰기 때문이다.

신민당은 3선개헌 저지에 실패하고, 이 과정에서 유진오 총재가 발병하여 일본 전지요양을 떠나는 등 능률적인 국정참여를 하지 못한 채 국회출석을 거부하고 있었다.

신민당은 1970년 1월에 전당대회, 9월에 대통령후보 지명대회를 각각 개최하기로 결정했다. 전국 대의원 606명이 참석한 시민회관의 전당대회는 단일지도체제의 당헌을 채택하고 새 당수에 유진산을 선출했다.

신민당의 전당대회에 앞서 1969년 11월 8일 원내총무 김영삼 의원 (당시 42세)이 돌연 '40대 기수론'을 제창했다. 김대중 의원(당시 45세)도 1970년 1월 24일 출마를 선언하고 이철승(당시 48)이 뒤따라 출마를 선언함으로써 '40대 기수'의 3파전으로 대통령 후보가 압축되었다.

'40대 기수론'에 대해 당내에서는 거센 반발이 제기되었다. 특히 유진산 당수는 대통령후보가 40대라야 한다는 것은 '구상유취'한 것이라면서 맹타를 가하기 시작했다.

그러나 '40대 기수론'은 거역할 수 없는 당내외의 대세로 굳어졌다. 그런 분위기 속에 신민당 대통령후보 지명대회가 9월 29일 서울시민회관에서 개최되었다. 막강한 주류의 세와 당수 지명의 힘을 업은 김영삼이 후보에 선출될 것으로 예상되었다. 이날 석간신문은 '김영삼 후보 지명'을 머릿 제목으로 미리 뽑아 놓기도 했다.

그러나 지명대회의 결과는 의외였다. 투표결과 총투표수 885명 중 김영삼 421표, 김대중 382표, 무효 82표였다. 이철승의 지지표가 무효로 나타난 것이다. 2차투표의 결과는 더욱 의외였다. 김대중 의원의 역전승으로 대세가 바뀐 것이다. 총투표자 884명 중 김대중 458표, 김영삼 410표, 무효 16표로 대통령후보에 김대중이 지명되었다.

전당대회에서 대통령후보에 지명된 김대중은 '군정종식과 민주화 시대의 개막'을 위해 모든 노력을 다하겠다고 밝혔으며, 패배한 김영삼은 “나와 같은 40대 동지의 승리는 신민당의 승리요, 바로 나의 승리”라고 하면서 대통령선거에서 협력을 다짐했다.

한국정치사에서 가장 드라마틱하게 전개된 이날 전당대회의 결과는 야당의 깨끗한 경선과 함께 김대중, 김영삼이라는 참신한 정치지도자를 배출한 의미 깊은 대회로 기록되었다.

신민당이 1971년 4월 27일에 실시되는 제7대 대통령 선거전에 김대중 후보를 지명하여 선거운동에 나선 데 반해 공화당은 비교적 차분한 자세로 일선조직에 열중하였다. 이미 3선개헌을 통해 박정희가 대통령후보에 내정된 것이나 마찬가지이기 때문에 후보지명 절차는 요식행위에 불과했던 것이다.

그래도 어쨌거나 지명대회를 거치지 않을 수는 없었다. 3월 17일 지명대회를 가진 공화당은 박정희 총재를 또 다시 만장일치의 찬성으로 대통령후보에 추대했다.

선거전은 당연히 박정희와 김대중 후보의 대결로 압축되었다. 공화당은 조직과 풍부한 자금으로 선거전에 나서고, 신민당은 김대중 후보의 다양하고 참신한 정책과 전국적인 유세를 통해 이에 맞섰다.

김대중 후보는 10월 16일 첫 기자회견에서 ① 향토예비군 폐지 ② 대통령 3선조항 환원의 개헌 ③ 대중경제 구현을 위한 노사공동위원회 설치 ④ 미·일·중·소 등 4대국에 의한 전쟁억제 요구 등을 당면정책으로 제시했다.

4·27대선은 과거 어느 선거에 비해 여야 간의 정책대결로 진행되었다. 그것도 야당후보의 리드에 의한 정책대결이라는 특징을 보

였다.

김대중 후보는 지방도시의 유세를 통해 ① 대통령의 재산공개 ② 남북간의 서신교류·기자교환 및 체육인 접촉 ③ 지식인·문화인 및 언론의 권력으로부터의 해방 ④ 제2의 한일회담 및 주월국군 철수 ⑤대통령 및 국회의원 선거권 연령 인하 ⑥반공법 제4조의 목적범 적용에 국한하는 개정작업 ⑦정부기관 일부의 대전 이전 ⑧전매사업의 공영화 내지 민영화 실현 등 많은 정책을 집권공약으로 내걸었다. 모두 155개에 달하는 집권 청사진을 제시하여 정책대결을 리드했다.

박정희 후보도 10개 부문에 걸쳐 56개 항목의 정책을 제시했다. 정치관련 공약에서 ① 국민여론을 바탕으로 한 발전적 민주정치의 구현 ② 야당협조로 생산적 정치윤리의 구현 ③민원행정 간소화 ④ 지방재정 자립도를 높여 단계적 지방자치제 실시를 제시하고, 경제정책에서 세제개혁 및 금융제도의 개선, 국토개발계획을 다짐했다.

두 진영의 정책대결에 있어서는 김 후보의 정책이 상대적으로 돋보였다. 공약을 둘러싸고 쌍방 간에 쟁점이 빚어지기도 했다. 쟁점은 주로 ① 안보논쟁 ② 통일문제와 남북교류 ③ 장기집권 시비 ④ 부정부패의 척결 ⑤ 예비군과 교련폐지 문제 ⑥ 경제정책의 시비 등에 집중되었다. 김 후보의 예비군 폐지 주장에 따른 대안의 제시는 일단 주춤해졌으나 정부 여당의 안보논쟁의 확산으로 정국에 긴장이 감돌기도 했다.

유세의 대결에서 가장 관심을 끌었던 것은 서울 장충단공원에서 벌어졌던 두 후보의 유세전이다. 박 후보는 "다시는 국민에게 표를 찍어달라고 나서지 않겠다."고 선언하고, 김 후보는 "이번에 정권교체를 이루지 못하면 총통제가 실시될 것"이라고 단언하여 많은 국민의 관심을 불러일으켰던 것이다.

선거운동 과정에서 두드러진 현상의 하나는 공화당 측에서 노골적인 지역감정을 조장한 사실이다. 특히 국회의장 이효상은 "신라 천년 만에 다시 나타난 박정희 후보를 뽑아서 경상도 정권을 세우자."고 지역감정을 촉발시켰다. 야당탄압도 여러 가지 형태로 나타났다. 김포·강화의 김 후보 차량 총격사건을 비롯, 김 후보의 집에서 폭발물이 터지고 정일형 선거대책본부장의 자택이 원인 모를 화재를 당하는 등 상식 밖의 일이 연달아 발생했다.

정부 여당은 '조작극'이라고 잡아 떼고, 경찰은 김 후보 자택의 화재는 "김 후보의 15세 된 조카인 김홍준 군의 단독범행"이고, 정 선거대책본부장 집의 화재는 고양이를 실화범으로 밝혀 많은 국민들의 실소를 자아내기도 했다.

투표 당일에도 여러 가지 관권 개입으로 시비가 일었다. 심지어 김대중 후보가 투표한 마포구 동교동 제1투표소에서는 투표구 선관위원장이 사인(私印) 대신 직인을 찍어 1,690표가 무효가 되기도 했다. 개표 결과 박정희 후보가 634만 2,828표를 얻어 539만 5,900표를 얻은 김대중 후보를 94만 6,928표를 앞질러 당선이 결정되었다. 뒷날 드러난 바에 따르면 박정희 정권은 대선에 1년 국가 예산의 6분의 1에 해당하는 자금을 썼다고 한다. 엄청난 금권선거를 했던 것이다.

4·27선거의 가장 특징적인 현상은 ① 지방색의 노출 ② 표의 동서현상 ③ 여촌야도의 부활 ④ 군소정당의 철저한 몰락이었다. 이 선거에서 영남에서는 72대 28의 비율로 박 후보 지지표가 쏟아졌으나 호남에서는 65대 35의 비율로 김 후보의 표가 나왔다. 지역별로 보면 박 후보가 영남지방에서 전승의 기록을 세운 데 비해 김 후보는 진안·무주·고흥·곡성에서는 오히려 뒤졌다.

37

영구집권의 포석 국가비상사태 선포

"규모가 큰 소란(반란)이나 재해, 적의 공격, 민간 폭동, 지진, 화재 따위의 긴급을 요하는 사태"를 국어사전은 '비상사태'라고 풀이한다.

정상적인 국가에서는 심각한 자연재난이 아니면 비상사태를 선포하지 않는다. 경찰력만으로도 어지간한 시위나 소요를 진압할 수 있기 때문이다.

박정희 대통령은 1971년 12월 6일 느닷없이 국가비상사태를 선포하면서 국가안보를 최우선시 하고, 일체의 사회불안을 용납하지 않으며, 최악의 경우는 국민의 자유의 일부도 유보할 결의를 가져야 한다는 등 6개항의 특별조치를 발표했다.

대학가의 위수령 발동과 데모 주동학생의 가혹한 처벌로 이미 학원사태가 수그러들었고, 사회의 전체적인 분위기도 정부의 강경

책으로 크게 위축되고 있던 시점에서 나온 국가비상사태 선포는 그야말로 '느닷없는' 것이었다.

박대통령은 이날 청와대에서 열린 국무회의와 국가안보회의의 공동제안으로 비상사태를 선언한다면서 "최근 중공(중국)의 유엔가입을 비롯한 국제정세의 급변과 이의 한반도에 미치는 영향 및 북괴의 남침준비에 광분하고 있는 양상을 예의주시, 검토해 본 결과 현재 대한민국은 안전보장상 중대한 차원의 시점에 처해 있는 것으로 단정하기에 이르렀다."고 주장했다.

박대통령이 비상사태를 선언하면서 밝힌 6개항의 특별조치 내용은 다음과 같다.

① 정부의 시책은 국가안보를 최우선으로 하고 조속히 만전의 안보태세를 확립한다.

② 안보상 취약점이 될 일체의 사회불안을 용납지 않으며, 또 불안요소를 배제한다.

③ 언론은 무책임한 안보논의를 삼가야 한다.

④ 모든 국민은 안보위주의 새 가치관을 확립하여야 한다.

⑤ 최악의 경우 우리가 가져야 할 자유의 일부도 유보해야 한다.

중국의 유엔가입은 동북아의 평화를 가져올지언정 한국이 위협받을 소제는 아니었다. 엉뚱한 핑계를 댄 것이었다. 박정희가 비상사태를 선포한 1971년 12월 6일은, 쿠데타로 집권한 지 10년 반이고, 제7대 대통령선거에서 힘겹게나마 김대중을 누르고 3선을 한 지 6개월 여가 지난 시점이었다. 아직 대통령 임기가 3년 이상 남은 시점이기도 했다.

'비상'은 아니지만 '사태'가 없었던 것은 아니다. 1971년 5월 25일 실시한 제8대 국회의원 선거에서 놀라운 결과가 나타났다. 야당인 신민당이 204의석 중 89석을 차지한 것이다. 그것도 서울을 비롯한 대도시에서 석권하였다. 득표율도 공화당 52.26%이고 신민당 47.64%로 근접하여 야당은 개헌저지선 69석에서 20석을 더 확보한 것이었다.

박정희는 비상사태를 선포한 후 이를 합리화하고자 공화당의 구태회 의원 외 110명의 소속의원 이름으로 "국가안보에 효율적으로 대처하고 사회의 안녕질서의 유지를 목적"으로 한다는 명분으로 국회에 제안하여 12월 27일 변칙처리한 '국가보위법'의 주요 내용은 다음과 같다. ① 대통령은 국가비상사태를 선포할 수 있으며 ② 경제규제를 명령하고 국가동원령을 선포하며 ③ 옥외집회나 시위를 규제하고 ④ 언론·출판에 대한 특별조치를 취하며 ⑤ 특정한 근로자의 단체행동권을 제한하며 ⑥ 군사상 목적을 위해 세출예산을 조정할 수 있도록 했다.

이처럼 자유민주체제를 유지하는 국가에서는 상상할 수도 없는 강권체제의 내용을 담고 있었다. 더욱이 중국이 유엔에 가입한 것을 국가위기로 위장하는 등 안보상의 논리비약을 한 것을 비롯하여 시위·집회를 규제하고, 노동3권도 제약을 받게 하였으며, 특히 언론·출판에까지 특별조치를 취할 수 있도록 하는 등 그야말로 군정체제로의 회귀를 의미하는 것이었다.

1970년에 들어 대통령선거와 총선거를 치르는 과정에서 사회분위기는 크게 완화되고 있었다. 5·16군사쿠데타 이래 억눌려 있던 국민의 인권의식이 크게 신장되고 이에 따라 언론도 비교적 자율성을 찾게 되는 등 어느 때보다 사회적 분위기가 활력을 찾고 있었다. 학생들도 공명선거감시단으로 선거에 참가하는가 하면 지식인들도 제 목소리를 내기 시작했다.

이런 과정에서 터진 것이 1971년 여름의 의료파동에서 시작하여 사법파동, 광주대단지사건, 월미도사건, 한진기술자 KAL빌딩사건, 조세저항사건 등이다. 이 가운데 대표적인 사건·사태는 사법파동과 광주대단지·월미도사건이다.

4·27대통령선거 때부터 공명선거를 요구하며 박정희 정권의 비판에 앞장서 온 대학생들은 교련교육 반대라는 새로운 이슈를 내걸고, 5·25총선거를 전후하여 더욱 강력하게 부정부패 척결과 사회개혁을 요구했다. 학생들은 한일굴욕회담 반대투쟁이 절정을 이루었던 6·3사태 이후 가장 치열한 시위를 벌였다.

강력한 야당의 등장과 각종 사태, 여기에다 집권당의 항명파동까지 겹치고 학생들의 대규모 시위가 계속되자 박대통령은 정권의 안위를 걱정하기에 이르렀고, 이에 대처하는 방법으로 1971년 10월 15일 서울에 위수령을 발동했다.

박대통령의 특별지시가 내려지자 양택식 서울특별시장은 즉각 군당국에 병력출동을 요청했다. 이에 따라 군당국은 수도경비사령부와 공수특전단 및 경찰병력을 서울시내의 6개 대학에 진주시켰다. 군이 진주한 대학은 서울대의 문리대와 법대, 고대, 연대, 성대, 경희대, 서강대, 외대 등이었다.

대학에 위수령 발동과 동시에 서울상대, 전남대 등에 무기한의 휴업령을 내리고, 중앙대, 국민대, 건국대, 한신대, 숙대, 이대 등은 자체 휴강에 들어가 서울의 대학가는 거의 문을 닫게 되었다. 각 대학은 문교부의 지시에 따라 23개 대학에서 177명의 학생을 데모주동자로 제적했다.

초헌법상의 비상대권을 대통령에게 부여한 특별조치법은 유신으로 가는 징검다리의 역할을 하였다. 신민당은 1972년 6월 5일부터 4일 동안 국회 본회의장에서 농성을 한 후 "비상사태를 철회하라" "국가보위법은 무효다"라는 플래카드를 들고 국회의사당에서 중앙청 정문까지 가두데모를 벌였다. 시위과정에서 경찰과 충돌하여 14명의 의원이 연행되기도 했다. 특히 김홍일 대표위원은 국회에서 4일간 단식을 하면서 보위법의 철회를 촉구했다.

그러나 국가보위법 날치기와 비상사태 선언은 유신의 전단계 조처였으며 유신은 예정된 수순대로 진행되었다.

38

장기집권에 악용된 7·4 남북공동성명

"실은 평양에 다녀왔습니다."

1974년 7월 4일 오전 10시, 중대 방송이 예고된 가운데 이후락 중앙정보부장의 내외신 기자회견은 온 국민을 흥분의 도가니로 몰아넣었다.

이후락 중앙정보부장은 이날 평양에서도 동시에 발표된 남북공동성명을 발표하면서 자신이 북한을 다녀온 사실을 밝혔다. 이후락은 1972년 5월 2일부터 5월 5일까지 평양을 방문하여 김일성 수상과 회담을 가졌고, 북한의 김영주 조직지도부장과 회담했으며, 김영주 부장을 대신한 박성철 제2부수상이 1972년 5월 29일부터 6월 1일까지 서울을 방문하여 박정희 대통령을 면담하고 이후락 부장과 두 차례의 회담을 가졌다는 사실을 공개했다.

남북공동성명이 발표되기 전에 남북적십자회담이 열렸다. 1971년 8월 12일 대한적십자사 총재 최두선이 제의하고 이틀 후 북한적십자사가 이를 수락함으로써 열리게 된 남북적십자회담은 같은 해 9월 20일 판문점에서 개최된 제1차 예비회담에서는 상설회담연락사무소 설치와 직통전화 가설 등에 합의함으로써 남북간의 철벽 같은 대치상태에 물꼬를 트게 되었다.

불과 1년여 전 야당의 김대중 대통령후보가 4대국 전쟁억제보장론, 남북간의 긴장완화, 기자 · 체육인 교류, 서신교환 등을 선거공약으로 제시하자, 이를 좌익용공으로 몰아부쳤던 박정희 정권이었다. 그리고 중국의 유엔가입 등을 이유로 국가비상사태를 선포한 정부가 국민과 국회에는 한마디 상의도 없이 중앙정보부장이 방북하여 김일성과 만나고 박성철 제2부수상이 서울을 방문하여 박정희와 면담했다는 발표는 충격과 아울러 정치적 의혹을 불러일으키기에 충분했다.

비국교 나라나 심지어 전쟁상태의 국가 간에도 비밀외교나 비밀접촉은 상례이지만, '반공국시'를 내걸고 쿠데타를 하고, 이후 정치의 모든 영역을 '반공'에 두었던 박정희의 행태로서는 쉽게 납득이 가지 않는 밀사 파견이고 7 · 4남북공동성명이었다.

남북 양측은 상호방문을 통한 회담에서, "쌍방은 남북 간의 오해와 불신을 풀고 긴장의 고조를 완화시키며 조국평화통일을 촉진하기 위해" 다음과 같은 합의내용을 발표했다.

1. 통일원칙으로서 ① 외세의존과 간섭을 배제한 자주적 해결 ②무력 행사가 아닌 평화적 방법으로 실현 ③사상과 이념 · 제도의 차이를 초월한 민족적 대동단결 도모 등에 합의했다.
2. 상대방을 중상 비방하지 않고 무력도발과 군사적 충돌을 방지하기 위한 적극적 조치를 취하기로 합의했다.
3. 남북 사이에 다방면적 제반 교류를 실시하기로 합의했다.
4. 남북적십자회담의 성사를 위해 적극 협조하기로 합의했다.
5. 군사사고 방지와 남북간 문제를 처리하기 위해 서울과 평양 사이에 상설 직통전화 가설에 합의했다.
6. 이후락 부장과 김영주 부장을 공동위원장으로 하는 남북조절위원회를 구성 운영하기로 합의했다.
7. 이 합의사항의 성실한 이행을 민족 앞에 약속한다.

이후락 부장은 남북공동선언을 발표하면서 기자들과의 회견에서 다음과 같이 밝혔다.

① 유엔은 외세가 아니므로 유엔감시하의 남북총선을 배제하는 것은 아니며 ②전쟁을 방지하는 데 의도가 있으므로 법적 제도면에서 바꿀 것은 바꾸고 보완할 것은 보완해서 새 시대에 알맞게 갖춰 나가야 할 것이며 ③과거의 반목으로 일관된 남북대결은 대화의 대결로 전환된만큼 과거 체제의 보완 및 법적 뒷받침이 필요할 것이며 ④ 새로 설치될 조절위에서 남북적십자회담을 지원할 것이며 ⑤ 상호교류에는 인적 · 물적 · 통신은 물론, 사회적 · 정치적 교류가 포

함된다고 밝히고, 군사정전위의 역할이 휴전협정 문제에 국한되지만 여기서는 군사적, 정치적 문제뿐만 아니라 전쟁방지를 위한 모든 방법이 거론될 것이라고 천명했다.

남북한은 1972년 11월 30일 7·4남북공동성명의 규정에 따라 남북한 쌍방 간의 합의사항을 추진하고, 남북한 간에 발생하는 제반 문제들을 개선·해결하며, 조국의 통일문제를 협의·해결할 목적으로 '남북조절위원회'를 설치했다. 이것은 〈남북조절위원회 구성 및 운영에 관한 합의서〉에 양측이 합의하여 정식으로 발족되었다.

1972년 10월 12일 판문점에서 제1차 남북조절위원장 회의가 열렸다. 서울 측에서 이후락 중정부장과 김치열 차장, 정홍진 협의조정 국장이, 평양 측에서 김성철 제2부수상과 유장식 노동당 조직지도부 부부장, 김덕현 노동당 책임지도위원이 대표로 참석했다. 이날 회담은 7·4공동성명의 정신을 재확인하고 상호불신을 해소하는 문제가 논의됐으며, 제2차 회의는 평양, 제3차 회의는 서울에서 열기로 합의했다.

남북조절위원회는 제1차 회의를 시발로 구체적인 활동을 위한 토의에 들어갔다. 서울 측은 남북조절위원회 운영세칙 및 감사위원회 운영세칙, 공동사무국 설치규정 등을 조속히 제정할 것을 제의하고 경제, 사회, 문화 등의 분과위원회를 우선 설치하며, 체육·학술·통신 등 실현가능한 분야부터 교류를 시작하여 점차 확대해 갈 것을 제의했으나, 평양 측은 쌍방 군비축소, 주한미군 철수, 군비경쟁 지양, 무기 및 군수물자 반입중지, 평화협정체결 등 5개 항목과 남북정당사회단체연석회의의 개최를 제안하는 등 양측의 주장이 팽팽히 맞선 끝에 합의점을 찾지 못한 채 1973년 6월의 제3차 회의를 끝으로 조절위원회 본회담은 교착상태에 빠졌다. 그러던 중 평양 측이 한국정부의 6·23선언과 김대중 납치사건을 이유로 들어 남북대화의 중단을 선언했다.

7·4남북공동성명과 남북조절위원회는 결국 남북이 국민들 몰래 정부 당국자들 간의 밀담을 통해 통일문제를 처리하려 한 한계성과, 자신들의 권력기반 강화에 이를 이용하고 폐기시켜서 남북 간의 불신과 대치를 더욱 심화시킨 계기가 되었다.

7·4남북공동성명은 진정어린 통일의 방법이 아닌 권력연장을 위한 수단으로 악용되었다. 이후의 사태는 박정희는 유신체제로, 김일성은 유일체제로 달리는 고빗길이었다.

39

‘국왕’을 꿈꾼 유신쿠데타

박정희 대통령은 1972년 10월 17일 군대를 동원하여 헌법기능을 마비시키고 반대파의 정치활동을 전면봉쇄하는 사실상의 친위쿠데타를 감행했다.

박정희는 5·16쿠데타를 일으킨 지 11년, 3선연임 금지의 헌법을 고친 지 3년, 4·27대통령선거로 8대 대통령에 취임한 지 1년 반 만에 또다시 쿠데타로 헌정을 짓밟고, 독재권력을 강화했다. 이로부터 1979년 10월 26일 암살당할 때까지 7년 동안을 1인 군주처럼 군림하면서 전횡을 일삼았다. 그 중에는 “다양한 직업여성 100여 명을 보유”한 중앙정보부가 주선한 엽색행각도 들어 있었다.

박대통령은 이날 저녁 7시를 기해 전국에 비상계엄령을 선포하고 국회해산, 정당 및 정치활동 중지, 비상국무회의 설치 등의 비상조치를 단행했다. 박 대통령이 발표한 4개항의 비상조치 내용은 다음과 같다.

① 72년 10월 17일 하오 7시를 기해 국회를 해산하고 정당 및 정치활동의 중지 등 현행헌법의 일부 조항 효력을 정지시킨다.
② 일부 효력이 정지된 헌법조항의 기능은 비상국무회의에 의해 수행되며 비상국무회의의 기능은 현행헌법 하의 국무회의가 수행한다.
③ 비상국무회의는 72년 10월 27일까지 조국의 평화통일을 지향하는 헌법개정안을 공고하며 이를 공고한 날로부터 1개월 내에 국민투표에 부쳐 확정한다.
④ 헌법개정안이 확정되면 헌법절차에 따라 늦어도 금년 연말 이전에 헌정질서를 정상화한다.

박 대통령은 〈대통령특별선언〉을 발표, 비상조치의 발동에 대해 설명하면서 "열강의 세력균형의 변화와 남북한 간의 사태진전에 따른 평화통일과 남북대화를 추진할 주체가 필요한데, 현행법령과 체제는 냉전시대의 산물로서 오늘날의 상황에 적응할 수 없으며, 대의기구는 파쟁과 정략의 희생이 되어 통일과 남북대화를 뒷받침할 수 없으므로 부득이 비상조치로써 체제개혁을 단행한다."고 주장했다.

전국에 비상계엄을 선포한 박정희는 노재현 육군참모총장을 계엄사령관으로 임명하고, 포고령 제1호로서 ① 각 대학의 휴교조치

② 정치집회 금지 ③ 언론·출판·보도·방송의 사전검열 등의 조치를 취했다.

계엄당국은 신민당 의원 김상현, 이세규, 최형우, 강근호, 이종남, 조윤형, 김한수, 조연하 등을 구속하고, 이들에게 가혹한 고문을 자행하는 등 공포분위기 속에서 체제정비에 나섰다.

1972년 10월 27일 비상국무회의에서 헌법개정안이 의결, 공고되고 한 달간의 공고기간 동안 정부는 계몽활동을 벌였고, 11월 21일 국민투표에 회부했다. 반대운동이 금지된 일방적인 개헌안의 국민투표는 1,441만 714명이 투표하여 91.5%에 이르는 찬성을 얻어 통과되었다.

확정된 '유신헌법'은 임기 6년의 대통령을 통일주체국민회의에서 간선으로 선출토록 하고, 국회의원 3분의 1도 여기서 뽑기로 하는 등 '국체의 변혁'에 가까울 정도로 비민주적인 내용을 담고 있다.

박정희는 평화통일을 실현하기 위한 강력한 통치체제의 구축이라는 명문을 내세워 전제적 1인체제를 구축할 목적으로, 이를 제도적으로 뒷받침할 '유신헌법'을 만든 것이다.

'유신헌법'의 주요 내용을 살펴보면 △ 대통령선거제도를 국민직선제에서 통일주체국민회의 대의원에 의한 간선제로 바꾸고 △ 대통령에게 긴급조치권·국회해산권 등 초헌법적 권한을 부여하며 △ 대통령이 정수의 3분의 1에 해당하는 국회의원 및 법관의 임면권을 갖고 △ 국회의원 선거제도를 소선구제에서 2인선출구제로 바꿔 여야의원이 동반 당선되도록 만들었다. 야당의 의석수에 제한을 가하고, 국회의 비판기능을 전면 마비시키는 등, 대통령 1인에게 모든 권력을 집중시키고 입법부와 사법부를 정권의 시녀로 전락시킨 반민주적인 악법이었다.

'10월 유신'은 한마디로 영구집권을 위한 친위 쿠데타로서, 박정희는 이미 10·27 보위법 파동과 7·4남북공동성명 등 내외적인 여건을 조성한 다음 야당의 분열을 계기삼아 또 다시 헌정을 유린한 것이다.

당시 신민당은 양분상태에서 치열한 당권투쟁을 벌이고 있었다. 1971년의 진산파동으로 신민당의 당권을 장악한 김홍일은 1972년의 전당대회를 맞아 유진산의 롤백작전에 직면하자 김대중 계의 지원을 받아 유진산 사단과 대결을 시도하다가 정면충돌을 빚어 신민당은 마침내 분당사태를 맞게 되었다.

유진산 사단과 김홍일 사단으로 갈라진 신민당의 전당대회는 1972년 9월 26일과 27일 각각 시민회관과 효창동 김홍일 자택에서 별도의 대회를 열어 분당사태를 빚고 만 것이다. 시민회관대회에는 유진산, 고흥문, 김영삼, 이철승, 정해영, 신도환 등 이른바 진산사단의 범주류가 참석하여 합법성을 주장하고, 효창동대회에서는 김홍일, 김대중, 양일동 계가 참석하여 시민회관대회의 무효를 선언했다.

두 대회가 개최된 후 김홍일 측이 유진산을 상대로 당대표직무정지 가처분신청을 제기하여 법통시비가 일어난 가운데, 국회는 8·3 재정조치 이후 문제가 된 '동결사채'의 진상을 파악하기 위해 국정감사의 활동을 벌이다가 10월 유신으로 국회해산과 정치활동의 중지라는 날벼락을 맞게 되었다.

박정희는 이 같은 야당의 분열상태를 적극적으로 활용하면서 12월 23일 통일주체국민회의의 대통령 선거에 단독출마, 제8대 대통령에 당선됨으로써 유신체제를 출범시켰다. 박정희가 무력을 동원한 비상수단으로 체제개편을 단행하게 된 것은 3선개헌에 이어 또다시 개헌을 단행하기란 현실적으로 어려웠고, 1971년의 대통령 선거에서 예상 밖으로 고전한 데다 야당에 의한 국회의 비판기능의 활성화로 인해 정상적인 방법으로는 재집권이 불가능하다는 것을 인식했기 때문이었다.

박정희 정권은 유신쿠데타를 감행하기 전에 두 차례나 북한 측에 '사전통보'한 것으로 후일 드러났다. 주한미국 대사관이 국무부에 보낸 1972년 10월 31일자 비밀문건(2급 - Secret)에 따르면, 이후락 당시 중정부장은 10월 12일 박성철 북한 부수상을 만나서 "남북 대화를 지속적이고 성공적으로 지속하기 위해서는 정치시스템을 바꾸는 게 필요하다고 우리 정부는 생각한다."고 밝혔다.

또 이 비밀문건은 "남북조절위원회 남측 실무대표인 정홍진이 계엄선포 하루 전인 10월 16일 북쪽 실무대표인 김덕현을 판문점에서 만나 명시적이고 구체적인 내용을 통보했다."고 적었다.

지난 2009년에 공개된 동독과 루마니아, 불가리아의 북한 관련 외교문서에는 이후락이 남북조절위원회 북측 대표인 김영주에게 "박 대통령은 17일 북한이 주의해서 들어야 할 중요한 선언을 발표할 것"(10월 16일) 이라는 내용의 메시지를 보낸 것으로 적혀 있다.

우연인지 '짜고 친 고스톱' 인지, 박정희의 유신헌법과 김일성을 유일체제로 하는 북한의 사회주의 헌법은 1972년 12월 27일 같은 날 제정되었다.

40

수중고혼이 될 뻔한 김대중 납치

독재자들의 공통점 하나는 정치적 라이벌을 제거한다는 것이다. 러시아 혁명에 성공한 레닌은 트로츠키를 암살하고, 중국혁명에 성공한 모택동은 임표를 제거했다. 이승만은 김구와 조봉암을 암살 또는 사법살인하고, 김일성은 박헌영 등을 제거했다. 그런가 하면 박정희는 김대중과 장준하를 살해 또는 제거하고자 했다.

김대중 전 신민당 대통령후보는 박정희 대통령이 이른바 10월유신을 선포하고 영구 독재통치를 시작하던 1972년 10월 17일 당시 일본에 체류 중이었다. 그는 해외에 머물면서 유신통치를 반대하는 투쟁을 벌였다. 주로 미국에 머무르며 반정부 활동을 전개한 그는 일본 안의 유신반대투쟁을 지원하기 위해 1973년 7월 10일 일본을 방문하여 도쿄에 머무르게 되었다.

김대중은 1973년 8월 8일 오후 1시가 조금 지난 시각에 당시 통일당 총재이던 양일동이 묵고 있던 호텔 그랜드 팔레스 2212호실에서 양일동과 당시 통일당 국회의원 김경인을 만난 뒤 거처로 돌아가기 위해 김경인과 함께 방문을 나왔다. 그 순간 바로 옆 2210호실 및 건너편 2215호실에서 5명의 괴한이 뛰어나와 그중 3명은 김대중을 2210호실로 끌고 들어갔고 나머지 2명은 김경인을 양일동이 있던 2212호실로 끌고 들어갔다.

김대중을 덮친 괴한 중 1명이 마취약에 적신 손수건으로 김대중의 코를 틀어막으며 2210호실로 끌고 들어갔고 괴한들은 그의 목을 짓누르며 두 손을 뒤로 꺾어 로프로 묶으면서 유창한 한국말로 "조용히 하지 않으면 죽여버리겠다."고 위협했다. 괴한들은 그를 끌고 나와 엘리베이터에 태우고 호텔 지하실로 내려갔다.

괴한들이 떠난 뒤 2210호실에는 대형 배낭 2개, 숄더백 1개, 10여 m 길이의 나일론 끈, 휴지, 녹슬어 쓸 수 없는 실탄 7발이 들어 있는 권총 탄창 1개, 묽은 농도의 마취제가 들어 있는 약병, 북한제 담배 '백두산' 2개피가 들어 있는 담배갑 등이 놓여 있었다. 일본경찰은 이곳에서 범인이 남긴 지문을 채취했고 그것이 주일 한국대사관 1등 서기관 김동운의 것임을 밝혀냈다.

김대중을 납치한 괴한들은 호텔 지하주차장을 통해 승용차편으로 어디론가 달아나기 시작했다. 이 차는 요코하마 주재 한국총영사관의 부영사 유영목의 것이었고, 당시 승용차 조수석에는 김동운이 타고 있었다.

납치범들은 오사카나 코베 근처로 추정되는 안가에서 김대중을 작업복으로 갈아입히고 얼굴을 포장용 테이프로 감은 다음 다시 차에 태워 1시간 가량 달려 바닷가에 이르렀다. 여기서 모터 보트에 태워 30~40분쯤 항해한 뒤 정박해 있던 대형 선박에 옮겨싣고 그곳에 있던 사람들에게 인계했다. 그 배는 중앙정보부의 공작선인 536톤짜리 용금호였다. 용금호는 그해 7월 29일 입항하여 그곳 외항에 정박해 있었다.

김대중을 넘겨받은 용금호에 있던 자들은 급히 출항한 뒤 김대중을 배밑 쪽 선실로 끌고가서 몸을 새롭게 묶기 시작했다. 손발을 꼼짝 못하게 묶고 눈에는 테이프를 여러 겹 붙인 다음 그 위에 다시 붕대를 감았다. 그리고 오른손목과 왼발목에 각각 수십 킬로그램이 되는 돌을 달았다. 마지막으로 등에 판자를 대고 몸과 함께 묶었다. 그들은 "던질 때 풀어지지 않도록 단단히 묶어", "이불을 씌워 던지면 떠오르지 않는다."는 등의 말을 주고받았다.

얼마 후 김대중은 눈이 번쩍하는 불빛을 느낌과 동시에 굉음을 들었다. 그 순간 선실에 있던 자들은 "비행기다!" 하면서 뛰쳐나갔고 배는 매우 빠르게 달리기 시작했다. 비행기의 폭음소리도 되풀이 되었다. 이런 상태가 30분 이상 계속되었다.

이런 과정을 거쳐 김대중은 어느 항구에 도착하여 앰뷸런스에 태워지고 수면제에 의해 잠이 들었다. 잠을 깬 순간 그는 2층 양옥에 있었다. 다시 어두워진 다음, 승용차에 태워져 서울 동교동 자택 근처에 내려졌다. 납치된 지 129시간 만인 8월 13일 저녁 10시 30분경 그는 집으로 돌아왔다.

나중에 김대중의 증언에 따르면, 김대중이 해외에서 유신체제를 계속 비판하면서 1973년 7월 6일 재미교포들의 반정부단체인 한국민주회복통일촉진회의(약칭 한민통)를 결성, 초대 명예회장이 되고 일본에서도 8월 13일 도쿄 한민통의 결성을 준비하자 박정희 대통령이 그의 납치 살해를 중앙정보부에 지시했다는 것이다.

납치사건이 발생하자 박 정권은 처음부터 끝까지 한국 정부의 개입설을 완강히 부인했다. 일본경시청이 사건현장에서 범인 김동운의 지문을 채취하는 등 움직일 수 없는 증거를 포착하고 사건관련자의 출두를 한국 정부에 요구해도, 이를 완강히 거부했다. 이에 따라 일본 내에서는 '국권침해'에 대한 비난여론이 대두했고, 그에 따라 한일정기각료회의 연기, 대륙붕 석유탐사를 위한 한일교섭 취소, 경제협력 중단 등 오랫동안 밀월관계를 유지해오던 한일관계가 냉각상태에 빠져 들었다.

이후 미국의 배후 영향력 행사와 한일 간의 막후절충을 통해 관계정상화가 시도되어 △ 김동운 1등 서기관의 해임 △ 김대중의 해외체류 중 언동에 대한 면책 △김종필 총리의 진사방일 등에 합의, 사건 발생 86일 만에 이 사건은 정치적으로 결말지어졌다. 이로써 무기연기되었던 한일각료회의가 다시 열리고 중단된 차관사업도 재개되었으나, △ 주권침해 △ 중앙정보부 관련설 △ 범인출두 △ 김대중의 원상회복 문제 등은 사건진상과 더불어 영구미제로 남겨지게 되었다.

사건 후 박 대통령은 미국의 칼럼니스트 잭 앤더슨에게 "나는 하느님에게 맹세코 납치사건과 관계가 없다. 사건은 아마 중앙정보부의 소행일 것"이라고 말했다. 그러나 사건 당시의 중앙정보부장 이후락은 훗날 "1973년 봄 박정희가 나를 불러 김대중을 죽이라고 지시했다. 나는 곤혹스러운 나머지 실행을 미루고 있었는데 박정희는 김종필과도 이야기되었다면서 다시 명령을 내렸다. 김대중을 납치한 것도 나지만 살려준 것도 나다."라고 밝혀, 어느 정도 진실인지는 알 수 없지만 이 사건은 본질이 사악한 권력자의 정적제거 음모임을 털어놨다.

미국 정부와 의회가 인정한 〈프레이저 보고서〉 김대중 납치사건 관련자는 다음과 같다.

납치·살해 음모 지휘자들

중앙정보부장 - 이후락
중앙정보부 차장 - 김치열
중앙정보부 차장보 - 이철희
주일 한국대사관 공사(납치행위 제1 책임자) - 김기완

실행 그룹

단장(중정에서 파견) - 윤진원(해병대령)

주일 한국대사관 참사관 - 윤영로

주일 한국대사관 1등 서기관 - 김동운

주일 요코하마 영사관 영사 - 유영복

주일 한국대사관 참사관 - 홍성채

비밀 공작원 - 윤춘국

주일 한국대사관 서기관 - 백철현

김대중은 후일 대통령에 당선되어 박정희기념관을 짓도록 지원하고, 박정희의 딸 박근혜는 대통령 후보가 되어 퇴임한 김대중을 찾아 '아버지의 박해'에 대해 사과하였다.

41

대학에서 시작된 반유신 횃불과 100만인 서명운동

유신쿠데타가 발생한 지 1년 만인 1973년 10월 2일 서울문리대생 250여 명은 교내 4·19기념탑 앞에 모여 비상총회를 열고 자유민주체제 확립을 요구하는 선언문을 낭독한 후 시위를 벌였다. '김대중 납치사건'을 계기로 유신선포 이후 최초로 학생들이 '유신체제 비판불용'이라는 금기를 깨고 시위에 나선 것이다.

이 날 학생들은 △ 정보·파쇼통치 즉각 중지와 자유민주체제 확립 △ 대일경제예속관계 즉각 중지 및 민족자립경제 확립, 국민생존권 보장 △ 중앙정보부 즉각 해체와 김대중 납치사건 진상규명 △ 기성 정치인과 언론인의 각성 촉구 등 4개항을 결의하고, 2시간여 동안 구호를 외치며 시위를 벌였다.

유신체제 출범 이후 패배주의와 냉소주의에 빠져 있던 학생운동권 및 재야운동권을 일깨운 이 날의 시위는 전국 대학의 유신철폐 시위, 재야인사들의 시국선언문 발표, 신문사와 방송국 기자들의 자유언론실천선언으로 이어지는 반독재투쟁의 기폭제가 되었다.

서울문리대에서 점화된 학생시위는 11월 말에서 12월 초에 걸쳐 전국으로 확산되면서 일부 대학에서는 가두 진출로 격화되었고, 투석전과 최루탄의 공방이 계속되는 가운데 고등학교까지 확대되었다. 정부가 시위 주동학생들을 대거 구속, 제적하면서 이들의 석방과 학원의 자유가 새로운 이슈가 되고, 정치적으로는 정보 파쇼통치와 유신철폐가 여전히 핵심 이슈였다.

학생들의 시위에 각성한 기자들은 언론자유 수호 선언투쟁에 나서고, 노동자들은 노조 결성의 자유와 임금현실화를 요구하며 파업을 벌였다.

서울대 법대에 재직 중이던 최종길 교수가 10월 16일 중앙정보부에 출두했다가 간첩혐의로 구속되어 7층 심문실에서 창밖으로 투신자살했다고 발표되면서 '김대중 납치사건'과 함께 '유신독재의 마각'을 드러내는 상징적인 의혹사건이 벌어지자, 대학과 재야인사들의 진상규명 운동이 전개되었다. 천주교 정의구현사제단은 이듬해 추모미사에서 공개적으로 이 사건을 권력의 개입에 의한 살해라고 주장하였다.

같은 해 12월 24일에는 함석헌, 장준하, 천관우, 계훈제, 백기완 등 각계의 민주인사들이 서울YMCA에서 '개헌청원운동본부'를 발족하고 유신헌법 철폐를 위한 개헌청원운동을 본격적으로 전개하였다. 개헌청원운동은 불과 10일 만에 30여만 명의 서명을 받는 등 놀라운 속도로 번져나갔다.

이에 당황한 박정희 대통령은 12월 29일 김성진 청와대 대변인을 통해 발표한 담화에서 "최근 일부 지각없는 인사들 중에 유신체제를 뒤집어엎고 사회혼란을 조성하려는 불순한 움직임이 있다."면서 개헌서명을 즉각 중지할 것을 요구했다.

박 대통령의 반 협박적인 담화에도 불구하고 개헌서명 운동은 날로 확산되어 갔다. 개헌청원운동 본부의 장준하 대변인은 박 대통령의 담화에 대한 성명을 발표하고 "개헌청원운동은 정부 당국자가 주장하는 바 우리 백성들이 정부당국과 대화를 하는 최선의 방법으로 채택한 것"이라 전제하면서 "당국은 이 합리적이며 합법적이고 평화적인 운동을 막는 우를 범하지 말라."면서 청원운동을 계속하겠다고 맞섰다.

전국 주요대학이 반유신 시위에 나선 가운데 11월 15일 단식농성을 하던 한국신학대 학생 90여 명은 삭발농성에 들어갔으며, 한국기자협회는 11월 29일 언론의 책임을 다하기 위해 객관적 사실을 충실히 보도하기로 결의했다. 기협회장단과 한국신문편집인협회도 각각 결의문을 채택하고 "민주언론의 창달을 위해 71년 5월에 채택한 언론자유수호 행동강령을 준수할 것과, 최근 일선기자들이 각 사 단위로 혹은 기자협회를 통해 밝힌 언론자유수호를 위한 결의는 당연하고 순수한 것이므로 이의 뒷받침"을 다짐했다.

12월 13, 14 양일 간에는 전국대학 총학장회의도 결의문을 통해

"우리 총학장 일동은 교수 전원의 협조를 얻어 자율을 바탕으로 학원의 정상화, 면학분위기의 조성이 조속한 시일 내에 이룩되도록 총력을 기울인다."고 밝혔다.

특히 함석헌, 김재준, 천관우, 이병린 등 '민주수호국민협의회' 대표와 윤보선, 김수환, 유진오, 백낙준, 이희승, 이인, 한경직, 김관석, 이정규 등 원로들은 12월 13일 서울YMCA회의실에 모여 시국간담회를 갖고 "현재의 시국은 민주주의체제를 근본부터 또 제도적으로 회복하여 국민의 자유를 소생시키지 않으면 민족적 위기를 초래할 위험이 있다고 보아 이에 대한 대통령의 조처를 기대한다."면서, 정상적인 민주주의 체제로의 회복은 적어도 ① 국민의 기본권을 철저히 보장할 것 ② 3권분립체제를 재확립할 것 ③ 선거에 의한 평화적 정권교체의 길을 열 것 등이 포함되어야 한다고 주장했다.

1974년 1월 7일에는 공화당의 초대 총재와 당의장을 지낸 정구영과 전 사무총장 예춘호가 공화당을 탈당했다. 정구영은 이날 성명을 통해 "나는 진정한 자유민주주의를 구현코자 민주공화당의 창당에 참여하여 초대 총재가 되었으나, 오늘의 사태는 당원으로서 소신을 밝힐 수 있는 최소한의 자유마저 잃은 채 조국의 안위는 백척간두에 서 있다 하여도 과언이 아니므로 오랜 자책 끝에 드디어 당과 결별하기로 작정했다."고 밝히고 개헌서명운동에 참여했다.

같은 날 이희승, 이헌구, 김광섭, 박두진 등 문학인 61명은 ① 헌법개정을 청원하는 것은 국민의 당연한 권리이며 ② 우리는 이 권리를 결코 포기하지 않는다. ③ 국민의 기본적 인권이 제도적으로 보장되어야 하며 ④ 빈부격차가 해소되고 물량위주 대외 의존적 근대화정책이 근본적으로 시정되어야 한다는 등 4개항의 결의문에 서명하고 이를 발표했다.

이들은 "민족의 존망 자체가 위태로운 이 어려운 시기를 맞아 문학인들이 더 이상 침묵할 수 없다."고 밝히고, "국민의 편에 서서 용기와 신념을 갖고 민주주의와 사회정의의 성취를 위해 싸우는 모든 양심적인 지식인들과 더불어 어떠한 가시밭길도 헤쳐나갈 것을 선언한다."고 다짐했다. 이때 서명한 문인들의 명단은 다음과 같다.

이희승 · 이헌구 · 김광섭 · 김정한 · 오영수 · 박두진 · 강용준 · 강태열 · 고은 · 구중서 · 김광협 · 김국태 · 김문수 · 김병걸 · 김병익 · 김승옥 · 김용성 · 김원일 · 김충식 · 김종해 · 김창범 · 남정현 · 박경석 · 박봉우 · 박용숙 · 박태순 · 방영웅 · 백승철 · 신경림 · 신기선 · 신동문 · 신동한 · 신상웅 · 양문길 · 염무웅 · 오인문 · 오상원 · 유현종 · 윤정규 · 이문구 · 이성부 · 이시영 · 이제하 · 인태성 · 임헌영 · 장용학 · 정현종 · 조선작 · 조태일 · 조해일 · 최 민 · 황명걸 · 안수길 · 김지하 · 박연희 · 백낙청 · 송영 · 이호철 · 천승세 · 한남철 · 황석영 등(이상 61명).

42

5년 11개월의 '긴급조치시대'

1974년 새해가 밝으면서 유신헌법 철폐와 민주회복을 요구하는 국민의 목소리는 더욱 거세게 확산되었다. 심지어 박정희 정권과 정치적 유착설이 돌던 유진산의 신민당까지 1월 8일 개헌을 요구하기에 이르렀다.

이렇게 되자 정부는 개헌청원 서명운동을 저지하는 강압책을 들고나왔다. 1월 8일 긴급조치 1, 2호를 선포하여 유신헌법을 반대 부정 비방하거나 개헌을 주장하는 일체의 행위를 금지하고, 위반자는 영장 없이 체포하고 군법회의에서 15년 이하의 징역에 처하며(1호), 이에 따른 비상군재를 설치한다(2호)고 선포했다.

긴급조치는 원래 천재지변 또는 중대한 재정, 경제상의 위기에 처하거나 국가의 안전보장 또는 공공의 안녕질서가 중대한 위협을 받거나 받을 우려가 있어 신속한 조치를 취할 필요가 있다고 판단되는 경우에 대통령이 내정, 외교, 국방, 경제, 재정, 사법 등 국정 전반에 걸쳐서 내리는 특별한 조치다. 그러나 유신헌법 제53조에 규정된 대통령 긴급조치권은 단순한 행정명령 하나만으로 국민의 자유와 권리에 대해 무제한의 제약을 가할 수 있는 초헌법적 권한으로서 사실상 반유신세력에 대한 탄압도구로 악용되었다.

1974년 1월 8일 제1, 2호가 처음 발동된 이래 1975년 5월 13일 제9호에까지 이른 대통령 긴급조치는 박정희 암살로 1979년 12월 8일 9호가 해제되기까지 만 5년 11개월 동안 이른바 '긴급조치 시대'가 계속되었다. 국민의 기본권을 제약하고 반대세력을 탄압하는 그야말로 권력의 광기가 절정에 오른 암흑의 시대였다. 대통령의 행정명령이 3권 위에 군림하게 되고, 권력분립과 의회민주주의는 형해화되었다

긴급조치 1호는 헌법개정 관련 외에도 △유언비어의 날조 · 유포 금지 △금지행위의 선동 · 선전 및 방송 · 보도 · 출판 등 전파행위 금지 △이 조치의 위반자 및 비방자는 영장 없이 체포 · 구속 · 압수 수색하며 비상군법회의에서 15년 이하의 징역과 15년 이하의 자격정지에 처하도록 했다.

이에 따라 1월 15일 비상보통군재 검찰부는 전 《사상계》 사장 장준하와 백범사상연구소 대표 백기완을 긴급조치 위반혐의로 첫 구속하고, 21일 도시산업선교회 김경락 목사 등 종교인 11명을 같은 혐의로 구속하는 등 종교인과 학생들을 다수 구속하였다. 정부는

이어 4월 3일 민청학련 사건을 기화로 학생들의 반독재 투쟁에 족쇄를 채우기 위해 긴급조치 4호를 선포했다.

이 조치는 △ 전국민주청년학생총동맹(민청학련)과 관련되는 제단체를 조직하거나 이에 가입 또는 회합·통신·편의제공 등으로 구성원의 활동에 직간접으로 관여하는 일체의 행위 금지 △민청학련 및 관련단체의 활동에 관한 문서·도서·음반·기타 표현물을 출판·제작·소지·배포·전시·판매하는 일체의 행위 금지 △정당한 이유 없이 출석·수업·시험을 거부하거나 학교관계자 지도·감독하의 정상적 수업과 연구활동을 제외한 학내외 집회·시위·성토·농성 기타 일체의 개별적 집단행위 금지 △이 조치를 위반하거나 비방한 자에 대해서는 5년 이상의 유기징역에서 최고 사형까지 처할 수 있고, 위반자가 소속된 학교는 폐교처분할 수 있도록 되었다.

이 조치로 내무부 치안국은 민청학련 관련자 자진신고 기간에 자수하지 않은 서울대생 이철, 서울대 졸업생 유인태, 강구철 등을 현상수배하고, 비상보통군재는 7월 16일 민청학련 배후지원 혐의로 윤보선, 박형규, 김동길, 김찬국 등을 내란선동 및 긴급조치 위반혐의로 첫 공판을 여는 등 초강경의 탄압정책을 계속했다.

박정희 정권은 긴급조치라는 폭력적인 조치를 단행하면서 국민을 현혹시키고자 이번에도 어김없이 '용공카드'를 꺼내 들었다. 이른바 '문인간첩단사건'이다. 2월 25일 서울지검 공안부 정명래 부장검사는 서울을 거점으로 한 문인간첩단을 1월 26일 적발했으며 이호철, 임헌영, 김우종, 정을병, 장병화 등 5명의 문인을 반공법 위반 및 간첩 혐의로 구속하고, 언론인 천관우 등에 대해 계속 조사중이라고 발표했다.

긴급조치가 발효되어 어느 정도 효과를 보고 있던 10월 31일 서울형사지법 항소3부는 선고공판에서 이호철, 임헌영, 김우종, 장병화에게 각각 징역 1년에서 1년 6개월에 집행유예를 선고하고 모두 석방했다. 훗날 이 사건은 재심에서 모두 무죄가 선고되었다.

박정희 정부는 거듭되는 긴급조치에도 국민의 반유신 저항운동이 거세게 확산되자 1975년 5월 13일 긴급조치 제9호를 선포했다.

서울농대생 김상진 군의 할복자살을 계기로 유신헌법 철폐와 정권퇴진을 요구하는 민주화운동이 거세게 일어나자 이를 탄압하기 위해 더욱 강력한 긴급조치 9호를 선포한 것이다.

그 내용은 △유언비어의 날조·유포 및 사실의 왜곡·전파행위 금지 △집회·시위 또는 신문·방송 기타 통신에 의해 헌법을 부정하거나 폐지를 청원·선포하는 행위 금지 △수업·연구 또는 사전에 허가받은 것을 제외한 일체의 집회·시위·정치관여 행위 금지 △이 조치에 대한 비방행위 금지 △금지위반 내용을 방송·보도 기타의 방법으로 전파하거나 그 내용의 표현물을 제작·소지하는 행위 금지 △주무장관에게 이 조치의 위반 당사자와 소속학교·단체·사업체 등에 대해 제적·해임·휴교·폐간·면허취소 등의 조치를 취할 수 있는 권한 부여 △이런 명령이나 조치는 사법적 심사의 대상이 되지 않으며 위반자는 영장 없이 체포할 수 있다는 것이다.

긴급조치 9호가 1979년 12월 8일 해제되기까지 5년 11개월 27

일 정확히 1,669일 동안 헌법반대나 개헌에 관한 국민들의 입과 귀는 막혔고 말을 할 수도 들을 수도 없게 봉쇄되었다.

긴급조치 9호시대는 민주주의 암흑기로서 8백여 명의 구속자를 낳아 '전 국토의 감옥화' '전 국민의 죄수화'라는 유행어를 만들어내기도 했다. 긴급조치 9호는 5년 11개월 동안 학생, 교수, 문인, 정치인, 종교인, 시민 등 모두 1,389명이 이 조치로 옥고를 치르고, 9호 관련 판결은 1,289건으로 피해자 수만 974명에 이르렀다.

긴급조치 시대야말로 우리 헌정사상 전두환 5공정권기와 더불어 전무후무한 인권탄압과 독재의 암흑시대라 할 것이다. 긴급조치는 민주정부에서 무효화가 되었고, 피해자들은 대부분 재심에서 사면복권조치가 이루어졌다.

43

날조된 민청학련사건과 인혁당사건

독재자는 위기를 맞게 되면 희생양을 찾는다. 이승만, 박정희, 전두환이 다르지 않았고, 그 아류들도 유사한 행태를 보였다. 집권 13년 차에 이른 박정희에게 1974년은 정치적 위기의 해였다. 계엄령, 위수령에 이어 긴급조치까지 발동하여 무시무시한 형벌과 공포감을 불러일으켰으나 날이 갈수록 약효는 별로였다. 해서 다시 꺼낸 것이 '용공카드'로 국민을 겁박하는 길이었다. 1974년 4월 25일 중앙정보부장 신직수는 어마어마한 공안사건을 발표하여 국민을 공포에 떨게 했다. 이날은 전국민주청년학생총연맹(민청학련) 사건에 대한 대통령 긴급조치 제4호가 선포된 지 3주일이 지난 시점이었다.

신직수 부장의 발표 내용의 요지는 다음과 같다.

민청학련은 공산계 불법단체인 인혁당 재건위조직과 재일조총련계 및 일본 공산당, 국내좌파 혁신계 인사가 복합적으로 작용, 74년 4월 3일을 기해 현정부를 전복하려 한 불순 반정부세력으로, 이들은 북괴의 통일전선형성 공작과 동일한 4단계 혁명을 통해 노동자·농민에 의한 정권수립을 목표로 했으며, 과도적 정치기구로 민족지도부의 결성을 획책했다.

이들이 획책한 이른바 4단계 혁명은, ① 유신체제를 비민주 독재로 단정, 반정부세력을 규합하며 ② 4월 3일을 기해 전국 주요대학이 일제히 봉기하여 중앙청·청와대 등을 점거 파괴하고 ③ 민주연합 정부를 수립하는 것을 내용으로 했다.

민청학련의 배후 주동인물로는, ① 전 인혁당수 도예종과 여정남 등의 불순세력 ② 재일조총련 비밀조직의 곽동의와 곽의 조종을 받은 일본 공산당원 다치카와 하야카와 등 일본인 2명 ③ 기독교학생총연맹 간부진 ④ 이철, 유인태 등 주모급 학생운동자와 유근일 등이다.

1973년 말 절정에 달했던 학원가의 반독재 시위는 긴급조치 제1호의 선포로 잠시 수그러들었다가 이듬해 신학기 시작과 더불어 다시 술렁이기 시작했다. 연초부터 떠돌기 시작한 '3, 4월 위기설'이 나도는 가운데 4월 3일 서울대, 성균관대, 이화여대 등에서 일제히 시위가 일어났다. 서울대 의대생 500여 명은 흰 가운을 입고 시위를 벌이기도 했다. 이 날 데모의 특징은 거의 같은 시간에 각 대학이 동시에 시위를 벌였다는 것과 선언문의 주체가 '전국민주청년학생총연맹'의 명의로 되어 있었다는 점이었다.

학생들의 시위에서 배포한 〈민중·민족·민주선언〉의 유인물이 민청학련 사건의 단초가 되었다. 이 유인물은 ① 부패·특권·족벌의 치부를 위한 경제정책을 시정하고 부정부패, 특권의 원흉을 처단할 것 ② 서민들의 세금을 대폭 감면하고 근로대중의 최저생활을 보장할 것 ③ 노동악법을 철폐하고 노동운동의 자유를 보장할 것 ④ 유신체제를 철폐하고 구속된 애국인사를 석방할 것 ⑤ 모든 정보, 폭압정치의 원천인 중앙정보부를 해체할 것 등의 내용을 담고 있었다.

정부는 이 사건을 기화로 4월 3일 저녁 긴급조치 제4호를 선포했다. 정부는 민청학련사건을 기화로 학생들의 반유신투쟁에 족쇄를 채우고자 이 사건의 관련자들을 비상군법회의에 송치했다. 군법회의에 송치된 사람은 배후조종 혐의로 전 대통령 윤보선, 지학순 주교, 박형규 목사, 김동길·김찬국 교수, 김지하 시인을 비롯, 인혁당 재건관련자 21명, 일본인 2명을 포함한 무려 253명에 이르렀다.

7월 21일 열린 비상군법회의 첫 공판에서 이철, 유인태, 여정남, 김병곤, 나병식, 김지하, 이현배 등 9명에게 사형, 유근일 등 7명에게 무기징역 등 가혹한 형벌이 선고되었다. 이에 앞서 7월 8일 열린 인혁당계에 대한 결심공판에서는 서도원, 도예종, 하재완, 송상진, 이수병, 우홍선, 김용원 등 7명에게 사형을, 김한덕 등 8명에게 무기징역, 나머지 6명에게 징역 20년이 각각 구형되었다. 민청학련 사건 관련자에 대한 군법회의 재판은 1974년 6월 15일부터 10월 11

일까지 119일간 계속되었다. 1974년 한여름 내내 긴급조치 피의자들을 다루는 군법회의 공판정은 연일 사형, 무기징역, 20년, 15년 등 유례 없는 중형을 선고하여 내외에 큰 충격을 주었다.

이로 인해 구속자 석방을 요구하는 집회 및 시위가 학계 및 종교계를 중심으로 광범위하게 번져가고 각계각층의 반독재 민주화투쟁이 격화되는 한편, 외교문제로까지 번져 미국의회에서 대한 군사경제원조의 대폭삭감이 논의되는 등 국제여론도 악화되었다. 이에 당황한 정부는 인혁당 관련자와 반공법 위반자 일부를 제외한 사건 관련자 전원을 석방함으로써 이 사건이 날조된 것임을 스스로 폭로했다. 이 사건으로 종교계, 학계 등 광범위한 세력이 연대의 틀을 마련했으며, 지식인들이 변혁운동의 중심에 서게 되는 계기가 만들어졌다.

1974년 4월 3일 긴급조치 4호가 선포되어 민청학련 사건으로 많은 사람이 구속된 지 3주일 후인 4월 25일 중앙정보부장 신직수에 의해 인혁당사건이 다시 발표되었다. 1차 사건이 있은 지 10년 만에 또 인혁당 이름을 듣게 된 것이다. 혐의사실도 10년 전과 거의 똑같았다. 현 정부를 전복하고 노동자, 농민에 의한 정부를 수립하기 위한 학생데모를 배후조종했다는 것이다. 정부는 민청학련 사건의 배후세력으로 인혁당을 지목하면서 이 사건 관련자 서도원, 도예종, 김용원, 우홍선, 송상건, 여정남, 김한덕, 유진건, 나경일, 전재권 등 23명을 재판에 회부했다.

이들은 비상군법회의 검찰부에 의해 국가보안법, 반공법, 내란예

비음모, 내란선동 등 혐의로 구속, 기소되어 비상보통군법회의. 비상고등군법회의, 대법원확정판결에 이르기까지 3심을 거치는 동안 형량은 거의 변함이 없었다. 특히 도예종, 서도원, 하재완, 이수병, 김용원, 우홍선, 송상건, 여정남 등 8명의 피고인은 처음부터 마지막까지 사형이었다.

인혁당사건을 둘러싸고 또다시 고문에 의한 조작설이 나돌았다. 피고인들의 법정진술과 가족들에 의해 고문사실이 알려졌다. 고문과 조작설을 대담하게 터뜨리면서 항의하고 나선 사람은 외국인 조지 오글 목사와 제임스 시노트 신부였다. 이들은 인혁당사건이 수사기관의 고문에 의해 조작된 것이라고 밝혔다가 얼마 후 한국에서 추방당했다.

인혁당사건의 고문과 조작설에 대해 박 대통령과 황 법무장관이 이를 부인하는 가운데 4월 8일 대법원은 8명의 피고인들에게 사형을 확정했다. 그리고 이례적으로 대법원 판결 바로 다음 날인 4월 9일 이들 8명에 대한 사형집행이 강행되었다. 확정판결 다음날 사형을 집행하는 일은 극히 드문 일이었다. 시체를 유족들에게 인도하는 과정에서도 정부 당국은 고문 흔적을 없애기 위해 불법적으로 화장을 하는 등 만행을 자행하였다.

노무현 정부의 과거사위원회는 인혁당사건이 조작된 것임을 밝혀내고, 사법부는 뒤늦게 재심하여 전원에게 무죄를 선고했다. 그리고 국가는 유족에게 배상금을 지불했다.

44

학생들을 분기시킨 김상진 열사 할복

한민족은 외우내환 때이면 어김없이 자기 몸을 던져 국가와 민족을 구하는 의·열사의 전통을 연면하게 전해왔다. 구한말 민영환, 황현으로부터 일제침략기 장인환, 전명근, 안중근, 이봉창, 윤봉길 등 일일이 열거하기 어려울 정도이다.

박정희의 폭압통치에 노동자들의 권익을 위해 전태일이 몸을 불살랐다면, 유신체제를 타도하고 학생들의 의기를 살리고자 김상진은 할복하였다. 항일 자주독립 과정에서 전개된 의·열사들의 전통은 민주회복과 통일조국을 위해 학생, 노동자들의 할복, 분신으로 이어졌다.

박정희 정권은 1975년 들어 유신체제 '찬반에 대한 국민투표'라는 이름과는 달리 일방적인 찬성운동 끝에 73%의 찬성이라는 억지를 부리고, 자유언론 선언을 주도한 〈동아일보〉 기자들을 폭력으로 끌어내어 해고시키고, 긴급조치 7호를 선포한 데 이어 인민혁명당 사건을 날조하여 관련자 8명을 재심의 기회도 주지 않고 전격 처형하였다.

하지만 계속되는 폭압통치에도 저항세력은 움츠려들지 않았고, 민주회복운동의 전위 역할을 해온 대학생들은 반유신 항쟁으로 많은 학생들이 투옥되거나 제적당하면서도 항쟁을 멈추지 않았다.

긴급조치 7호가 선포된 것은 1975년 4월 7일이다. 이는 대학가 신학기를 겨냥한 예방조치의 성격이 짙었다. 새 봄을 맞아 대학가는 더욱 활기차게 움직였다. 3월 28일 수원에 있는 서울 농대 학생총회는 제1차 대학선언과 제2차 선언문을 잇따라 발표하고, 학원자유 보장과 구속학생 석방을 요구했다. 경찰은 이에 학생회장 황연수 군 등을 구속했다.

서울 농대생들은 4월 2일 박정희 정권에 맞서 학원과 사회 전반의 민주화를 촉구하는 선언문을 발표하고 이어 4월 4일에는 "유신헌법 철폐하라", "학원자유 보장하라"는 등의 구호를 외치면서 시위를 벌였다. 그리고 4월 11일 학내에서 자유성토대회를 열어 단식투쟁을 하기로 결정하였다.

1975년 4월 11일 오전 11시경, 이날 농대 대강당 잔디밭에는 300여 명의 학생들이 모여들었다. "구속학생 문제가 잘 해결될 것 같으니 성토대회나 가두시위는 삼가해주기 바란다."는 학장의 통고와 월요일까지 단식 연기를 합의한 과대표회의의 결정에도 불구하고 학생들의 발길은 끊이지 않았다. 당최 학교 당국의 말을 신뢰할 수 없었던 것이다.

11시 20분경, 축산과 4학년 김상진 군이 연단에 섰다. 그는 이날 집회의 세 번째 연사였다. 신사복 바지에 흰 셔츠를 입은 김군은 차분한 어조로 준비한 〈양심선언문〉을 읽어 내려갔다.

> 학우여 아는가. 민주주의는 지식의 산물이 아니라 투쟁의 결과라는 것을 금일 우리는 어제를 통탄하기 전에, 내일을 체념하기 전에 치밀한 이성과 굳은 신념으로 이 처참한 일당독재의 아성을 향해 불퇴진의 결의로 진격하자. 민족사의 새날은 밝아오고 있다. 그 누가 이날의 공포와 혼란에 노략질 당하길 바라겠는가.
>
> 우리 대학학도는 민족과 역사 앞에 분연히 선언한다. 이 정권이 끝날 때까지 후퇴치 못하고 이 민족을 끝까지 못살게 군다면 자유와 평등과 정의를 뜨겁게 외치는 이 땅의 모든 시민의 준열한 피의 심판을 면치 못하리라. 역사는 이러한 사태를 원치 않으나 그러나 우리는 하나가 무너지고 또 무너지더라도 무릎 꿇고 사느니 차라리 서서 죽을 것임을 재천명한다.
>
> 탄압과 기만의 검은 바람이 불어오는 것을 보라. 우리는 이제 자유와 평등의 민주사회를 향한 결단의 깃발을 내걸어 일체의 정치적 자유를 질식시키는 공포의 병영 국가가 도래했음을 민족과 역사 앞에 고발코자 한다.
>
> 이것이 민족과 역사를 위하는 길이고, 이것이 영원한 사회정의를 구현하는 길이라면, 이 보잘 것 없는 생명 바치기에 아까움이 없노라. 저

> 지하에 선 내 영혼이 눈이 뜨여 만족스런 웃음 속에 여러분의 진격을 지켜 보리라. 그 위대한 승리가 도래하는 날 나 소리없는 뜨거운 갈채를 만천하에 울리게 보낼 것이다.

〈양심선언문〉을 차분하게 읽어가던 김상진 군은 "이 보잘 것 없는 생명…." 부분을 읽을 때 등산용 칼을 꺼내어 학우들이 말릴 사이도 없이 왼쪽 하복부를 찔렀다. 그리고 선혈을 뿌리면서 연단에 쓰러졌다.

학우들이 택시에 태워 병원으로 옮길 때 김 군은 "애국가를 불러달라"고 요청했고, 그는 애국가를 들으며 혼수상태에 빠졌다. 수원 도립병원에서 하복부의 혈관을 잇는 봉합수술에 이어 2차 수술을 받고도 의식을 회복하지 못한 그는 이튿날 아침 서울대 의대 부속병원으로 옮기는 앰뷸런스 속에서 절명하고 말았다.

김상진 열사는 〈양심선언문〉과 별도로 〈대통령께 드리는 공개장〉을 유언으로 남겼다. 박정희의 폭압통치를 낱낱이 규탄한 이 유언은 박 대통령의 퇴진을 촉구했다.

"죽음으로서 바라옵나이다. 이 조국을 진정 사랑하는 마음에서 바라옵나니, 국민된 양심으로서 진실로 엎드려 바라옵나니, 더 이상의 혼란이 오지 않도록 숭고한 결단을 내려주시길 바라옵니다."

박정희 정권이 가장 두려워했던 집단은 대학이었다. 군부는 오래전부터 중정과 보안사를 통해 관리를 해왔고, 언론과 야당은 통제가 가능했다. 무엇보다 두려운 것이 학생들이었다. 그래서 정부는 김 열사의 시신이 두려웠다. 정부는 김 열사의 시신을 12일 저녁 8시경 고양군 벽제 화장터에서 서둘러 화장하였다. 법률의 24시간을 넘기지 않은 시신은 매장이나 화장을 하지 못하도록 한 규정도 무시한 채였다.

김 군의 할복 자결 소식은 언론통제로 보도가 금지되었으나 〈동아일보〉만 1단 기사로 실었다. 하지만 1단 기사의 위력은 대단하여 추모하는 집회가 진주, 대구, 목포 등지에서 열리고 서울대를 중심으로 각종 문화행사와 추모집회가 계속되었다. 대학가는 긴급조치 7호 선포에도 불구하고 더욱 거세게 반유신 투쟁을 전개하였고, 천주교 정의구현사제단을 비롯 재야 단체들이 그를 의사 혹은 열사로 추앙하면서 추모 행사를 벌였다.

김정환 시인이 쓴 김상진 열사 추모시의 앞 부문이다.

> 겨울의 대지 살점 묻은 바람 계엄령 조국
> 4월도 노란 개나리 5월도 빨간 철죽꽃 겁 없이 피고지고
> 부릅 뜬 눈 덮쳐온 고향 풀밭 아아 어머니 흩어지는 하늘에
>
> 갈아라 그대 서슬푸른 칼을 갈아라
> 그대가 가르고 또 가른 한날 육신의 배때기는
> 하얀 광목폭 깃발 찢어져 휘날림
> 핏빛 푸르디푸른 하늘과 산과 바다
> 주린 목숨에 갈아라 떨리는 두려움에 갈아라. (후략)

45

누가 장준하를 죽였는가

"결정적 증거 앞에서도 오류를 인정하지 않으려고 고집하는 날 바로 그때 진정한 과오가 시작된다." 에밀 졸라가 〈나는 고발한다〉에서 한 말이 생각난다. 1975년 8월에 의문사한 장준하의 오른쪽 두개골 부위에서 지름 6cm 크기의 원형으로 함몰돼 있는 사실이 확인되었다.

전문가들에 따르면 두개골 함몰은 망치와 같은 예리한 둔기로 가격당한 흔적이라 한다. 바위에서 추락사했다면 두개골 전체가 망가졌을 터인데, 한 부위만 함몰돼 있는 상태는 인위적인 가격이라는 소견이다.

장준하 유골은 전문가가 아니라도 타살 흔적을 확연하게 드러낸다. 두개골 오른쪽 원형으로 금이 간 상처 부위는 깊이 1cm가량 들어간 상태로 나타났다. 상처 오른쪽 위 45도 각도로 금이 가 있고, 왼쪽과 아랫쪽으로도 갈라져 있었다.

진실은 무엇인가? 장준하는 왜 의문사를 당해야 했고, 긴 세월 동안 진실은 묻혀졌는가? 40여 년 만에 드러난 유골은 무엇을 말하는가? 그는 광복군 대위로서 일본군의 항복을 받기 위해 해외 망명 인사 중에서 가장 빨리, 1945년 8월 17일 고국에 들어왔다가, 일제에 쫓겨 다시 중국으로 건너가고, 뒤늦게 임시정부 요인들과 함께 귀국했다. 그리고 정확히 30년 뒤 같은 날 일본군 출신들이 지배하는 고국에서 '실족사'란 이름의 의문사를 당하였다.

장준하의 의문사 실마리를 찾기 위해서는 그가 변사하기 전에 보인 행적을 돌아보는 것이 도움이 될 것이다. 단순 실족사로 묻어두고자 했던 사람들에게는 내키지 않을지 모르지만, 진실은 모든 가치에 우선한다.

장준하가 의문사를 당한 시점은 박정희 대통령의 '전성기'였다. 그는 박정희 대통령을 인정하지 않았다. 자신이 일본군을 탈출하여 광복군 장교가 되어 일제와 싸울 때 박정희는 혈서를 써서 만주군에 들어가고, 일본육사를 졸업하고, '다카키 마사오'라는 이름으로 일제에 충성했다는 이유였다. 박정희의 권력 주변에는 만주군, 일본군 출신들이 주류를 이루고 있었다.

1975년의 상황을 되돌아보자. 2월 12일 박정희는 강압적인 수법으로 유신체제 찬반에 대한 국민투표를 실시하고, 3월 8일 〈동아일보〉를 탄압하여 112명의 기자를 해고했다. 4월 8일에는 긴급조치 7

호를 선포하고, 이튿날 인혁당 관련자 8명을 전격 사형 집행했으며, 4월 11일 서울농대생 김상진 군이 유신체제와 긴급조치에 항의하며 할복, 자결하였다.

5월 13일 긴급조치 9호를 선포하여 유신헌법에 대한 반대, 비판, 개정 주장이나 긴급조치 9호에 대한 비판을 금지시켰다. 하지만 유신체제도 긴급조치도 장준하의 입과 행동을 막지는 못하였다. 장준하는 1973년 12월 '민주회복을 위한 개헌청원 100만인 서명운동'을 주도하고, 이듬해 1월 긴급조치 1호 위반으로 구속되었다.

'운명의 해' 인 1975년 1월 8일 장준하는 대통령 박정희에게 '공개서한'을 보내었다. "국헌을 준수한다고 서약한 귀하 스스로가 그 선서를 헌신짝 같이 버리고 헌법기관의 권능을 정지시키고, 헌법제정 권력의 주체인 국민을 강압적인 계엄하에 묶어놓고 '국민투표'라는 요식행위를 통해 제정한 소위 '유신헌법'으로 명실상부하게 귀하의 1인독재체제만을 확립시켰다."고 비판하면서 파괴된 민주헌정의 회복을 위해 대통령 자신이 개헌을 발의하라고 촉구하였다.

장준하의 충고는 철저하게 배척되고, 박정희는 오히려 그동안 계엄령, 위수령, 긴급조치 1~8호의 종합세트격인 긴급조치 9호를 선포하며 막장으로 치달았다.

장준하는 중국 망명기 불로하(不老河) 강가에서 불렀던 애국가와 "못난 조상이 되지 않기 위하여"의 다짐을 돌이키면서, 변고를 당하기 전 무엇인가 중대한 일을 앞둔 사람처럼 '신변정리'를 서둘렀다.

장준하는 함석헌, 김대중을 만나고 광주로 내려가 홍남순 변호사를 만났다 홍 변호사와는 무등산 등반을 하면서 긴 이야기를 나누었다. 장준하의 일련의 만남은 재야 대표적 인사들이 긴급조치 9호의 해제는 물론 박정희의 퇴진을 비롯한 초강경 투쟁의 방안이 논의되었던 것으로 전해진다.

이와 같은 장준하의 수상한 행보는 권력의 촉수에 잡히게 되었을 터이다. 오래 전부터 박정희 정권은 장준하의 일거수일투족을 감시하고 있었다. 김옥길 이화대학 총장이 쌀 한 가마를 그의 셋집에 실어다 준 것까지 보고 받고 있었다.

장준하의 약사봉 변고 다음날 진종채 보안사령관이 법무장관이나 중앙정보부장에 앞서 47분 동안 청와대에서 박 대통령을 독대한 것으로 밝혀졌다. 장준하 사망 당시 105보안부 대장이 검안현장을 방문했고, 그 결과를 보안사령부 본부에 텔레타이프를 통해 보고했으며, 당시 진 보안사령관에게 직보한 사실이 의문사위원회가 발간한 보고서에 나타난다. 법무장관은 19일, 중정부장과 국방부장관은 21일 각각 대통령에게 사건을 보고했다.

중정의 움직임도 의문투성이다. '목격자'라는 김용환이 중정의 사설정보원이란 진술이 중정 직원에 의해 확인되었다. 김용환은 사고발생 뒤인 당일 오후 4시께 현장을 이탈하여 밤 12시까지 행방이 묘연했다. 당일 실시한 현장검증에 동행하지도 않았다.

현지 경찰관서인 포천서 이동지서 경찰관은 사고 신고를 받기 전에 이미 경기도경으로부터 사망 소식을 들어 알고 있었으며, 중정 요원들은 당일 오후 5시경 사고현장을 시찰하고, 사고현장에서 경찰에게 "안 본 것에 대해 쓸데 없는 말 하지 말라."고 윽박질렀다.

중정 안전조사국(6국)과 경찰은 오랫동안 자체 정보요원과 사설 정보원을 동원하여 장준하의 활동을 집중 조사해왔다. 그의 "개헌 운동 계획을 사전에 탐지해 와해, 봉쇄함으로써 조직 확장을 방지" 하고 "공작 필요시 보고 후 실시한다."는 내용의 중정 문건이 나왔다. 의문사위원회는 여러 가지 정황에서 "중정요원의 사건조사 개입 가능성이 높다."고 판단했다. 중정의 장준하 사찰기록은 변고 당일치만 공백으로 남아 있다. '공백'의 의미는 무엇일까? 사고 당일 오후 3~4시 사이에 장준하의 상봉동 자택에 사고를 알리는 익명의 전화가 걸려왔다. 산행 일행 중에는 같은 시간에 하산한 사람이 없어서, 괴전화의 정체는 의문으로 남는다. 사건 뒤 10시간 동안 사라졌던 김용환은 자신의 통화 사실을 부인했다.

필자는 사건 후 7차례 정도 약사봉 현지를 찾았다. 야당의 조사단에 참여하여 김용환 씨를 증인으로 '모시고' 장준하와 함께 정상을 거쳐 하산했다는 코스를 답사했다. 그리하여 그는 '목격자'가 아니라는 확신이 들었다. 산행 코스를 전혀 몰랐고 '추락' 과정의 목격담도 오락가락했다. 사고 뒤 왜 고인의 시계를 차고 있었느냐고 묻자 "누가 훔쳐갈까" 우려되어 사체에서 시계를 풀었다고 말했다. 존경하는 분의 변고를 목격하고, 그 정황에서 시계를 풀어 자기가 차고 있었다는 것이 상식적일까 하는 의문이 따른다.

일본군 장교 출신 대통령의 권력체제에서 광복군 장교 출신 '재야 대통령'의 의문의 죽음은 한국현대사의 가장 부끄러운 대목의 하나다. 독립운동의 상징 백범 김구가 친일, 분단, 외세의 종합세트인 이승만 정권의 하수인에게 암살당한 사건과 함께 이 죽음은 민족모순, 사회모순의 상징이다. 민족과 반민족, 독립과 식민, 자주와 사대, 민주와 독재의 대결에서 김구와 장준하는 패자가 되었다. 그리고 암살과 의문사의 배후는 여전히 미궁인 채 남아 있다.

진실은 냉혹하다. 99%의 의혹에도 전혀 다른 1%의 가능성은 존재한다. 장준하 의문사의 진실은 여전히 역사의 장막에 덮혀 있다. '혐의'를 받는 측이 억울하면 억울함을 풀기 위해서라도 진실을 밝히는 것에 주저할 이유가 없을 것이다.

46

유신체제 거부한 '3·1민주구국선언'

1976년 3월 1일 저녁, 서울 명동성당에서는 3·1혁명 57주년을 기념하는 기도회가 열리고 있었다. 약 700명의 천주교 신자들이 모인 가운데 열린 기도회는 예정대로 진행되다가 기도회가 끝나갈 무렵 이우정 전 서울여대 교수가 미리 준비한 〈민주구국선언문〉을 낭독함으로써 유신체제와 재야지도자들이 정면대결하게 되는 이른바 '3·1민주구국선언사건' 또는 '3·1명동사건'이 발생하게 되었다.

이날 전격적으로 발표된 〈민주구국선언문〉의 내용은 ① 이 나라는 민주주의 기반 위에 서야 한다. ② 경제입국의 구상과 자세가 근본적으로 재검토되어야 한다. ③ 민족통일은 오늘 이 겨레가 짊어진 최대의 과업이다 라고 하는 세 부문으로 나누어져 있다. 또 결론으로 "이 때에 우리에게는 지켜야 할 마지막 선이 있다. 그것은 통일된 이 나라, 이 겨레를 위한 최선의 제도와 정책이 '국민에게서' 나와야 한다는 민주주의의 대헌장이다. 다가오고 있는 그 날을 내다보면서 우리는 민주역량을 키우고 있는가, 위축시키고 있는가?" 하고 이 선언문은 묻고 있다.

구국선언문 서명자는 윤보선, 김대중, 함석헌, 함세웅, 이우정, 정일형, 윤반웅, 김승훈, 장덕필, 김택암, 안충석, 문정현, 문동환, 안병무, 이문영, 서남동, 은명기 등 정계, 종교계, 학계의 지도급 인사들이다.

선언문을 발표한 재야 인사들과 신자들은 명동성당을 내려오면서 시위에 들어가려 했으나 출동한 경찰에 의해 강제해산되었다. 경찰은 이날 집회에 모인 사람 가운데 이우정, 장덕필, 문동환, 김승훈을 연행하고, 그 날부터 일주일 사이에 선언문에 서명한 전원을 연행했으며, 윤보선 전 대통령만이 자택에서 조사를 받았다.

이 사건은 어찌보면 유신시대에 자주 있었던 재야 인사들의 '시국선언' 사건이었다. 경찰의 신속한 대처로 거리에서 시위가 있었던 것도 아니다. 그런데 정부가 국가전복의 공안사건으로 다루면서 국내외적으로 큰 파장을 일으켰다. 보고를 받은 박정희가 서명자 중에 김대중의 이름을 발견하고 '중벌'을 지시함으로써 긴급조치 위반사건이 공안사건으로 확대되었다.

3·1민주구국선언 사건은 세계적인 주목을 끌면서 외신들이 자세히 보도했으나, 국내 언론은 3월 10일까지 단 한 줄도 보도하지 못한 가운데 정부의 공식발표로 겨우 알려지게 되었다.

정부는 서울지검 서정각 검사의 수사결과 발표를 통해 "이번 사건의 주동자인 구 정치인과 재야 일부 인사들은 오랜 동안 정권쟁취를 책동해왔으나, 유신체제의 공고화로 국내정국이 안정되고 비약적인 경제발전이 이루어져 통상방법으로는 그 목적달성이 어려워졌음이 명백하게 되자, 이들은 … 일부 신부와 목사, 일부 해직교수 등 반정부인사들과 연합전선을 형성하여 3·1운동 또는 4·19와 같은 학생을 중심으로 한 민중봉기를 기도, 획책하고 이를 달성하기 위해 올해 3·1절을 기해 소위 민주구국선언이란 미명 아래 마치 국가존망의 위기가 목전에 다가온 양 국내외 제반정세에 관한 허위사실을 유포하고, 유신헌법과 대통령 긴급조치의 철폐 및 현 정권의 퇴진을 주장, 선동한 사실이 인정되는 바이고, 명백히 대통령 긴급조치 9호에 위반되는 것"이라면서, '정부전복선동'이라는 공안사건으로 단정하고 관련자들에 대한 대대적인 연행과 수사를 벌였다.

검찰은 3월 26일 구국선언 서명자 20명 중 김대중, 문익환, 함세웅, 문동환, 이문영, 서남동, 안병무, 신현봉, 이해동, 윤반웅, 문정현 등 11명을 긴급조치 9호 위반혐의로 구속기소하고, 윤보선, 정일형, 함석헌, 이태영, 이우정, 김승훈, 장덕필 등 7명은 불구속 기소, 김택암, 안충석 등 2명을 기소유예 처분했다.

검찰은 이들을 기소하면서 "구속자들이 민중봉기를 획책하고, 국내의 정세에 관해 허위사실을 유포하였으며, 외세를 이용하여 정치적 야욕을 달성하려 했다."고 주장하였다. 이에 대해 피의자들은 검찰의 공소장이 날조된 것임을 주장하고 논리적으로 맞섰다.

사건 기소 후 130일 만인 8월 3일 1심 선고공판에서 재판부는 전원을 유죄로 인정, 징역 8년에서 2년까지의 실형과 같은 기간의 자격정지형을 다음과 같이 선고했다.

△ 구속자 - 김대중 8년, 문익환 8년, 함세웅 5년, 문동환 5년, 이문영 5년, 신현봉 5년, 윤반웅 5년, 문정현 5년, 서남동 4년, 안병무 5년, 이해동 3년.

△ 불구속자 - 윤보선 8년, 함석헌 8년, 정일형 5년, 이태영 5년, 이우정 5년, 김승훈 2년, 장덕필 2년.

항소심은 변호인단이 낸 재판부 기피신청을 받아들이지 않고 선고공판을 계속하여, 12월 29일 다음과 같은 판결을 내렸다.

△ 윤보선, 김대중, 함석헌, 문익환, 징역 5년.

△ 정일형, 이태영, 이우정, 이문영, 문동환, 함세웅, 신현봉, 문정현, 윤반웅, 징역 3년 자격정지 3년

△ 서남동, 징역 2년 6개월 자격정지 2년 6개월

△ 안병무, 이해동, 김승훈, 징역 2년 자격정지 2년 집행유예 3년

△ 장덕필, 징역 1년 자격정지 1년 집행유예 2년

18명의 피고인 전원은 항소심 판결에 불복, 12월 30일 대법원에

상고했다. 1977년 3월 22일 대법원 전원합의제(재판장 민복기 대법원장)는 ① 민주구국선언은 사실을 왜곡하고 있고 ② 긴급조치와 헌법을 비방하고 있으며 ③ 원심에 사실 오인이 없고 공소사실은 인정된다는 판결이유를 들어 피고인 전원에 대해 상고를 기각했다.

피고인들의 당당한 법정투쟁으로 재판정에서는 민주주의 체제 공방전이 이루어졌다. 피고인들은 유신체제는 ① 법적 절차에 당위성이 없고 ② 유신헌법을 성립시키는 국민투표의 과정과 내용에 당위성이 없으며 ③ 정부가 주장하는 유신헌법의 목적에도 당위성이 없으며 ④ 유신헌법의 내용이 독재적인 헌법으로 민주공화국으로서의 당위성이 없다는 점 등을 내세웠다.

피고인들은 "인간의 양심과 자연법 그리고 인간의 절대권과 우상화를 거부하는 신앙에 비추어 유신헌법과 긴급조치에 반대한다. 그 긴급조치에 의해 이 법정에 섰으므로 마땅히 재판을 거부해야 할 일이나 우리들의 정당성과 양심을 밝히기 위해 재판에 임한다."고 자신들의 입장을 밝혔다.

국민의 정부에서 이 사건 피의자들은 재심을 청구하고 사법부는 뒤늦게 관련자 전원에게 무죄를 선고했다. 박정희의 무한한 권력욕과 김대중에 대한 증오심이 무고한 민주인사들을 투옥하여 괴롭히고, 어용화된 사법부가 독재정권의 시녀 노릇을 충실히 했던 부끄러운 사건이었다.

47

유신몰락 가져온 부마민중항쟁

"절대권력은 절대 몰락한다."는 평범한 진리를 독재자들은 깨닫지 못한다. 그들은 영구집권이 가능할 것처럼 이중삼중의 철옹성을 쌓지만, 그 철옹성도 틈새가 생기기 마련이고 민심의 이반이 따르기 마련이다.

박정희라고 이러한 역사의 법칙이 피해가지는 않았다. 5·16쿠데타로부터 시작된 철권통치가 어언 18년에 이르렀다. '18년 철옹성'에 결정타의 횃불을 켜든 것은 부산대생들이었다.

1979년 10월 16일 부산대생 4천여 명은 교내시위에 이어 저녁 8시경 시청 앞에 집결, 시민들과 합세하여 유신철폐, 독재타도, 야당탄압 중지 등을 외치며 경찰과 대치했다. 이날 학생들은 교내에서 〈민주투쟁선언문〉을 배포하면서 반유신, 반독재 구국투쟁의 대열에 참여할 것을 다짐했다.

부산대생들은 서울의 각 대학과 전남대학, 경북대학 등에서 유신 체제를 반대하는 시위가 연일 산발적으로 일어나고 있는 데도 침묵만 지켜오다가, 김영삼 총재에 대한 의원직 제명안이 변칙적으로 통과된 직후부터 심상찮은 움직임을 보이다가 시위에 나서기 시작했다.

박정희 정권은 어용야당 대표 이철승을 누르고 신민당의 새 총재가 되어 대여투쟁을 강화한 김영삼의 의원직 제명과 총재직 직무정지 가처분 등의 폭압적 방법으로 그를 제거하려 들었다. 또 YH여성노동자 170여 명의 신민당사 농성을 폭력으로 축출했다. 이 과정에서 김경숙 양이 숨지기도 했다.

이같은 상황에서 대규모의 시위대로 변한 학생들은 교내시위에 이어 경찰의 저지선을 뚫고 시내에 진출하여 경찰과 대치하다가 최루탄에 맞서 벽돌을 던지는 등 과격한 투쟁으로 돌입하게 되었고, 파출소, 신문사에 투석하고 경찰차를 방화하는 등 이튿날 새벽 2시까지 유신 이후 가장 격렬한 시위를 전개했다. 이날 시위로 학생 282명이 경찰에 연행되었다.

16일의 학생, 시민들의 시위를 보고받은 구자춘 내무장관은 17일 부산시청에서 기자회견을 갖고 "앞으로 지각 없는 경솔한 소란행위에 대해서는 단호히 대처해 나가겠다."고 경고했다. 같은 날 부산시민회관에서는 부산시장을 비롯한 각 기관장, 새마을지도자 등 2천 5백여 명이 참석한 가운데 10월 유신 7주년 기념식이 열려 참석자들은 "유신으로 총화단결을 더욱 공고히 하자"는 따위의 결의문을 채택했다.

이러는 동안 부산대를 비롯, 동아대, 고려신학대, 수산대 등 부산시내 각 대학의 학생들은 시청에서 불과 400미터 떨어진 국제시장과 부영극장 앞으로 속속 집결하고 있었다. 오후 6시 30분 경 남포동에 모여 있던 400여 명의 학생들은 애국가를 부르며 일부는 국제시장 쪽으로, 일부는 충무동 쪽으로 행진했다.

이렇게 전개된 17일의 시위는 고등학생들도 상당수 가담하고 어둠이 깔리면서 시민들까지 가세하여 더욱 격렬해졌다. 경찰의 완강한 저지로 부산시청 앞으로 진출이 불가능해지자 시위대는 소규모로 나뉘어 시내 곳곳으로 분산하여 게릴라식으로 이동하는 바람에 경찰은 저지능력을 사실상 상실하게 되었다.

밤이 깊어갈수록 시위는 더욱 격렬해져 충무파출소, KBS, 서구청, 부산세무서가 파괴되고 MBC의 유리창이 박살났다. 이틀 간의 격렬한 시위로 경찰차량 6대가 전소, 12대가 파손되고 21개 파출소가 파괴 또는 방화되었으며 많은 시민, 학생이 연행되고 다수가 군사재판에 회부되었다.

박정희 대통령은 부산에서 이틀째 유신철폐의 격렬한 시위가 계속되는 시간에 청와대 영빈관에서 유신 7주년을 축하하기 위해 공화, 유정회 의원들을 초청하여 흥겨운 파티를 벌이고 있었다. 부산 시위로 파티를 중도에 끝내고 청와대 집무실로 돌아온 박정희는 최규하 국무총리에게 부산지역에 비상계엄령을 선포할 것을 지시했다.

이어서 열린 임시국무회의는 부산에 계엄령을 선포할 것을 의결, 18일 0시를 기해 정부는 부산직할시 일원에 비상계엄령을 선포했다. 박 대통령은 계엄선포와 함께 발표한 담화문에서 부산의 시위군중을 "지각 없는 일부 학생들과 불순분자들"로 규정했다.

부산지구 계엄사령관으로 임명된 박찬긍 육군중장은 포고문을 통해 일체의 집회 · 시위를 금지하고, 대학의 휴교를 명령하는 한편 무장군인들을 시내 요소마다 배치했다. 그러나 학생과 시민들은 공수단의 무자비한 진압에도 불구하고 계엄해제를 요구하며 시위를 계속하는 가운데 시위는 마산으로 번져갔다.

부산시민들과 학생들의 유신체제에 대한 항의시위 소식이 마산에 전해지면서 학생들이 술렁거리기 시작했다. 부산에서 버스로 불과 1시간 거리에 있는 마산은 생활권이 부산과 직결되어 있기 때문에 부산에서 일어난 모든 일들은 곧바로 알려졌다.

경남대생 500여 명은 18일 오후 "지금 부산에서는 우리의 학우들이 유신독재에 항거하여 피를 흘리고 있다.", "3 · 15의거의 정신을 되살리자."면서 시위를 벌이고, 이 중 일부 학생들은 시내로 진출하기도했다. 학생들이 무학초등학교 앞에서 경찰에 난폭하게 연행되자 시민들까지 합세하여 공화당사를 박살내고 양덕파출소를 파괴했다. 1960년 3월 이래 19년 만의 항쟁이었다. 시위군중들은 어둠이 짙어갈수록 더욱 수가 늘고 격렬해져 산호동파출소가 불탔으며, 이어 북마산파출소, 오동동파출소가 완전히 파괴되었다. 밤 9시

30분경 늘어난 경찰지원병은 시위대들이 점거하고 있던 중심가 남성동파출소를 중심으로 시위군중들과 대치하게 되었다.

마산 시민, 학생들의 시위는 19일 저녁에는 수출자유지역의 노동자와 고등학생들까지 합세, 더욱 격렬해졌다. 19일 새벽 3시까지 학생, 시민들의 시위가 끊임없이 계속되었다.

부산사태가 마산으로 옮겨붙어 더욱 격렬한 양상으로 치닫자 정부는 20일 정오를 기해 마산지역 작전사령관 명의로 마산시 및 창원출장소 일원에 위수령을 발동했다. 위수령 발동과 함께 마산시내에 즉각 군을 진주시켜 시청, 경찰서 등 정부기관과 언론기관, 각 대학교에 대한 경계에 들어갔다.

4일 간의 시민, 학생 봉기를 통하여 부산에서 1,058명, 마산에서 505명 등 총 1,563명이 연행되고, 학생, 시민 87명이 군법회의에 회부되었으며, 651명이 즉결심판에 넘겨지는 등 심한 수난을 겪었다. 부마항쟁은 대학생과 일부 고등학생, 시민, 노동자들이 참여하는 시민항쟁으로 전개되었다.

부마민중항쟁은 계엄령과 위수령으로 일시적으로 막을 내렸지만 불씨는 사그라들지 않았다. 16일에는 이화여대, 19일에는 서울대와 전남대, 24일에는 계명대의 시위 등 학생시위는 수그러들 줄 모르고 전국으로 확산되었고, 마침내 10·26사태를 촉발시키는 뇌관이 되었다.

48

김재규,
의사인가 시해범인가

박정희 대통령이 사망한 지도 벌써 36년의 세월이 지났다. 따라서 10 · 26은 이제 하나의 역사적 사건의 날짜로 남았다.

역사에 대한 평가가 준엄하지 못한 국민성은 3 · 1운동, 대구 10 · 1사건, 제주 4 · 3항쟁, 5 · 16, 12 · 12와 마찬가지로 10 · 26에 대해서도 엄정한 평가를 내리지 못한 채 그저 가치중립적 표현인 숫자로 부르고 있다.

10 · 26은 박정희가 김재규 중앙정보부장에 의해 살해된 사건이다. 이 사건으로 군사 쿠데타를 일으켜 18년 동안 무소불위한 전횡을 일삼아 온 독재자가 사망하고 유신체제가 붕괴되었으며, 김재규는 내란죄 등의 이유로 이듬해 5월 24일 처형되었다.

박정희는 국상의 절차를 거쳐 국립묘지에 안장되었으며 김재규는 광주항쟁의 와중에 대법원의 확정판결로 처형되어 경기도 광주군 오포면 능평리 남한산성 공원묘지에 묻혔다. 박정희에게는 전직 대통령에 대한 최상의 예우가 베풀어졌고, 김재규에게는 '국부를 시해한 패륜아'라는 가혹한 사법적 평가가 주어졌다. 박정희는 거대한 기념관이 세워지고, 그 딸이 대통령이 되었으며, 출생지에서는 '반신반인'이라는 신격화가 나타나고 있다.

그러나 대법원의 심리과정 중 형사 3부의 양병호, 서윤홍 판사가 '내란목적 살인죄'에 반대의견을 냈고 최종판결 때도 민운기 판사 등 6명의 판사가 김재규에게 내란죄 불성립 의견을 냈다. 이들은 5·17 전두환 쿠데타 후 모두 강제 사직당하는 수모를 겪었다.

10·26 사건은 이후 박정희에 의해 사육된 군인들의 집권으로 엄정한 재평가작업을 거치지 못한 채 '국부'와 '시해범'으로 자리매김되어 오늘에 이르게 되었다.

박정희는 18년 동안 헌정질서를 유린하여 민주주의를 짓밟고 인권을 탄압하면서 지역분열과 극단적인 냉전논리로 민족분열책을 추구했다. 그의 '업적'으로 치는 경제건설의 논리는 부분적으로 긍정의 측면이 없지 않지만, 같은 시기 대만, 싱가포르, 홍콩 등 '아시아 4룡'과 스페인, 이탈리아 등 발전상과 비교할 때 박정희가 독점할 품목은 아니다.

경제성장은 한글 세대의 성장으로 대량의 우수한 산업예비군이 진출하고, 굴욕외교이지만 일본으로부터 무상 3억 달러, 유상 2억 달러가 유입되고, 베트남전에서 5,000여 명의 희생의 대가를 치르면서 10억 달러 정도가 들어왔다. 또 국제유가가 60년대 내내 1배럴에 1달러의 헐값으로 유지되었다. 경제성장은 이 같은 요인에 의한 종합적인 결과였다.

얼마 전 김재규 재판을 담당했던 양병호 전 대법원 판사가 "민주주의의 회복을 위해 저격할 수밖에 없다는 주장을 뒤집을 증거는 발견되지 않았다."고 10 · 26사건에 대한 평가를 내린 바 있다.

김재규는 처형 직전에 유언으로 자신의 무덤 앞에 "의사 김재규 장군 지묘"라고 써주기를 원했다. 신군부세력은 이것마저 허용하지 않았다.

그러나 사망 몇 년 후 광주, 전남 송죽회가 세운 비석 뒷면에는 다음과 같은 추모시가 새겨졌다.

> 먹구름이 하늘을 덮고 광풍 몰아 덮칠 때
> 홀로 한 줄기 정기를 뿜어 어두운 천지를 밝혔건만
> 눈부신 저 햇살을 다시 맞지 못하고
> 슬퍼라 만 사람 가슴을 찢는구나
> 아! 회천의 그 기상 칠색 무지개 되어 이 땅 위에 길이 이어지리

"박정희라는 인물은 우리 나라 역사상 세종대왕과 이 충무공을 합해놓은 인물로 후세의 사람들은 반드시 평가할 것이다."

이것은《위인 박정희》란 책에 나온 내용이고, 박근혜 집권 후 이른바 뉴라이트계열의 역사관이기도 하다. 많은 사람이 그의 덕택으로 감투를 쓰고 돈을 벌어 영화를 누렸으므로 그에 대해서 이런 극

단적인 평가도 가능할 수 있을 것이다.

그러나 설혹 백보를 양보하여 경제성장의 공을 인정하여 5·16 쿠데타 이후 역사를 이해하고 잊는다 하더라도 일제시대 그의 행적에 대해서는 용서해서도, 잊어서도 안 된다는 주장이 적지 않다. 민족이 가장 어려웠던 시절에 박정희는 조국을 배반하고 왜적의 편에 섰다. 뿐만 아니라 일본군 장교로서 우리 독립군을 포함하여 많은 항일군을 적대한 인물이다.

박정희가 일본군 장교로 활동한 비슷한 무렵 일본군을 탈출하여 광복군 장교가 된 장준하는 "박정희란 사람은 일제시대에 독립군과 싸운 일제만주군의 일원이었으며 나는 그걸 똑똑히 알고 있다. 다른 사람은 모르지만 박정희만큼은 이땅에서 무슨 일이 있어도 대통령을 시켜서는 안 될 사람이다."라고 주장했다가 결국 의문사당하였다.

이와 같은 독립군 출신의 절규에도 불구하고 '다카키 마사오'는 대통령이 되고, 유신을 하고, 민주주의를 짓밟다가 살해되었다. 10·26은 이런 사실까지를 포함하여 평가되고 정리되어야 한다는 주장이 제기된다.

"야수의 마음으로 유신의 심장을 쏘았다."는 김재규는 1979년 12월 18일 고등군법회의 법정에서 변호인들과 가족대표 4명만이 방청한 가운데 최후진술을 하였다. '10·26거사'에 관한 장시간의 진술 중 중요한 부분이다.

저의 10월 26일 혁명의 목적을 말씀드리면 다섯 가지입니다.

첫 번째가 자유민주주의를 회복하는 것이요.

두 번째는 이 나라 국민들의 보다 많은 희생을 막는 것입니다.

세 번째는 우리나라를 적화로부터 방지하는 것입니다.

네 번째는 혈맹의 우방인 미국과의 관계가 건국 이래 가장 나쁜 상태이므로 이 관계를 완전히 회복해서 혈맹우방으로서의 관계를 회복해서 돈독한 관계를 가지고 국방을 위시해서 외교 경제까지 보다 적극적인 협력을 통해서 국익을 도모하자는 것입니다.

다섯 번째는 국제적으로 우리가 독재국가로서 나쁜 이미지를 갖고 있습니다. 이것을 씻고 이 나라 국민과 국가가 국제사회에서 명예를 회복하자는 것입니다.

전두환 신군부의 엄청난 압력에도 굴하지 않고 끝까지 김재규를 변론했던 강신옥 변호사의 '10 · 26 재평가론'이다.

김재규는 "3심 재판에서는 졌지만 4심인 역사의 법정에서는 이길 것"이라고 말하고 형장의 이슬로 사라졌다. 우리는 더 솔직해야 한다. 그에게 민주회복의 공로를 인정하고 그의 죽음 앞에 겸허해야 한다. 12 · 12와 5 · 18 단죄로 시작된 '역사 바로세우기'가 바로 서기 위해서는 그 시발이 됐던 김재규 사건의 재조명을 빼놓을 수 없는 일이기 때문이다. 전두환 씨에 대해 내란 행위를 추궁하면서 김재규 문제에 대해 아무런 역사의 검증과 조치가 없다는 것은 모순이 아닐까.

49

최규하 과도정부와 '서울의 봄'

역사는 가끔 우연한 인물이 우연한 계기로 우연한 감투를 쓰는 경우를 연출한다. 우리는 길지 않는 헌정사에서 두 차례나 과도정부를 갖게 되었고, 그때마다 우연한 인물이 막중한 시기의 최고 권력자 노릇을 한 것을 경험했다.

1979년 10월 27일 새벽, 헌법(당시) 제48조의 규정에 의해 대통령 권한대행이 된 최규하는 불과 몇 시간 전만 해도 '별 볼일 없는' 국무총리에 불과했다. 여기서 굳이 '일인지하 만인지상(一人之下 萬人之上)'의 국무총리를 '별 볼일 없는' 식으로 표현한 것은 유신체제의 3권을 장악하고 있는 박 대통령 밑에서 국무총리는 그야말로 '대독총리', '행정총리'에 불과했기 때문이다.

더구나 최규하는 정치적 야심이나 정치세력이 전혀 없는 직업외교관 출신이라는 것이 장점이 되어 1975년 국무총리에 기용되었던 사람이다. 그런데 하룻밤 사이에 느닷없이 '만인지상'이 되었으니 어떤 면에서는 '행운'이라고 해야 할 것이다.

최규하는 27일 새벽 4시를 기해 전국에 계엄령을 선포하고 대통령 권한대행에 취임하여 '대권'의 자리에 앉게 되었다. 최규하 대통령 권한대행의 취임으로 우리나라는 4·19 후 꼭 20년 만에 또 한 차례의 '과도정부'를 맞게 된 셈이다.

최규하는 12월 6일 통일주체국민회의 제3차 회의에서 단독 입후보하여 제10대 대통령에 선출되었다. 최 대통령의 임기는 당선 즉시 개시되어 박정희 대통령의 잔여임기인 1984년 12월 26일까지 재임할 수 있으나 11월 10일 특별담화를 발표, 잔여임기를 다 채우지 않고 가능한 빠른 기간 내에 헌법을 개정하고 11대 대통령 및 국회의원 총선을 실시, 정권을 이양하겠다고 밝혔다.

그러나 최규하체제는 과도정권의 성격상 순탈할 리가 없었다. 대통령에 당선된 지 일주일도 안 돼 12·12사건이 발생했고, 권력의 기반이 없는 그에게 공화당이나 유정회는 이미 정치적 기능이 상실된 여당일 뿐이었으며, 신민당은 마치 새 집권당이나 되는 듯이 꿈에 부풀어 있었다.

이런 정치적 상황에 선 최규하는 12월 21일 제10대 대통령 취임식에서 취임사를 통해 "앞으로 1년 정도면 국민의 대다수가 찬성할 수 있는 내용이 담긴 헌법을 마련할 수 있을 것"이라고 과도정부의 기간을 늘려잡았다. 최 대통령의 이 같은 발언은 '3김'을 비롯 여야

정당과 재야인사들의 비판의 대상이 되었다. 최규하는 대통령 취임과 더불어 긴급조치 제9호를 해제했다.

재야세력과 일부 정치인들은 1979년 11월 24일 명동 YWCA에서 '통일주체대의원에 의한 대통령 선출저지를 위한 국민대회'를 열어 최규하의 대통령 선출을 반대했으며, 신민당도 과도정부의 정치일정에 심히 반발하고 나섰다. 엎친 데 덮친 격으로 과도정부는 정부주도의 개헌안을 마련한다는 방침을 세워 국회 헌법개정특별위원회와 마찰을 빚기도 했다.

자체적인 정치기반 없이 신군부의 등에 업힌 꼴인 최규하 정권으로서는 민주화를 바라는 국민의 염원을 제대로 수용할 수가 없었다. 학생, 노동자, 재야인사들은 정치일정의 단축과 유신잔재 청산을 요구하며 대대적인 시위를 벌였고, 김대중, 김영삼, 김종필로 대표되는 정치집단에서는 각기 이해관계가 엇갈린 상태에서 마찰을 빚어 정국은 날로 혼란이 확산되어 갔다.

여기에다 신현확 총리의 2원집정부제 발언과 출처불명의 여권 신당설이 나돌고, 5월 15일의 서울역 앞의 대규모 시위와 사북사태까지 겹쳐 위기설은 더욱 증폭되어갔다.

최 대통령은 5월 18일 '5·17계엄확대조치'와 관련, 대통령 특별성명을 통해 "최근의 학원소요로 야기된 혼란상태가 더 이상 계속되면 국기를 근본적으로 흔들리게 할 우려가 있어" 계엄확대조치를 취한다고 발표했다. 광주항쟁의 와중에서 신현확 국무총리를 비롯, 전 국무위원이 사퇴서를 제출하고, 최 대통령은 1980년 8월 16일 대통령 직을 사임했다.

박 대통령의 사망 소식이 전해진 10월 27일부터 이듬해 신군부에 의한 5·17쿠데타에 이르기까지 정확히 203일 동안은 조금 빨리 시작되기는 했지만 계절의 봄과 더불어 '정치의 봄'이었다.

10·26사태로 비상계엄이 선포되고 정국의 추이에 불안을 느끼면서도 절대독재자의 사망으로 다수의 국민은 해방감을 느끼게 되었고, 해빙과 더불어 날이 갈수록 민주화의 갈망은 확대되었다.

'서울의 봄'은 체코의 '프라하의 봄'에서 연유되어 많은 사람의 입에 오르내리면서 민주회복을 기대하는 국민의 대명사가 되었다. 그러나 프라하의 봄이 소련군의 탱크에 짓밟혔듯이 서울의 봄은 신군부의 장갑차에 산산조각이 나고 말았다.

5·17계엄령 전까지 서울뿐만 아니라 전국 각지에서 민주화의 물결은 봇물 터지듯이 솟구쳤다. 4·19직후처럼 민주회복의 물결이 도도하게 흘러 군사독재의 모든 잔재를 씻어내는 듯 했다.

1980년 3월 신학기부터 각 대학에서 학생회와 평교수회가 부활되고 2·29복권조치에 의해 긴급조치로 해직 또는 제적되었던 교수와 학생들이 학원으로 돌아옴에 따라 학원가에서는 '학원민주화'를 외치는 토론회, 농성, 교내시위가 일기 시작, 3월 27일의 조선대학교의 교내시위를 시발로 서울과 지방의 각 대학으로 번져나갔고, 구호도 △ 학원 내 언론자유 △ 어용교수 퇴진 △ 재단운영 개선 등으로 구체화되었다.

4월 14일 전두환 보안사령관이 중앙정보부장 서리를 겸임하는 등 유신잔당과 신군부세력의 체제개편 음모를 노골화하자 학생들은 학원민주화투쟁에서 사회민주화투쟁으로 전환, 5월 2일 1만여 명의 학생이 참가한 서울대 '민주화대총회'를 시발로 각 대학이 '민주화대행진'에 돌입했다. 이들은 △ 유신세력 퇴진 △ 계엄철폐 △ 2원집정부제 반대 △ 정부주도 개헌반대 등의 정치적인 문제를 내걸고 가두로 진출하기 시작했다. 이러한 학생들의 가두시위는 5월 15일 전국 대학생의 계엄해제 요구시위에서 절정을 이루었다.

5월 13일 밤 서울 광화문 일대에서 6개 대학 2,500여 명의 학생들이 '계엄철폐'를 외치며 가두시위를 감행하고 서울시내 27개 대학 학생대표들은 13일 밤 회의를 소집, 14일부터 일제히 가두시위에 돌입할 것을 결의했다. 이에 따라 14일 서울시내 21개 대학 5만여 명의 학생들은 빗속에서 밤늦게까지 서울의 종로, 광화문, 시청 앞 등 도심지에서 가두시위를 벌였으며, 지방 10개 도시의 11개 대학도 일제히 가두시위에 돌입했다.

전국적인 격렬한 시위는 15일에도 이어져 이날 저녁 서울역 광장에는 학생 10만, 시민 5만 명이 집결하여 계엄철폐와 유신잔당 퇴진을 요구하며 격렬한 시위를 전개했다.

정부는 2월 29일 긴급조치 등 정치적 이유로 공민권이 제한되어 있던 윤보선, 김대중, 함석헌, 정일형, 이우정, 문익환, 문동환, 서남동, 윤반웅, 리영희, 백낙청, 김찬국, 지학순 등 687명(정치인 22명, 종교인 42명, 학생 373명, 교직자 24명, 언론인 9명 기타 217명)에 대한 복권조치를 단행했다.

1979년 11월 17일 김영삼과 김종필이 만나 평화적 정권교체의 기틀을 마련하는 데 서로 노력하기로 합의했으며, 2월 12일 김영삼은 신민당 충남도지부 결성대회에서 대통령후보 출마를 간접적으로 시사하는 발언을 했다. 김대중은 복권 후인 3월 1일 기자회견에서 "신민당에 들어가 경쟁을 벌일 경우 민주화를 바라지 않는 세력들에게 어부지리를 줄 것"이라며 신민당 입당문제를 유보했다. 신민당은 양김의 의견이 엇갈려 신민, 재야의 통합이 난항을 계속한 상태에서 두 사람이 각기 독자행보에 나섰고, 김종필도 대통령후보를 선언하여 정국은 이른바 '3김시대'의 각축이 전개되었다.

5월 중순에 접어들면서 군부의 '위기설'이 나돌자 학생운동 지도부는 학교로 돌아가기로 결정하고 16일에는 이화여대에서 제1회 전국대학총학생회장단 회의를 개최, 17일부터 정상수업을 받기로 결정했다. 그러나 권력장악을 기도해온 전두환 신군부는 17일 새벽 쿠데타를 자행하였고, '서울의 봄'은 일진광풍에 산산이 찢기고 말았다.

50

전두환 쿠데타 '서울의 봄' 짓밟다

헤겔의 지적처럼 되풀이 되는 역사는 "한 번은 비극으로 한 번은 희극으로" 반복되는가. 하지만 한국에서는 되풀이 되는 두 번째도 비극으로 재현되었다.

박정희 정권 시대에 청와대 경호실, 보안사, 수경사, 특전단 등 수도권 핵심지역에서 박정희의 비호 아래 세력을 키워온 육사 11기 출신의 '정치군인'들은 10·26사태 이후 군부 일각에서 "차제에 정치군인을 제거해야 한다."는 주장이 대두되고 정승화 참모총장이 계엄사령관에 취임하면서 곧바로 수도권 지역 군부 주요지휘관을 자파세력으로 개편하자 이에 불만을 품고 국군보안사령관 겸 합동수사본부장인 전두환 소장을 중심으로 쿠데타를 모의하기 시작했다.

전두환 중심의 '하나회' 출신인 이들 정치군인들은 4월 14일 전두환이 공석 중이던 중앙정보부장(서리)에 취임하여 내각에 합법적인 영향력을 행사하게 되면서 본격적으로 쿠데타를 모의하는 한편, 그 전 단계로 12월 12일 정승화를 체포함으로써 군권을 장악했다.

12·12 하극상을 통해 군권을 장악한 신군부 측은 13일 새벽부터 국방부, 육군본부, 수경사 등 국방중추부를 차례로 장악하고, 각 방송국, 신문사, 통신사를 점거하여 자신들의 통제 하에 두었다.

이들은 정승화를 비롯, 그의 추종세력인 3군사령관 이건영, 특전사령관 정병주, 수도경비사령관 장태완 등을 1980년 1월 20일자로 모두 예편시키고 정승화에게는 징역 10년형을 선고했다. 군권을 장악한 전두환 세력은 거칠 것이 없었다.

1980년 5월 17일 저녁 9시경 중앙청 국무회의실에는 비상국무회의 소집 연락을 받은 국무위원들이 모여들었다. 그들은 무엇 때문에 저녁에 갑자기 국무회의가 소집되는지, 무슨 안건을 심의해야 하는지도 모르고 회의에 참석했다.

이날 저녁 중앙청 일대에는 전에 없이 삼엄한 경비가 펼쳐졌고, 국무회의실 복도 양편에 착검한 소총을 든 살벌한 무장군인들이 공포분위기를 조성하고 있었다. 국무위원들은 외부와 자유롭게 전화통화를 할 수조차 없었다.

신현확 총리는 9시 42분에 제42회 임시국무회의 개회를 선언하고 국방부에서 '의안 360호'로 제출한 비상계엄 전국 확대선포안을 의안으로 상정하여 의결해 줄 것을 요청했다. 김옥길 문교장관이 의안에 대한 설명을 요구했지만 찬반토론은 전혀 없었다. 신 총리가 이 의안의 가결과 국무회의의 산회를 선언했을 때 시간은 9시 50분이었다. 찬반토론도 없이 단 8분 만에 비상계엄 전국 확대선포안이 의결된 것이다. 실로 최규하 정부는 신군부의 꼭두각시에 불과하였던 것이다.

이렇게 토론 한마디 없이, 헌법기구인 국회를 쓸어버리고 민주화를 짓밟는, 그리하여 5·17쿠데타를 뒷받침하는 계엄포고령이 국무회의에서 어이없게 처리된 것이다. 신군부의 이른바 '싹쓸이' 작전은 이렇게 시작되었다.

임시국무회의가 계엄포고령을 의결한 것은 요식절차에 불과하고 이보다 앞서 이날 오전 11시부터 전군 주요 지휘관회의가 소집되었다. 전군 지휘관회의는 최성택 합참정보국장의 정세보고와 현황설명 후 자유토론 형식으로 진행되었다. 정호용 특전사령관과 노태우 수경사령관, 박준병 20사단장 등이 강경발언을 계속했으며, 일부 신중론이 있었지만 대세에 영향을 미치지는 못했다. 신군부는 회의가 끝날 무렵 백지를 돌려 참석자들의 연서명을 받았다.

회의를 마친 주영복 국방장관과 이희성 계엄사령관은 전국 주요 지휘관들의 연서명이 첨부된 신군부의 시국대책안을 들고 오후 5시경 신 국무총리를 찾아갔다. 신 총리는 국보위설치안에 대해서만 반대하고 나머지는 모두 받아들였다. 셋은 곧바로 청와대로 가서 최규하 대통령에게 군부의 시국대책안을 설명했다. 최규하는 오후 7시경 이를 승인하고 신 총리에게 비상국무회의를 소집하라고 지시했다.

이보다 조금 더 앞선 16일 밤 10시 30분경, 최 대통령이 사우디 방문에서 앞당겨 귀국하자 전두환은 신 총리, 이희성 계엄사령관, 주영복 국방장관, 김종환 내무장관과 청와대에 들어가 비상계엄 확대조치의 필요성을 주장했다. 청와대를 나온 전두환은 보안사의 권력장악 시나리오 준비팀인 권정달 정보처장, 이학봉 대공처장, 허화평 비서실장, 허삼수 인사처장 등 심복들을 가동시켜 군지휘관회의에서 결정할 사항과 민주세력을 말살하기 위한 작전을 진행시켰다.

신군부는 5월 초순부터 이른바 '충정작전'의 구실로 충정부대의 서울 인근 투입을 5월 17일 이전에 이미 완료했다. 특히 광주에는 공수부대의 핵심부대를 파견했다.

신군부는 치밀하게 짜여진 작전계획에 따라 5월 18일 0시를 기해 지역계엄을 전국계엄으로 확대하고 계엄포고령 제10호를 발표, △ 모든 정치활동의 중지 및 옥내외 집회 · 시위의 금지 △ 언론 · 출판 · 보도 및 방송의 사전검열 △ 각 대학에 휴교령을 내렸다.

이어서 18일에는 김대중, 김상현, 김종필, 이후락 등 26명의 정치인들을 학원, 노사분규, 선동과, 권력형 부정축재 혐의로 합동수사본부에 연행하고 김영삼을 가택연금시키는 등 정치적 일대탄압을 감행하기 시작했다.

이들은 5월 18일부터 전국계엄 확대와 김대중 구속 등에 대한 저항에 나선 광주시민들을 무참히 학살하면서 5월 20일 이미 소집공고된 임시국회를 무산시키기 위해 수도군단 30사단 101연대 병력으로 국회의사당을 봉쇄하고, 헌법에 규정된 국회통보 절차조차도

밟지 않은 채 사실상 국회를 해산시켜버린 국헌문란을 자행했다.

실질적인 물리력을 장악한 신군부는 정치사회 일반에 대한 모든 권력을 찬탈하고자 국가보위비상대책위를 설치했고 전두환이 상임위원장에 취임했다. 국보위는 초법적인 권력기관으로 등장하여 정권을 탈취하고 5공 정권 수립에 받침대 노릇을 했다. 이로써 유신보다 더 포악한 5공시대가 시작되었다.

51

전두환 신군부에 맞선 광주민중항쟁

1980년 5월 광주에서 일어난 신군부의 무차별 시민학살과 이에 맞선 시민들의 저항은 1948년 정부수립 후 최초의 무장투쟁이었다. 전두환의 신군부는 권력찬탈을 위해 광주를 지정하여 사태를 일으키고 이에 저항하는 시민들을 무차별 학살했다. 박정희 정권의 '사생아'로 성장한 전두환 일당은 권력의 단맛에 길들여진 정치군인들이었다. 그들은 12·12사태로 군권을 장악하고 쿠데타의 명분을 찾고자 '호남차별'의 야만적인 정서를 활용하여 광주에서 일을 꾸몄던 것이다.

가로수의 신록이 여느 해처럼 싱그러운 1980년 5월 18일 오전, 전남대생들은 교내로 들어가려다가 총을 든 군인들에 의해 제지를 당하자 투석으로 맞섰다. 신군부는 공수부대 중에서도 핵심인 7공수여단의 33대대와 35대대를 광주에 파견하고, 그 중 33대대의 주력부대로 전남대를 장악케 했다.

당시 어느 외국 언론이 표현한 대로 '20세기의 마지막 비극'인 광주의 학살과 민중항쟁은 이로부터 시작되었다. 전두환은 17일 자정을 기해 비상계엄을 확대하고 계엄포고 제10호로 전국에 휴교령을 내렸다. 이와 더불어 김대중 등 정치인들을 구속하면서 지역정서에 휘발유를 뿌렸다. 모든 것이 미리 짜여진 시나리오였다. 전남대생들은 만일의 휴교조치에 대비하여 학교 앞에 모이기로 사전 합의한 대로 휴교령에도 불구하고 학교에 나오다가 계엄군과 대치하게 된 것이다.

학교 앞에서 계엄군에 의해 쫓겨난 학생들은 거리로 뛰쳐나와 연좌시위를 벌였고, 경찰이 최루탄과 경찰봉으로 해산시키려 하자 다시 투석전으로 맞섰다. 신군부는 경찰력으로 진압이 어렵다고 보고 오후 3시경 공수부대를 투입했다. 착검한 M16에 방망이로 무장한 공수부대원들은 남녀학생들을 붙잡아 마구 난타했다.

격분한 학생들이 보도블럭을 떼어 집어던졌다. 시민들이 지켜보고 있는데도 공수부대원들은 붙잡혀온 학생들을 군홧발로 짓밟거나, 반항하는 경우 M16에 꽂은 대검으로 등과 허벅지를 사정없이 찔러 그었다.

여대생들의 상의를 벗기고 유방을 난자하기도 했다. 피 흘리는 학생들은 굴비처럼 엮어져 군 트럭에 실려갔으며, 통금이 밤 9시로 단축되자 귀가하는 학생, 청년들을 닥치는 대로 두들겨 패고 연행하고 만류하는 시민들까지 개머리판으로 마구 때렸다.

다음날인 19일 시민들은 술렁대기 시작했다. 금남로 일대에 많은 시민들이 모여들었다. 공수대원들은 난폭하게 시민들을 해산시키려 들었다. 닥치는 대로 시민들을 구타했으며, 술에 취한 군인들도 있었다. 공수대원들의 잔인성을 목격한 군중들은 분노를 참지 못하고 마침내 총궐기에 나섰다.

완전무장한 계엄군은 시민, 학생들을 닥치는 대로 폭행하고 저항하는 사람은 칼로 옆구리를 찌르거나 등을 X자로 그어대는 등 천인공노할 만행을 저질렀다. 사망자와 부상자가 속출했다. 가톨릭센터, 공용터미널 등 광주시내 곳곳에서 시민들을 살상하는 일이 벌어졌다. 공수대원들의 무차별 만행에 시민들은 자신들을 방어할 방법을 찾기 시작했다. 택시 운전사들이 차를 몰아 도청광장으로 돌진하다가 무참히 살해되는 등 계엄군의 발포로 많은 사상자가 생겨났다.

무차별적으로 살상하는 계엄군에 시민들은 인근 경찰서에 들어가 경찰 예비군용 총기, 실탄, 수류탄을 빼앗아 무장하여 계엄군과 대치했다. 시민군에 밀린 계엄군이 시내 외각으로 퇴각하면서 마구 쏘아댄 총격으로 많은 시민이 살해되었다.

학생들은 자체적으로 시내 치안을 담당하면서 도청을 임시본부로 삼아 시민궐기대회를 열었다. '전두환 퇴진', '김대중 석방', '구속자 석방' 등의 구호를 외치며 질서있게 대회를 마쳤다. 수습위원회가 구성되었다. 수습위원들은 더 이상의 유혈사태를 막기 위해 계엄군이 시내진입을 하지 않겠다는 약속을 받고 스스로 무기수거에 나섰다.

시민들의 수습노력이 진행되고 있을 때 계엄군은 5월 27일 새벽 2시 섬광탄을 쏘면서 다시 시가지를 공격하였고, 이때 또다시 무수한 희생자를 냈다. 피를 부르며 시내를 장악한 계엄군은 마치 적진을 탈환하는 것 같은 승리감에 가득 차 있었다고 일본의 〈아사히신문〉은 전했다.

많은 총기가 시민들의 손에 쥐어졌는데도 항쟁기간 동안 은행, 백화점, 금은방 등의 강도사건이 전혀 없었다. 학생들은 치안대를 조직하여 은행과 농협 쌀 창고를 지켰다. 총상으로 인한 환자가 급증하여 피가 부족하게 되자 헌혈하는 시민들의 수도 무수히 늘어났다. 여성들은 시위대원은 물론 계엄군에게도 음식과 약품을 제공했다.

공수부대의 만행과 정부당국의 시민항쟁을 모욕하는 언행에 다시 격분한 시민들은 20일 시내버스와 택시운전사들의 차량시위, 시청접수, 광주문화방송국 방화, 21일 계엄군의 발포에 대항한 자체무장 등 적극적인 자구책을 강구함으로써 시위는 삽시간에 시가전으로 전개되었다. 21일 오후 6시경 도청을 접수한 시민군은 치안과 방위를 담당할 조직을 편성하는 한편 〈투사회보〉를 발행, 선전활동을 하고 매일 시민궐기대회를 열어 시민의 뜻을 모아 행동에 옮겼다. 〈조선일보〉가 시민들을 '폭도'로 매도하는 등 광주항쟁 기간 중 국내 언론은 사실보도는 커녕 왜곡보도를 일삼았다.

시민군 사이에 △ 사후보복 금지 △ 사망자 보상 등의 '수습대책위'와 △ 현정부 퇴진 △ 계엄령 해제 △ 학살원흉 처단 △ 구국과

도정부 수립 등 결사항전 세력의 의견대립으로 항쟁지도부 간의 균열이 생긴 가운데, 전두환 신군부 강경세력의 조기진압 방침으로 계엄군은 27일 새벽 2시 극비리에 작전을 개시하여 1시간 40여 분 만에 도청을 점령했다. 이 과정에서 도청을 사수하던 결사대원 다수가 희생되었다.

신군부의 5·17 비상계엄 확대조치에 항의하는 학생들의 시위를 진압하기 위해 광주에 투입된 공수특전단의 초강경 유혈진압에 맞서 5월 18일부터 27일까지 열흘 동안 광주시민, 전남도민들이 전개한 민주항쟁은 아직도 사망자와 부상자가 제대로 밝혀지지 않는 가운데 80년대 한국의 모든 정치적 사건들의 기폭제가 되었고, 마침내 6월 민중항쟁의 계기가 되었으며, 한국민주통일운동에 하나의 준거가 되었다. 외신은 "80년대 한국 민주화는 광주항쟁 정신 때문이었다."고 보도했다.

아울러 한국군 작전 지휘권을 갖고 있던 존 위컴 주한미군사령관이 5월 22일 광주시위 진압작전에 투입할 예하 4개 대대의 한국군 병력차출과 미국의 항공모함과 공중조기정보통제기를 배치한 사실 등이 알려지면서 80년대 반미감정의 확산 및 반미투쟁의 원인이 되기도 했다.

1988년 여소야대 국회에서 '광주학살 진상규명 청문회'가 열렸으나 아직도 정확한 사망자 수, 암매장 실태, 발포 책임자 등은 밝혀지지 않았다. 그래서 "아직도 광주는 끝나지 않았다."

52

'광주의 피' 딛고 전두환 5공정권 출범

역사는 가끔 반동기를 겪는다. 프랑스혁명 등도 그랬고 한국현대사도 다르지 않았다. '서울의 봄'을 짓밟고 광주에서 피바다를 이루면서 전두환이 등극하였다. 연대기적으로 제5공화국, 전두환 시대는 박정희의 유신시대에 못지 않는, 그보다 더 포악하고 잔혹한 무단통치 시대였다. 다시 민주주의는 실종되고 1인독재가 자행되었다.

'서울의 봄'과 함께 소생하던 언론자유는 다시 어용논객들의 전성시대가 되고, 야당의 존재는 허울뿐이었으며, 사법부는 시녀가 되었다. 미국이 5공을 지원한 것으로 알려지면서 미문화원이 화염에 쌓이고 노동운동과 학생운동이 격렬해지기 시작했다.

1980년 8월 16일 최규하 대통령이 '돌연' 사임했다. 여기서 '돌연'이라는 표현을 썼지만 사실은 이미 예정된 수순이었다. 헌법규정에 따라 박충훈 국무총리가 대통령 권한대행을 맡았다. 박 대행은 특별담화에서 "국가원수의 궐위기간을 최소한으로 단축시킴으로써 영도자의 공백에서 오는 혼란과 국가기능 정체를 막는 일이 정부가 해야 할 급선무"라고 밝혔다.

최 대통령의 사임 후 11일 만인 8월 27일 육군대장으로 예편한 전두환 국가보위비상대책위원회 상임위원장이 통일주체국민회의 제7차 회의에서 제11대 대통령으로 선출되었다. 서울 장충체육관에서 열린 통일주체국민회의 대통령선거는 단일후보인 전두환 후보가 2.524표를 얻어 99.9%의 득표율로 11대 대통령에 당선된 것이다.

아무리 폭압의 시대라고 해도 99.9%의 득표율이란 국제사회의 조롱거리가 되기에 충분했다. 전 대통령은 이날 낮 당선통지서를 받은 뒤 〈당선에 즈음한 담화〉를 발표 "국정운영에 있어 항상 국민의 소리에 귀를 기울이고 정직하고 능률적인 정부가 되도록 최선을 다하겠다."고 말하고 "새역사 창조를 위한 제반과업을 과감히 계속 추진해나가겠다."고 밝혔다.

전두환은 이미 9월 29일 정부의 개헌심의위원회가 성안한 대통령 임기 7년 단임과 간선제에 의한 대통령 선출을 골자로 하는 헌법개정안을 공고했으며, 10월 22일 이에 대한 국민투표가 실시되었다. 새 헌법안은 우리나라 투표사상 최고율인 95.5%의 투표율과 91.6의 찬성률이라는 '압도적인 지지'를 받았으며 10월 27일 공포되었다. 국민투표 과정에서 '선거계도'라는 구실로 행정력이 총동원되고 심지어 입원 중인 환자들까지도 투표에 동원하는 등 전례 없는 부정이 저질러졌다.

제8차 개헌에 해당되는 이 헌법의 주요 내용은 ① 전문에서 '4·19의거'와 '5·16혁명' 이념계승을 삭제하고 '3·1운동' 정신계승 및 제5공화국 출범을 명기했으며 ② 국가의 정당보조금 지급조항을 신설하고 ③ 기본권의 개별유보 조항 삭제, 연좌제 금지 ④ 선거인단에 의한 대통령 간선제 및 7년 단임제 ⑤ 국회의원 비례대표제 채택 ⑥ 통일주체국민회의 폐지 등이다.

전두환의 목표는 보궐선거를 통한 임시 대통령직에 있는 것이 아니었다. 이것은 하나의 과정에 불과했다.

제5공화국 헌법에 따라 제12대 대통령선거는 대통령선거인단의 간접선거로 2월 25일 실시되었다. 대통령후보는 민정당의 전두환, 민한당의 유치송, 국민당의 김종철, 민권당의 김의택 총재가 각각 입후보하여 총선거인 5,277명 중 5,271명이 투표에 참가, 전두환 후보가 4,755표를 얻어 90.2%의 다수표로 당선이 결정되었다.

제12대 대통령에 당선된 전두환은 3월 3일 임기 7년의 제12대 대통령으로 정식 취임, 제5공화국 정부를 출범시켰다. '역사상 가장 오랜 쿠데타'로 일컬어지는 12·12로부터 1년 3개월여 만이고, 5·17로부터는 10개월여 만에 마침내 대권의 자리를 차지하게 된 것이다.

전두환은 3일 오전 서울 잠실체육관에서 내외인사 9천여 명이 참석한 가운데 거행된 취임식에서 취임사를 통해 "장구한 세월에 걸친 시련과 고뇌의 시대를 넘어서서 이제야말로 제5공화국의 출범으로 자기완성 시대를 형성하여야 할 성장과 성숙의 시대에 들어서는 찰나에 있다."고 말하고, 그동안 모든 국민이 갈망해온 '전쟁위협'과 '빈곤', '정치적 탄압과 권력남용' 등 세 가지 고통으로부터의 해방을 다짐했다. 하지만 권력을 장악한 전두환과 그 일당은 '권력남용'을 통해 인권을 유린하고, 천문학적인 축재를 했던 것이 훗날 폭로되었다. 전두환 세력이 만든 정당의 이름은 '민주정의당(민정당)'이었다.

전두환은 이미 대통령에 당선되기 전의 과도기간 동안에 민간정치인들을 철저히 규제하여 정치활동을 봉쇄하고, 이른바 '김대중내란음모사건'이라 하여 김대중을 비롯하여 문익환, 이문영, 예춘호, 고은, 김상현, 이해찬 등을 투옥했으며, 중앙정보부를 국가안전기획부로 바꿔서 정치, 사회, 언론, 노동 등 모든 부문에 걸쳐 사찰을 강화시켰다. 언론기본법을 제정하고 언론통폐합을 단행하여 반정부적인 언론인을 대대적으로 숙정, 711명의 해직사태를 빚는 등 언론계를 쑥대밭으로 만들었다.

또한 노동관계법, 즉 기존의 근로기준법, 노동조합법, 노동쟁의조정법, 노동위원회법에 새로이 노사협의회법을 만들어 제3자 개입금지 조항을 설정, 외부의 지원이나 연대를 차단시키고, 노동조합에 대한 행정관청의 간섭을 합법화했으며, 쟁의행위를 규제하는 복잡한 절차를 만들어 단체행동권을 크게 제한하는 등 노동운동을 심하게 탄압했다.

또한 국가보안법을 크게 강화시켜 인권탄압을 가중시킨 것을 빼놓을 수 없다. 반공법을 폐지함과 동시에 이를 국가보안법에 흡수시켰는데, 반국가단체의 애매한 규정 등 제정 당시부터 악용될 소지를 안고 있던 이 법은 전두환 체제 출범 이후 각종 조직사건을 비롯, 민주세력을 탄압하는 도구로 악용되어 '정권보안법'이라 불릴 만큼 지탄받았다.

전두환 체제는 12·12의 하극상으로부터 출발하여 광주 민주시민을 학살하던 피 묻은 손으로 정권을 빼앗아 제5공화국을 출범시켰다. 그리고 향후 7년 동안 무소불위의 전횡과 부패, 인권유린을 자행하였다. '땡전뉴스'로 상징하는 어용언론인들과 검찰, 법조인, 정치인, 사이비 지식인들이 정권의 '호위무사' 노릇을 충실히 수행했다.

53

제물이 된 '김대중 내란음모사건'

정당성과 정통성이 없는 자들이 권력을 찬탈할 때는 제물(祭物)을 필요로 한다. 고대 부족사회에서도 추장이나 부족장이 그 자리에 오를 때는 하늘에 제사를 지낸 데서 기원한다. 제물은 소나 양 중에서 가장 살찌거나 잘 생긴 놈을 골랐다.

이승만, 박정희는 정치적 궁지에 몰리면 어김없이 국가안보를 내세워 희생양을 찾았다. 조봉암과 인혁당 8인이 그렇게 희생되었다. 전두환도 크게 다르지 않았다. 전두환의 탈권에는 재야의 지도자 김대중이 가장 큰 걸림돌이었다. 그를 희생양으로 삼았다.

…나는 총 한방 쏠 줄 모르는 사람입니다. 내가 제일 바랐던 것은 선거였습니다. 나는 비폭력 저항주의자입니다. 나는 해방 당시 스무 살이

었습니다. 해방 후 건국을 한다기에 건준에 가담해서 심부름을 좀 했습니다. 그후 신민당에 가입했으나 좌익임을 알고 46년 여름에 싸우고 나왔습니다. 그 이후 한 번도 좌익이라고 기소된 적이 없고, 6·25 때는 공산당에 의해 구속됐다가 처형 직전 탈옥했습니다. 한민통 관계는 지금 내 목숨을 앗아가려는 중대한 문제가 돼 있는데 공소내용과 사실이 다릅니다. 나의 해외에서의 활동이 어떻게 기소됐는지 그 이유를 모르겠습니다. 나는 햇빛도 없는 중앙정보부 지하실에서 60일간 조사를 받았습니다. 그런 상황에서는 멀쩡한 사람도 공산주의자로 만들 수 있는 것입니다. 옆방에서 고문당하는 소리가 들리고 발가벗기고 공포분위기 속에서 조사를 받았습니다. …납치 후 6년의 기간 중 3년은 감옥에 있었고 3년은 연금상태에 있었습니다. 주일 한국대사관의 공사가 미국으로 망명하여, '한민통이 조총련의 배후조종을 받는지 내사를 해보았으나 아니다라는 결론을 얻었다'고 말했고 이것이 일본 신문에 크게 보도됐다는 소식을 들은 적도 있습니다. 내란음모 부분에 있어서도 나는 엉뚱하게 몰린 느낌이 있습니다. 내가 10·26 이후 만난 몇 만 명 중에서 데모하라고 종용하거나 정부를 전복하자고 얘기한 사람은 한 사람도 없습니다. 적어도 내란음모를 했다면 상상도 할 수 없는 일입니다. 당국이 나의 형을 집행하려 한다면 불가능한 일은 아닐 것입니다. 그러나 이것이 과연 법의 정의에 합당하며 민주국가로서 옳은 일인가를 심사숙고해 주기 바랍니다. 나는 나에 대한 관대한 처분보다는 다른 피고인들에 대한 관용을 바랍니다. …지금 나를 이렇게 만든 사람들을 용서하고 이해합니다. 여기 앉아계신 피고인들에게 부탁드립니다. 내가 죽더라도 다시는 이러한 정치보복이 없어야 한다는 것을 유언으로 남기고 싶습니다."

1980년 9월 13일 오전 육본 계엄보통군법회의 18차 공판에서 내란죄의 혐의로 사형선고를 받은 김대중은 이렇게 최후진술을 마쳤다.

권총으로 무장한 안전국(중앙정보부) 요원들이 수경사 병력들과 함께 동교동 김대중 씨 자택에 들이닥친 것은 그날 밤(5월 17일) 10시 40분 경, 김 씨는 엄습해오는 불길한 예감에 사로잡힌 채 비서들과 함께 말없이 거실에 앉아 있었다. 저녁 8시경부터 "천지개벽이 되었으니 빨리 피하라", "모두 끝났다. 신변을 조심하라."는 익명의 전화가 걸려왔던 것이다.

바깥 분위기를 정탐하러 나간 비서들로부터는 "10여 대의 검은 승용차가 집 주위를 에워싸고 있다"는 전갈이 왔다. …10시 40분경, 골목 어귀 가로등이 꺼지고 초인종이 울렸다. 대문을 열자마자 M16 소총을 든 검은 그림자들이 쏟아져 들어오며 닥치는 대로 개머리판을 휘둘러댔다. "이 새끼들, 까불면 모두 죽여 버려!" 지휘자가 고함쳤다. 거실에 있다가 뛰어나온 김옥두, 이협, 유훈근 등 비서들의 턱밑에도 M16 총검이 겨눠졌다. 비서들은 모두 마당에 꿇어앉았다. 개머리판에 머리를 맞은 정승화는 정신을 잃은 채 피를 흘리고 있었다. 제1야당 대통령 후보를 지낸 김대중의 집은 아비규환이 되었다.

안전국 요원들이 구둣발로 거실에 들어섰다. 그들은 잠자코 의자에 앉아있던 김대중 씨의 양팔을 꼈다. 끌려서 대문을 나서는 김 씨의 등 뒤를 총검이 에워쌌다. 이때가 11시 10분 경, 김 씨를 태운 승용차가 남산 지하실을 향하면서부터 겪기 어려운 수모가 시작됐다. 김 씨는 차 안에서 내내 무릎 사이까지 머리를 숙여야 했다(이도성, 《남산의 부장들 3》 인용).

김대중은 이렇게 연행되어 60일 동안 남산 지하실에서 심한 고문을 받았고, 엉뚱하게도 연행 다음날부터 그를 석방하라면서 항쟁에 나선 '광주사태'의 배후조종과 내란음모혐의로 기소되어 대법원에서까지 사형선고를 받아야 했다.

1980년 9월 9일 내란음모 · 외환관리법 · 계엄법 등 위반혐의로 구속기소된 김대중은 7월 12일 육군교도소에 수감되어 9월 17일 육본 계엄보통국법회의 1심에서 사형을 선고받고, 11월 3일 육본 계엄고등국법회의에서도 사형, 1981년 1월 23일 대법원이 상고를 기각하여 사형이 확정되었다.

같은 날 특별사면으로 사형에서 무기로 감형되어 1월 31일 청주교도소로 이감되었으며, 1982년 3월 3일 징역 20년으로 감형되었다. 또 그와 함께 구속 기소된 문익환, 이문영, 예춘호, 고은태(고은), 김상현, 이해동, 함세웅, 이해찬 등도 각각 중형을 선고받았다.

전두환 정권은 국내외의 세찬 여론에 밀려 1982년 12월 16일 김대중을 청주교도소에서 서울대병원으로 이감하여 치료를 받게 하고, 12월 23일 형집행 정지로 부인 이희호, 차남 홍업, 삼남 홍걸 등 가족 3명과 함께 미국으로 떠나게 했다. 미 국무성은 김대중의 석방에 노먼 번즈 동아시아국 대변인을 통해 환영논평을 발표하고, 나카소네 야스히로 일본 수상은 "인도적 견지에서 지극히 바람직스러운 일"이라고 논평했으며, 아베 신타로 일본외상은 "한국정부의 조치를 평가한다"고 환영했다.

전두환의 신군부 세력은 5·17쿠데타를 감행하면서 자신들의 정권유지에 걸림돌이 된다고 판단하여, 조작된 시나리오로 김대중을 처형할 계획을 세웠다. 그리고 군사재판에서 사형까지 선고했지만 미국, 영국, 프랑스, 독일, 일본 등 우방국들의 세찬 비판과 구명운동에 굴복하여 해외추방 조치로 일을 마무리 지었다. 국내에서는 강원용 목사 등이 구명운동에 나섰다. 훗날 이 사건은 재심에서 무죄가 선고되었다.

54

김영삼 단식과 '민주화추진협의회' 결성

폭력으로 도득한 정권은 아무리 방비가 치밀해도 국민의 자발적인 동의가 없으면 허물어지게 마련이다. 전두환 정권은 학생, 노동자들의 산발적인 저항을 공권력이라는 폭력으로 제압하면서 철옹성을 쌓아갔다. 광주학살과 조작된 김대중 내란음모사건을 지켜보면서 국민들은 공포심을 어찌하기 어려웠다. 5공 철옹성에 망치를 든 것은 김영삼이었다.

1983년 5월 18일 전 신민당 총재 김영삼은 서울 상도동 자택에서 단식에 들어갔다. 1980년 5·17군사쿠데타에 의해 타의로 정계은퇴를 선언하고 자택에 연금당한 지 3년 만에 단식을 결행한 것이다.

김영삼은 〈단식에 즈음하여〉라는 성명을 발표하고 단식에 들어

갔는데, 이 성명에서 "민주화투쟁을 더욱 굳건히 그리고 더욱 튼튼한 신념으로 해나가기 위하여 이번 단식을 하는만큼 나는 이 단식으로 민주화투쟁에 대한 나의 움직일 수 없는 결의를 나 자신과 국민에게 분명히 하고자 한다."고 말했다.

광주민주항쟁 3주년을 계기로 시작한 김영삼의 단식투쟁은 출범 3년을 맞은 제5공화국의 체제 내 정치권에 큰 파문을 던졌으며, 임시국회 소집문제를 비롯하여 민한당의 진로문제와 특히 민주화추진협의회 결성의 계기를 만들었다.

김영삼은 단식에 앞서 5월 2일 발표한 〈국민에게 드리는 글〉에서 ① 구속인사의 전원석방 ② 전면해금 ③ 해직교수 및 근로자·제적학생의 복직·복교·복권 ④ 언론자유 ⑤ 개헌 및 국가보안법의 개폐 등 5개항을 요구한 바 있다.

김영삼의 단식과 관련 5월 19일 전 신민당 소속의원, 재경지구당 위원장, 지도위원 등 20여 명은 긴급 모임을 갖고 대책을 논의하여 '김영삼 총재 단식대책위원회 6인소위'를 구성하고 국무총리의 면담을 요구키로 했다.

단식이 8일째 계속되던 5월 25일 오전 노량진경찰서장과 정보과장 등이 상도동 자택을 찾아 김 씨를 병원으로 이송할 것임을 통보하고 앰뷸런스에 태워 서울대병원에 강제 입원시켰다. 서울대병원으로 이송되고도 김영삼은 단식을 중단하지 않았다. 정부당국은 그의 건강상태가 악화된 시점인 5월 30일 김 씨의 연금을 해제한다고 발표했다.

이날 김영삼은 김덕룡 비서실장을 통해 "연금의 해제는 지극히 당연하고 마땅한 조처이나 단식을 시작한 이유가 아니고 요구사항도 아니다."면서 〈국민에게 드리는 글〉에서 명시한 5개항의 민주화 요구를 정부당국이 받아들일 것을 거듭 촉구했다.

민한당의 유치송 총재, 윤보선 전 대통령, 김수환 추기경, 유진오 전 신민당 총재 등이 5월 29일부터 차례로 김영삼과 면담, 단식중단을 종용했다. 6월 1일 전 신민당 및 통일당 소속 의원 32명과 원외인사 7명 등 39명은 회합을 갖고 민주화를 요구하는 시국선언문 및 결의문을 채택하고 민주화를 위한 범국민적 연합전선을 구축키로 하는 한편, 15일째가 되는 김영삼의 단식 중단을 종용키로 합의했다.

이들은 결의문에서 ① 김 씨가 제시한 5개항의 민주화요구 지지 ② 민주화를 위한 범국민적 연합전선 구축 ③ 당국의 성의 있는 결단과 대화촉구 ④ 단식중단 호소 등을 결의했다. 이들 중 일부는 6월 2일 서울대병원에서 다시 모임을 갖고 민주화추진을 위해 구축키로 한 범국민적 조직의 명칭을 '민주국민협의회'로 정하고 의장에 이민우, 대변인에 김덕룡을 지명했다.

단식이 20일을 넘기게 되자 의료진은 혈액검사 결과 건강상태가 위험수위라고 밝혔다. 이에 따라 김영삼은 23일 만에 단식을 중단하고, 그 후 20여 일의 회복치료를 받은 뒤 6월 30일 퇴원했다.

1984년 5월 17일 김영삼의 상도동계와 김대중의 동교동계는 광주민주항쟁 4주년에 즈음하여 민주화추진협의회(민추협)를 결성했다. 1년 전에 김영삼이 '민주화 5개 사항'을 놓고 단식을 시작하면서부터 논의되기 시작해 1983년 8월 서울과 워싱턴에서 〈김영삼, 김대중 8·15공동선언〉이 발표된 것을 계기로 '80년 서울의 봄' 이래 갈라섰던 야권의 양대진영이 합쳐 민추협을 결성하고 반독재투쟁을 벌이기로 한 것이다.

단식중단 이후 가택연금이 풀린 김영삼은 상도동계 친목모임인 민주산악회를 구성하는 한편, 미국에 망명중인 김대중의 동교동 측과 제휴를 모색, 양계열의 합작으로 민추협을 결성한 것이다.

민추협은 1984년 5월 18일 김영삼·김대중 공동의장 이름으로 발표한 결성선언문 〈민주화 투쟁선언〉에서 "우리는 군인의 정치개입이 민주헌정을 후퇴시키고 민족사의 불행과 안보상의 불안을 초래한다는 역사적 경험을 토대로 군인이 본연의 사명인 신성한 국방의무로 복귀할 것을 주장하고 시민민주주의를 실현시키기 위해서 투쟁한다."는 등 9개항의 내용을 발표했다.

제12대 총선을 앞둔 1984년 11월 말 정부는 정치활동 미해금자중 84명을 해금했다. 이들은 민추협 인사들과 함께 군정종식과 문민정치, 선명야당의 기치를 내걸고 신당창당 작업에 들어갔다.

상도동계의 이민우, 최형우, 김동영 동교동계의 김상현, 김녹영, 조연하 등은 1984년 12월 15일 실무대표회의를 갖고 창당발기인 선정기준 등 구체적인 실무협의에 들어갔으며 소집책에 이민우를 선정했다. 이 무렵 민한당 소속 일부 의원과 전직 의원이 탈당, 신당에 가담했다.

신당은 12월 20일 발기인 115명이 참석한 가운데 신한민주당 발기인대회를 열고 이어서 1985년 1월 18일 신한민주당을 창당했다. 신한민주당의 창당은 정치권에서 반 전두환 정권의 모체가 되었고 학생, 재야, 노동세력과 연대하면서, 5공 정권은 더욱 위기에 몰리게 되었다.

55

5공 몰락의 진원지 12대 총선

1985년 2월의 한국은 계절적으로나 정치적으로 한겨울의 동토였다. 2월은 아직 봄이 오기는 이른 계절이었고, 5공 정권에서의 두 번째 총선거가 12일로 예정되었지만 주요 야당인사들이 여전히 정치규제에 묶여 있는 데다 야권의 난립으로 선거는 별로 국민의 관심을 끌지 못하고 있었다.

유일한 관심이라면 제도권의 제1야당인 민한당과 창당된 지 한 달도 채 안 된 신한민주당(신민당)의 의석이 어떻게 나타날 것인가 하는 정도에 불과했다. 그런데 투표일을 앞두고 신생 신민당이 서서히 바람을 일으키면서 국민의 정치에 대한 관심이 점점 고조되기 시작했고, 합동강연회장에서는 그동안 금기시되다시피한 '특정인'의 이름이 거침없이 쏟아지면서 5공비판과 민주화의 목청이 언 땅을 녹이기 시작했다.

투표일을 4일 앞두고 그 '특정인'이 전격적으로 귀국했다. 전두환 정부는 그동안 계속해서 김대중의 귀국을 거부하며 만약 귀국하면 다시 투옥시키겠다고 협박하는 등 강경하게 나왔었다. 게다가 필리핀의 야당 지도자 아키노가 귀국 도중 마닐라 공항에서 저격당해 사망한 지 얼마 지나지 않은 관계로 미국정부도 그의 신변안전을 이유로 귀국을 만류했다.

그런데도 김대중은 미국에 망명한 지 2년여 만인 2월 8일 김포공항을 통해 전격적으로 귀국하고, 이 사건은 서서히 달아오르던 2·12선거전에 기름을 끼얹는 듯한 역할을 하여 마침내 선거혁명의 바람이 몰아치게 되었다.

김대중 씨가 귀국한 8일 오전 10시 30분경부터 김포가도 공항입구에서 500여 명의 학생들이 '독재타도'를 외치며 시위를 벌이기 시작하여 오후 3시 경까지 산발적인 시위가 계속됐다. 학생들은 '전면해금 실시하라', '환영 김대중선생 귀국'등의 플래카드를 펼쳐들고 데모가를 불렀다.

오전 11시 반경 3만여 명으로 불어난 학생과 시민들은 여러 곳에서 스크럼을 짜고 시위를 벌였다.

학생과 시민들은 경찰이 시위학생들을 연행할 때마다 '워' 하고 야유를 보내기도 했다. 낮 12시 20분 경 500여 명의 학생과 시민들이 스크럼을 짜고 김포가도 한 복판으로 들어서 '일당독재 결사반대'를 외치며 전경들과 30분 가량 대치했다. 경찰은 이때부터 최루탄을 쏘며 시위자들을 해산시켰다. 공항입구에 모였던 3만여 명의 학생과 시민들은 경찰에 밀려 오후 3시 경 해산했다.

이날 양화교 부근 화곡동 입구에는 5만여 명의 인파가 몰려 오전 11시 경부터 차량통행이 완전 차단됐다가 오후 1시 15분경부터 차량통행이 재개됐다.

5·17쿠데타 이래 처음으로 많은 인파가 김대중의 귀국을 지켜보기 위해 김포공항으로 몰려나갔다. 그러나 막상 본인은 일체의 외부접촉 없이 삼엄한 경계를 편 당국의 호위 속에 8일 오후 1시 20분께 커튼으로 창을 가린 18인승 미니버스로 마포구 동교동 자택에 도착했다. 자택 부근에도 경찰이 경계망을 펴 외부인의 출입을 통제했다.

이날 김대중의 귀국길에는 미 하원의 에드워드 페이언, 토머스 폴리에타 의원 등 20여 명의 외국인이 동행했다.

2·12총선은 광주학살로 상징되는 유혈참극을 저지르고, 헌정을 유린하면서 집권한 전두환 신군부 세력에 처음으로 민주세력이 당당하게 대결하여 일전을 겨룬 첫 승부였다.

국내에서는 김영삼이 죽음을 각오한 23일 간의 단식 끝에 흩어진 야권을 결속했고, 국외에서는 김대중이 국내 민주화세력과 연계하면서 역시 죽음을 각오한 귀국을 단행하여 모처럼 민주세력이 결합해 전두환 세력과 대결하게 된 것이다.

총선 결과 지역구 총의석수 284석 중 민정당 87석, 신민당 50석, 민한당 26석, 국민당 15석, 기타 6석이었다. 이에 따라 민정당은 전국구 61석을 합쳐 148석, 신민당은 17석을 합쳐 67석, 민한당은 9석을 합쳐 35석, 국민당은 5석을 합쳐 30석이 되었다. 득표율을 보면 민정 35.25%, 신민 29.26%, 민한 19.68%, 국민 9.16%로 야권의 총 득표율이 58.1%로 민정당을 크게 압도했다.

선거의 특징은 선거일을 불과 20여 일 앞두고 창당한 신민당이 67석을 확보, 제1야당으로 부상하는 한편 대도시를 휩쓸어 서울 14개 지구, 부산 6개 지구, 광주 · 인천 · 대전 각 2개 지구 등 5대도시에서 전원 당선자를 냈으며, 대구 3개 지구 중 2개 지구에서 승리했다. 또한 서울 · 부산 등지에서 거의 1등을 함으로써 여촌야도의 투표성향이 되살아나는 듯한 경향을 보였다. 대도시의 득표율 면에 있어서도 신민당은 민정당을 앞질렀다.

2 · 12총선은 선명야당의 기치를 내건 신민당이 제1야당으로 부상함에 따라 그동안 제도권 야당으로 안주해온 민한당이 붕괴되어 자동적으로 야권통합의 계기가 마련되었으며, '자생야당'의 등장으로 양김 중심의 야권이 전두환 정권과의 한판 대결을 가져오게 하는 민주장정의 시초가 되었다.

신민당은 제2차 전당대회에서 사실상 신민당을 이끌어온 김영삼, 김대중을 상임고문으로 추대했다. 그러나 주류와 비주류의 시국대처 방법론과 상도동, 동교동의 상호견제 및 암투는 김녹영 부총재(국회부의장)의 사망으로 공석이 된 부의장 선출에서 분열을 일으킨 것을 비롯, 대여투쟁 노선을 둘러싸고 유한열, 이태구가 주도한 신보수회 소속의원 12명이 집단 탈당하는 등 당내 전열에 금이 가기 시작했다.

또한 신민당은 5공 정권을 반대하는 국민의 성원을 바탕으로 직선제 개헌을 위한 원내외 투쟁을 벌이는 과정에서 내각제 개헌을 시사하는 '이민우 구상'이라는 돌출현상에 부닥치게 되었다. 이로 인해 당내분이 격화되어 김영삼, 김대중 지지의원 73명이 분당을 선언하고 통일민주당을 창당함으로써 신민당은 이민우, 이철승, 김재광, 신도환을 중심으로 하는 허울만 남게 되었다.

56

독재의 하수인들 '성고문'까지

포악한 독재체제에서는 관리들도 포악해진다. 히틀러나 스탈린, 일제와 유신체제하의 수사관들의 행태를 보면 잘 알 수 있다. 전두환 체제에서 일부 검·경·정보요원 등의 행위는 야만, 그것이었다. 악독한 자들이 출세하는 변칙구조여서 악행이 계속되고, 견제 기능이 차단되면서 악행은 구조화되었다. 부천서 성고문 사건이 발생하게 된 정치, 사회적 배경이다.

> 잔악한 체구의 처녀가 지난 6월 6일과 7일 부천서에서 저 무도하고도 야수적인 능욕을 당하고, 산산이 파괴된 인생의 절망과 겪어보지 않고는 누구도 그 깊이를 알 수 없는 비통한 자기모멸감과 수치심, 그리고 출구를 찾을 길 없는 치떨리는 분노에 시달리면서 경찰서보호소에서

> 유치장으로, 다시 교도소의 감방으로 짐짝처럼 넘겨질 때에 순간순간마다 그녀의 뇌리를 무겁게 짓눌렀던 것은 오직 자기파괴와 죽음에의 충동, 그리고 한시도 떠나지 않는 악몽 속의 가위눌림뿐, 그녀는 이미 죽은 목숨이나 다름없었던….

이른바 '부천서 성고문사건'으로 이름붙여진 권인숙 씨의 성고문 정황을 변호인단의 〈고발장〉은 이렇게 통렬히 적시했다. 〈고발장〉은 다시 이어진다.

> 저 나치즘 하에서나 있었음직한 비인간적인 만행이 이 땅에서도 버젓이 자행되고 있다는 사실을 알게 되었을 때, 경악과 공분을 느낌과 아울러 인간에 대한 믿음마저 앗아가는 듯한 암담한 좌절감을 느끼게 되었다. 단순히 음욕 때문에 일어난 것이 아니고, 성이 고문의 도구로 악용되어 계획적으로 자행되었다는 점에서, 이 사건은 우리에게 더 큰 충격을 불러일으켰다.

1986년 6월 6일 새벽 4시 30분경부터 2시간 반 동안, 그리고 7일 밤 9시 30분 경부터 2시간 동안 경기도 부천경찰서 경장 문귀동은 권 양에게 성고문을 가하며 진술을 강요했다. 문귀동은 5·3인천사태 관련수배자의 소재를 대라면서 권 양을 성고문한 것이다.

1986년 인천 5·3항쟁 이후 민주화 진영은 다양한 방법으로 헌법개정 투쟁을 대중적으로 전개하였다. 이에 정부는 정권안보차원에서 경찰력을 동원하여 인천 5·3항쟁의 배후를 색출하는데 주력하였는데, 이를 위해 구속, 수배, 고문 등을 자행하였다.

22세의 젊은 여성의 가냘픈 몸으로 시대의 불의, 제도와 공권력의 폭력에 불굴의 투지로 맞섰던 권 양은, 6월 4일 경찰에 연행돼 성고문이라는 상상조차 하기 힘든 치욕을 당한 후 공문서변조 및 동 행사, 사문서변조 및 동 행사, 절도, 문서파손 등의 혐의로 구속기소되어 징역 1년 6월의 형 확정판결을 받고 복역 중 당국의 7·6 조치로 가석방되었다.

권 양은 당시 이 사회에서 선택된 소수에 드는 여대생의 모든 기득권을 포기하고 노동현장에 뛰어들었다. 1982년 서울대 가정대 의류학과에 입학한 권 양은 노동운동에 헌신하기 위해 대학 4학년인 1985년 봄 스스로 학교를 등지고 경기도 부천시 송내동에 있는 주식회사 성신이라는 가스배출기 제조업체에 '허명숙'이라는 이름을 사용하여 생산직 근로자로 위장취업을 했다. 대학출신들의 생산직 취업이 노동운동을 위한 위장취업으로 규제되는 상황에서, 대학을 다녔다는 사실이 드러나지 않도록 하기 위해 남의 주민등록증을 변조해 사용했다.

그러나 권 양은 이 회사에 오래 근무할 수가 없었다. 회사 측으로부터 '위장취업'의 의심을 사게 되어 직장을 그만두게 된 것이다. 그러다가 6월 4일 밤 부천경찰서에 영장도 없이 연행되어 성고문을 당하게 된 것이다.

사건발생 약 1개월 만인 7월 3일 권 양은 변호사를 통해 문귀동을 강제추행 혐의로 인천지점에 고소하고, 5일에는 변호인단 9명이 문귀동과 옥봉환 부천경찰서장 등 관련 경찰관 6명을 독직·폭행 및 가혹행위 혐의로 고발했으나, 문귀동은 사실을 은폐한 채 권 양을 명예훼손 및 무고혐의로 맞고소했다.

당초 검찰과 공안당국은 권 양의 성폭행 주장을 '혁명을 위해 성까지 도구화하는' 급진 좌경세력의 상습적 전술이라며 권 양을 매도했다. 또 정부당국은 각 언론기관에 보도지침을 보내 '부천서 성폭행사건'이라 쓰지 말고 그냥 '부천서 사건'으로 보도할 것을 지시하는가 하면, 출입기자들에게 거액의 '촌지'를 뿌려 이 사건의 보도를 축소하고자 했다. 길들여진 언론은 이 사건을 제대로 보도하지 않았다.

정부당국의 조직적인 은폐조작에도 불구하고 진상규명 및 공정수사를 촉구하는 여론이 빗발치자 검찰은 뒤늦게 수사에 나서 진실을 거의 파헤쳤으나, 외부압력에 의해 사건을 고의적으로 은폐, 축소하였다. 그리하여 검찰은 8월 21일 문귀동에 대해 기소유예, 옥봉환 등 관련 경찰관 5명에 대해 무혐의 결정을 내렸다.

9월 1일 권 양의 변론과 진상규명을 위해 유례없이 변호사 166명이 변호인단을 구성해 검찰의 결정에 불복, 인천지검에 재정신청을 냈으나, 인천지검과 서울지검에서 잇따라 기각당한 데 이어 혐의사실을 대부분 인정한 서울고법에서도 끝내 재정신청을 기각 당했다.

이 사건은 대법원에 재항고 계류 중 사건발생 3년여 만인 1989년 문귀동에게 징역 5년의 실형이 선고되었고 권 양에게는 위자료를 지불하라는 판결이 내려졌다. 이 사건은 진실확인 과정에서 공권력의 횡포와 부도덕성, 인권탄압의 실상을 폭로하여 제5공화국의 종말을 앞당기는 '최고장'이 되었다. 또한 재야, 정치권, 종교계, 여성계가 연합하여 성고문 용공조작 범국민폭로대회를 개최하고 부천경찰서 성고문공동대책위원회를 발족시키는 등 공동대처하는 과정에서 민주세력의 연대를 강화시켜 1987년 민주화투쟁의 밑거름이 되었다.

권인숙 씨는 수치를 무릅쓰고 성고문 사실을 폭로하고, '성고문'은 공권력에 의한 인권유린의 극치로서 국민들을 충격과 분노에 떨게 하였다. "…우리는 이 사건이 종래에 흔히 볼 수 있던 통상의 고문 · 가혹행위 수법이 아니라, 여성에 대한 인간적 파괴를 노리고 반인륜적인 성고문 수법을 사용한 범행이며, 더욱이 피의사실에 관한 조사가 아니라 단순한 수배자의 검거를 위한 수단으로 이와같이 끔찍한 범행이 자행되었다는 점을 중시한다."라는 변호인단의 고발 내용처럼, 이 사건은 군사독재정권의 부도덕성을 극명하게 드러내 준 바로 그것이었다.

57

‘탁’ 치니 ‘억’ 하고…
박종철 고문치사

한 사람의 무고한 죽임은 때로 역사의 물굽이를 바꾸게 한다. 1960년 3·15 부정선거 때 마산의 김주열이 그랬고, 1987년 민중항쟁의 전초가 된 박종철 고문치사가 그랬다. ‘죽임’은 사고사가 아닌 포악한 권력의 ‘살인’이기 때문이다.

> 1월 14일 오전 8시 10분경 관악구 신림동 하숙방에서 연행돼 오전 9시 16분경 조반으로 밥과 콩나물을 주니까 조금 먹다가, 어젯밤 술을 많이 먹어서 밥맛이 없다고 냉수나 달라고 하여 냉수를 몇 컵 마신 후 10시 51분 경부터 심문을 시작, 박종운 군 소재를 묻던 중 갑자기 ‘억’ 하고 소리를 지르며 쓰러져 중앙대부속병원으로 옮겼으나 12시 경 사망하였음.

1987년 1월 15일자 〈중앙일보〉 사회면에는 '경찰에서 조사받던 대학생 쇼크사'라는 2단짜리 작은 기사가 실렸다. 이날 오후 이 기사 내용의 사실을 확인하는 기자들에게 강민창 치안본부장은 그동안 숨겨오던 박종철(21세, 서울대 언어학과 3학년) 군의 사망사실을 처음으로 시인하면서 그 경위로 앞의 인용 내용을 밝혔다. 이 자리에 배석했던 박처원 대공담당 5차장은 "책상을 '탁' 치니 '억'하고 쓰러졌다"고 '유명'한 망언 한 마디를 덧붙였다.

1월 14일 서울대생 박종철 군이 수사관 6명에 의해 치안본부 남영동 대공분실에 연행되어 서울대 민주화추진위원회사건 관련 수배자 박종운(26살, 사회학과 4학년 재적)의 소재파악을 위한 조사를 받던 중 수사요원 조한경 경위와 강진규 경사의 고문으로 이날 11시 20분 경 숨졌다. 이들은 물고문과 전기고문으로 박종철을 숨지게 하고도 단순 쇼크사인 것처럼 은폐, 조작했다.

경찰의 사건조작 은폐에도 불구하고 물고문과 전기고문의 심증을 굳히게 하는 최초 검안의 오연상의 증언과 부검의 황적준의 증언이 잇달아 신문지상에 보도되자 경찰은 자체조사에 나섰고, 사건 발생 5일 만인 1월 19일 물고문 사실을 공식 시인하고, 조한경과 강진규를 특정범죄가중처벌법 위반(고문치사) 혐의로 구속했다.

맨 처음으로 박 군의 시체를 본 오연상 교수(중앙대 부속 용산병원 내과의)는 "박 군은 병원에 옮기던 중 사망한 것이 아니라 자신이 14일 오전 11시 45분쯤 대공분실 조사실에 도착했을 때 이미 숨진 상태였으며, 자신이 도착했을 때 박군의 복부가 확연히 드러날 정도로 부푼 상태였고 청진기 진단결과 복부 등 몸 속에서 꼬르륵 하는 물소리가 들렸는데, 쇼크사는 심장마비가 먼저 오고 호흡곤란이 생기므로 쇼크사는 아닌 것으로 판단된다."고 경찰의 사인발표를 정면으로 부정했다.

또 부검을 집도한 황적준 박사는 출혈반이 생기는 원인은 여러 가지 있을 수 있으나 전기 충격요법이나 인공호흡을 했을 때도 생길 수 있으며 특별한 치명상은 발견되지 않았지만 목과 가슴 부위에 피멍이 많이 발견됐다."고 역시 경찰발표와 다른 견해를 밝혔다.

궁지에 몰린 경찰은 1월 19일 고문치사사건에 대한 2차 수사결과를 발표했다. 부검결과 사망원인은 경부압박에 의한 질식사였으며 복부팽만은 조사관의 인공호흡과 초진 의사의 호흡기 주입으로 인해 공기가 위장에 들어가 생긴 일시적 현상이라는 것이었다. 폐조직검사 결과 수분이 검출되지 않았으며, 폐기공 현상은 과거 폐결핵 병력에 의한 폐손상 흔적이고 왼손 부위와 머리 부위의 타박상은 연행과정에서 저항으로 생긴 부상이라는 등 여전히 은폐, 조작을 하며 정확한 사인규명을 외면했다.

검찰에서도 제대로 사인규명을 하지 않았다. 오히려 경찰의 주장을 그대로 인정하는 듯한 발표를 했다. 경찰은 시신을 부검한 후 매장하지 않고 서둘러 화장함으로써 증거를 인멸시켰다. 각 언론사에는 보도지침을 내려 축소보도하도록 하는 등 정부가 이 사건을 조직적으로 은폐하려고 기도하여 많은 국민의 분노를 샀다.

고문치사 사건의 진상의 일부가 언론에 공개되고 정부가 계속하여 은폐, 조작하려는 사실이 드러나자 야당과 종교단체들이 들고 일어났다. 신민당이 임시국회 소집과 국정조사권 발동을 요구하는 등 정부 여당에 대해 대대적인 공세에 나섰고, 재야 종교단체들은 규탄성명 발표, 진상규명 요구 농성에 이어 각계 인사 9천여 명으로 구성된 '박종철 군 국민추도회 준비위원회'를 발족했다. 야당과 재야단체들은 추도회와 49재 등을 지내면서 고문정권 규탄 및 민주화 투쟁을 전개했다.

특히 5월 18일 천주교정의구현전국사제단은 박 군 고문치사 사건의 진범이 따로 있다는 내용의 진상조작 사실을 폭로하여 국민에게 다시 한 번 충격을 주었다. 이 폭로로 황정웅 경위, 반금곤 경장, 이정호 경장이 고문공범으로 구속됐으며, 범인 축소조작 은폐사건과 관련 박처원 치안감과 대공수사2단 5과장 유정방, 5과 2계장 박원택 등이 추가 구속됐다.

위기에 몰린 정부는 5월 26일 노신영 국무총리, 장세동 안기부장, 정호용 내무장관, 서동권 검찰총장 등 권력 내 핵심인물에 대한 문책인사를 단행했으나, 국민의 분노는 가라앉지 않았다. 국민은 반독재 민주화투쟁을 더욱 격렬하게 전개하여 곧바로 6월항쟁으로 이어짐으로써 이 사건은 5공 몰락의 기폭제가 되었다.

박 군의 고문치사 1주기에 터진 담당 부검의 황 박사와 처음으로 이 사건의 수사를 담당했던 안상수 검사(당시)의 증언으로 5공 정권의 부도덕성과 축소, 은폐가 다시 한 번 백일하에 드러났다.

황 박사는 "당시 부검결과 경부압박 질식사로 판명돼 이를 보고

했으나, 강민창 치안본부장이 부검소견서를 변경토록 지시했으며 외상 부분도 빼도록 했다."라고 폭탄선언을 했으며, 안 변호사는 "박 군 사건의 중요성에 비추어 검찰이 직접 수사하려 했으나 관계기관대책회의에서 초동수사를 경찰에 맡기기로 결정함으로써 사건을 조작할 수 있는 기회를 주었다."는 충격적인 증언을 했다. 이 사건은 5공 정권에 치명타를 가해 〈6·29선언〉이라는 '항복문서'를 이끌어내는 데 결정적인 역할을 했다.

58

이한열, 6월민주항쟁의 불꽃

"민주주의라는 나무는 피를 먹고 자란다"고 한다. 이 명제에 대해 동서가 다르지 않았는데, 한국의 경우는 특히 심했다. '외상'으로 들여온 민주주의가 독재자들의 칼날에 잘리면서 국민은 피를 흘려 이를 지키고자 했다. 4·19혁명이 그랬고 반유신, 반5공 투쟁이 그랬다.

전두환 정권의 폭압이 극심해지면서 민주주의를 지키려는 국민의 저항은 점차 치열하게 전개되었다. 그 선두에는 언제나 학생들이 있었다. 연세대생 이한열 군은 민주주의를 지키고자 학생운동의 선두에 섰다가 경찰이 쏜 최루탄에 맞아 숨졌다. 그리고 민주주의의 수호신이 되었다.

그대 가는가 / 어딜 가는가/ 그대 등 뒤에 내리깔린 쇠사슬을/ 마저 손에 들고 어딜 가는가 / 이끌려 먼저 간 그대 뒤를 따라 / 사천만 형제가 함께 가야 하는가 / 아니다 / 억압의 사슬을 두 손으로 뿌리치고 / 짐승의 철퇴는 두 발로 차버리자 / 그대 끌려간 그 자리 위에 / 민중의 웃음을 드리우자 / 그대 왜 갔는가 / 어딜 갔는가 / 그대 손목위에 드리워진 은빛 사슬을 / 마저 팔찌 끼고 어딜 갔는가.

1987년 6월 9일 교내시위 도중 경찰이 쏜 직격 최루탄에 맞고 쓰러진 연세대 이한열(20살. 경영학과 2학년) 군은 사고 전 자신의 운명을 예견이라도 한 듯 참담한 현실에 대한 자기성찰과 다짐을 담은 위의 습작시를 남겼다.

이한열 군은 6월 9일 오후 5시 5분 경 교내시위 도중 정문 부근에서 교내 쪽을 향해 달아나던 중 전경이 30m 전방에서 쏜 직격 최루탄을 뒷머리에 맞고 그 자리에서 앞으로 고꾸라졌다. 최루탄을 피해 달아나던 학생들은 이 군이 나뒹구는 모습을 보고 발길을 다시 돌려 3, 4명이 이 군을 부축해 병원으로 옮겼다.

중환자실에 입원한 이 군은 호흡장애를 일으키고 혈압이 급속히 떨어지면서 온몸의 신경이 마비된 상태에서 기나긴 혼수상태가 시작되었다. 20살의 짧은 생애를 '행동하는 양심가'로 살기 위해 몸부림쳤던 이 군은 이 땅의 같은 젊은이가 쏜 직격 최루탄에 맞아 27일 간의 의식불명 상태 끝에 7월 5일 새벽 2시 5분경 끝내 숨짐으로써 6월민주항쟁에 꽃다운 젊음을 바친 희생자로 기록되었다.

이 군의 사망 직후 세브란스병원 측은 직접사인이 심폐기능 정지, 중간 선행사인은 폐렴, 최초 선행사인은 뇌손상이며, 뇌손상은 첫째 두개강 내 출혈, 둘째 뇌좌상, 셋째 두개강 내 이물질 함유라고 밝혔다.

이 군이 숨진 7월 5일 세브란스병원 부검실에서 서울의대 이정빈 교수(법의학), 국립과학수사연구소 황적준 박사 등의 집도로 사체부검이 실시됐다. 첫 번째 부검에서 뇌 속에 든 이물질이 적출되지 않자 집도의들은 이 군의 뇌실물질을 방사선과 X선실로 옮겨 X레이 촬영을 해 뇌간에 박혀 있는 2~3mm 크기의 금속성 파편 2개를 찾아냈다.

최루탄 뇌관 구리물질이 이 군의 뇌 속에 박혀 사망한 것으로 드러났다. 경찰이 직격 최루탄을 쏘아 이 군을 죽인 것으로 입증된 것이다.

이 군의 사망 직후 경찰은 30개 중대 4,500여 명의 전경을 연세대 정문에서부터 동문·후문 등 병원 출입구는 물론 신촌로타리 일대까지 배치하여 학생들의 접근을 막았다. 그러나 이미 들끓는 학생·시민들의 분노의 물결은 이 군의 영안실 주변으로 몰려들기 시작했다. 학생들은 경찰이 이 군의 시신을 빼돌리는 것을 막기 위해 영안실 주변을 철저히 경계했다.

6월항쟁이 불붙고 있는 상황에서 이 군의 사망은 타는 불길에 휘발유를 끼얹는 격이었다.

연세대생 2천여 명은 이날 '고 이한열열사 민주국민장추진결의대회'를 갖고 '민주국민장'을 치르기로 결정했다. 이에 따라 '애국학생 고 이한열열사 민주국민장장례위원회'가 구성되었다. 함석헌, 문익환, 김영삼, 김대중, 강석주, 윤공희, 김은호, 안세희 등이 고문에 위촉되었다.

서대협부산지역총학생협의회, 호남지역학생연합건설준비위원회 등 전국 8개 학생단체는 공동성명을 발표, 6일부터 11일까지 6일간을 이한열 열사 추모기간으로 선포한다고 발표하고 행사를 주관했다.

이 군의 영결식은 사후 5일이 지난 9일 아침 7시 학생, 시민, 재야단체, 정치인 등 7만여 명이 참석한 가운데 연세대본관 앞에서 성대히 거행되었다.

영결식의 마지막 무렵에 이 군의 어머니 배은심 씨가 단상으로 올라와 "여기 모인 우리 젊은이들이여! 불쌍한 우리 한열이가 못다 이룬 민주화를 꼭 성취해주세요."라고 울먹이면서 "우리 한열이는 이 세상에 없다. 살인마 물러가라. 살인마 물러가라. 한열아, 한열아"라고 오열하여 영결식장은 눈물바다를 이뤘다.

영결식이 끝난 뒤 운구는 대형태극기와 이 군의 대형초상화, 250여 개의 만장을 앞세우고 장례위원, 학생, 시민들의 추모행렬이 뒤따르는 가운데 연세대를 떠나 신촌로타리에서 노제를 지내고 시청광장으로 향했다. 운구행렬이 지나는 연도에는 수많은 시민이 '독재타도'를 외치면서 이 군의 죽음을 애도했다.

시청광장에는 30여 만 명의 인파가 몰려 '시민묵념'을 올렸으며 이어 시민다수가 시위대로 변해 광화문 쪽을 향해 행진해 들어갔다. 시위대는 오후 3시경 태평로를 점거하여 경찰과 대치했다.

한편 이 군의 운구는 서울 양재동 톨게이트를 출발해 오후 5시 모교인 광주 진흥고에 도착했다. 30분간 노재를 지낸 뒤 YMCA 앞에서 추도식을 갖고 저녁 늦게 망월동 5·18 국립묘지에 안장됐다. 이날 노제와 추도식, 망월동에는 수십 만의 인파가 모여 민주투쟁에 앞장섰다가 꽃다운 나이에 숨져간 젊은 영혼의 마지막 길을 지켜보았다.

민주헌법쟁취 국민운동본부의 집계에 의하면 이날 이 군의 추모집회에는 서울 1백만, 광주 50만, 부산 3만 명 등 전국에서 모두 160만 명이 추도식이나 행렬에 참석했다고 밝혔다.

59

6월 민주항쟁에 군부 무릎 꿇어

1987년 6월 10일 오전 10시경, 서울에서는 완전히 상치되는 두 개의 큰 집회가 동시에 열리고 있었다. 잠실체육관에서는 민정당 제4차 전당대회 및 대통령후보 지명대회가 열려 전두환 대통령이 육사 동기인 노태우의 손을 높이 들어주고 있었다. 민정당 대통령후보에 선출된 노태우는 울먹이면서 전두환의 '배려'에 감격해했다.

같은 시각, 서울 중구 태평로 대한성공회에서는 재야와 야권의 연합기구인 민주헌법쟁취 국민운동본부의 〈박종철 군 고문살인 은폐조작 및 호헌철폐규탄 국민대회〉가 열렸다. 한쪽에서는 축하와 감격의 꽃다발이 오가고, 다른 쪽에서는 분노와 규탄의 피울음을 향해 무자비하게 쏘아대는 경찰의 최루탄으로 시위자들의 얼굴은 눈물로 뒤범벅되었다.

민주세력은 박 군 고문살해와 선거인단에 의한 대통령선거를 실시하겠다는 이른바 '4·13호헌조치'에 반대하여 민정당 전당대회가 열리는 시각에 맞춰 서울을 비롯하여 전국 주요도시에서 일제히 규탄집회에 들어갔다. 각 대학들은 출정식을 갖고 '독재타도' '직선제개헌'을 외치며 도심으로 몰려들었다.

이날 오후 6시 정각, 국민대회가 열리는 대한성공회 종탑 스피커에서 애국가가 울려퍼지고 성당의 종이 42번 울리는 것을 신호로 성당 구내에 있던 차량들이 경적을 울리고 도심을 지나던 차량들도 일제히 경적을 울려댔다. 이로써 6·19대회, 나아가서 6월 민중항쟁이 공식적으로(?) 막을 올린 것이다. 이날 서울을 비롯한 전국 22개 도시에서 동시에 시위가 벌어졌다.

민주세력의 대한성공회 6·10대회는 아침부터 전경들에게 에워싸여 일반시민들은 접근할 수조차 없었다. 따라서 출정식을 가진 학생들은 각 대학별로 오후 5시경 을지로 2가 로타리, 을지로 네거리를 점거하고 연좌농성을 벌였고, 이를 지켜보던 시민들은 박수를 치며 학생들을 격려했다. 경찰이 사과탄을 마구 쏘아대며 이들을 강제 해산시키자, 학생들은 소단위로 신세계백화점, 남대문시장, 퇴계로 2가, 을지로 입구 등지에 빈번하게 출몰했다.

시장상인들도 쫓기는 학생들을 숨겨주며 경찰을 비난했다. 학생들과 야당의원들은 여기저기서 노상 약식규탄대회를 열고 '호헌철폐' '독재타도' '직선제 쟁취' 등을 외쳤다. 오후 6시가 넘자 학생들의 시위는 차츰 격렬해지고 시민들의 합세도 점점 늘어갔다. 서울역, 만리동 입구, 신세계 앞, 서부역 등에서 최루탄과 돌멩이가 난무했다. 퇴계로 2가 파출소를 지키던 전경들이 시위대의 급습을 받고 무장을 해제당한 채 감금되기도 했다.

가두시위를 벌이던 학생 1천여 명은 경찰에 쫓겨 명동성당 안으로 들어가 시위를 벌였다. 명동성당 점거농성은 6월항쟁의 '태풍의 눈'이었다. 15일 해산 때까지 5일 동안 농성이 계속되는 가운데 성당 밖에서는 연일 대학생들과 합세한 인근 사무직 노동자들의 지원 시위가 끊이지 않았다.

6월 9일 경찰의 직격 최루탄을 맞고 쓰러진 연세대 이한열 군이 사경을 헤매는 사건이 발생하자 범연세인 규탄대회가 전국 각 도시로 확산되었고, 국민운동본부는 18일을 '최루탄 추방의 날'로 선포하고 대대적으로 최루탄 추방운동을 전개했다. 이날 전국 14개 도시에서 20여만 명이 시위에 참가했다.

국민운동본부는 D데이를 6월 26일로 잡고 이날 평화대행진을 강행할 것을 결정했다. 정부의 비상조치설이 흘러나오고 있었다. 실제로 정부는 부분 계엄령 또는 위수령을 내리기 위해 군부대를 도시 외곽지대로 이동시키고 있었다. 성남시 근방에 출동부대가 집결된 것으로 알려졌다.

6월 26일, 드디어 민주헌법쟁취 국민평화대행진이 시작되었다. 서울에서는 학생, 재야, 야당, 시민 등이 국민운동본부의 행동지침에 따라 탑골공원 일대, 신세계백화점, 시청 앞, 광화문 등 7개 집결지로 진출하려 했으나 경찰의 3중제지로 초장엔 산발적인 시위만을 벌였다. 오후 7시가 넘자 시민들의 가세로 대규모 군중 시위가 시작되었다. 전국 33개 시와 4개 군에서 180만 명이 시위에 참가한 것으로 집계되었다. 이날 시위는 밤늦게까지 격렬하게 전개되어 경찰서 2개소, 파출소 29개소, 민정당 지구당사 4개소 등이 파괴 또는 방화되었으며, 시민 3,467명이 연행되었다. 시위에 참가한 시민, 학생들은 '호헌철폐' 등의 구호에서 '민주쟁취' '독재타도' '군부독재 지원하는 미국은 물러가라' 등으로 격화되었다. 6·26대행진은 철저히 평화주의를 원칙으로 했다. 최루탄에 쫓기면서도 시위대들은 '질서'를 외쳤다. 일부 방화와 파괴 그리고 투석전 등 과격양상을 띤 것은 경찰의 과잉방어와 최루탄 난사 때문이었다.

제5공화국 이래 최대의 인파가 참가한 6·26대행진에 정부 여당도 사태의 심각성을 느끼게 되었고, 막다른 골목에서 돌파구를 찾은 것이 6·29선언이었다. 마침내 6월 민중항쟁이 군부독재의 항복을 받아낸 것이다.

민정당 전당대회에서 차기대통령 후보에 지명된 노태우 민정당 대표는 6월 29일 기자회견을 갖고 대통령 직선제개헌, 김대중 사면복권 등을 골자로 하는 이른바 8개항의 〈6·29선언〉을 발표했다. 이날은 6월항쟁 중 최대규모의 6·26시위가 있은 지 3일 뒤였다.

전두환 대통령은 5월 1일 시국수습에 관한 대통령 특별담화를 발표하여 "여야가 국회에서 개헌안에 합의하면 이를 국민투표에 회부해 개헌할 수 있을 것"이라고 말하고 노 대표의 구상을 전폭적으로 수용하겠다고 밝혔다. 이로써 정부의 '4·13호헌조치'는 정식으로 철회되고 직선제 개헌안이 관철되었다. 따라서 제5공화국은 6월항쟁으로 막을 내리게 되고 제6공화국을 출범케 하는 중요한 계기가 되었다.

노태우의 6·29선언은 후일 그 주체를 놓고 많은 말들이 있었는데, 결국 전두환의 각본에 노태우가 연출한 '깜짝쇼'였던 것으로 밝혀졌다.

6·29선언으로 여야 합의하에 개헌안이 의결되고 1987년 10월 27일 국민투표에서 찬성률 93.1%로 확정되어 29일 개헌안이 공포되었다. 제9차 개헌으로 제6공화국의 헌법이 된 이 개헌안의 주요 내용은 다음과 같다.

① 전문에서 대한민국 임시정부의 법통과 4·19민주이념의 계승 및 조국의 민주개혁의 사명 명시 ② 총강에서 국군의 정치적 중립, 자유민주적 기본질서에 입각한 평화통일정책 수립추진 규정 신설 ③ 기본권에서 구속적부심 청구권 전면보장, 범죄피해자에 대한 국가구조제 신설, 형사피의자의 권리확대, 허가·검열의 금지에 의한 표현의 자유 확대 ④ 국정감사권 부활, 국회회기 제한규정 삭제 ⑤ 대통령 직선제 및 5년 단임제, 대통령의 비상조치권·국회해산권 폐지 ⑥ 국회동의를 얻어 대통령이 대법관을 임명 ⑦ 헌법재판소를 신설, 위헌법률 심판, 탄핵심판, 국가기관간 권한쟁의 심판, 헌법소원을 관장하게 한 것 등이다.

야권분열과
노태우 정부수립

진보는 분열로 망하고 보수는 부패로 망한다는 속언이 있다. 진보를 야당, 보수를 여당으로 바꾸어도 틀린말은 아닐 것이다. 제국주의나 독재자에 항용 사용하는 방법 중에는 '분열시켜 지배' 하는 방식이 있다. 또 야심가들은 분열의 틈을 노려 야욕을 채운다.

신한민주당(신민당)은 '이민우 파동'을 거치면서 새로운 통일민주당(민주당)으로 변신하여 두 김씨 중심의 정통야당으로 부상했다. 그리고 1987년 6월항쟁으로 대통령 직선제를 관철하여 대권경쟁에 나서게 되었다.

노태우의 6·29선언은 그동안 잠행해오던 두 김씨의 경쟁관계를 다시 촉발시키는 계기를 만들었다. 어느 때보다 당선 가능성이 높다고 보이는 13대 대통령선거를 앞두고 두 김씨와 측근들 간에 미묘한 신경전이 벌어지기 시작했다. 상도동 측은 당내 기득권을 내세우면서 김영삼 총재를 대통령후보로 추대하려는 움직임을 편데 비해, 동교동 측은 7월 8일 사면복권된 김대중 고문의 불출마 선언은 전두환 대통령이 자발적으로 대통령 직선제를 수락했을 때 유효한 것인데, 이 제의를 4·13호헌조치로 거부했으니 무효화됐다는 논리를 펴면서 계파 조직인 '민권회'를 통해 불출마 선언 백지화를 밝혔다.

김대중 고문은 8월 8일 민주당에 입당했다. 1972년 10월 유신조치로 당원자격을 잃은 지 15년 만에 정당 당원이 된 것이다. 김 고문의 입당으로 민주당은 곧바로 후보경쟁 회오리에 휩싸였다. 김영삼 총재는 당내조직의 기득권을 배경으로 대통령후보의 조기공천을 주장한 반면, 뒤늦은 사면복권으로 당내기반이 취약한 김대중 고문은 여권의 집중적인 공격을 피하기 위해 선거 직전에 하는 것이 좋다는 입장이었다. 또 김 총재 측은 재야민주인사들을 영입해서 범야 단일후보를 선출하자고 맞서는 등, 어느 쪽도 양보의 기미를 보이지 않은 채 팽팽하게 맞섰다.

민주당은 양측의 치열한 대립 속에 김 고문 측이 지방방문을 시작하고, 김 총재 측이 10월 10일 민주당의 대통령후보로 출마하겠다고 공식선언하고 나서자 김 고문도 11일 사실상 대통령후보 출마를 선언했다. 이로써 두 김씨는 적전분열을 감행하면서 분당의 가파른 길로 달려가기 시작했다.

민주당에서 후보단일화가 실패하면서 김대중 계열은 새로운 정당의 창당을 서둘렀다. 10월 10일 김영삼 총재가 대통령후보 출마를 선언하자 사실상 후보단일화의 실패를 인정한 김대중계는 곧바로 신당 창당작업에 나섰다.

10월 29일 민주당 내 동교동계 의원 24명과 무소속 1명, 각계 인사 등 51명으로 창당준비위를 구성하고 당명을 평화민주당(평민당)으로 정한 다음, 10월 30일 창당준비위원회, 11월 12일 창당대회라는 초고속의 창당절차를 밟아 김대중을 당총재 및 대통령후보로 선출했다.

한편 6·29선언 이후 김종필의 정계복귀 선언을 계기로 구공화당 시절의 각료·의원을 중심으로 1987년 10월 30일 신민주공화당(공화당)이 출범했다. 공화당은 10월 5일 창당발기인대회를 거쳐 10월 30일 창당대회 겸 대통령후보 지명대회를 열어 김종필을 총재 및 대통령후보로 추대했다.

여당인 민정당과 야권의 민주당·평민당·공화당의 잇단 창당으로 대통령선거 정국은 4파전으로 전개되었다.

1987년 12월 16일 실시된 제13대 대통령선거는 1971년 4·27 대통령선거 이래 16년 7개월여 만에 실시된 직선제 대통령선거였다. 72년의 유신쿠데타, 80년 5·17쿠데타 등을 거치면서 국민은 대통령을 직접 선출하는 권리를 박탈당했다. 1985년 2·12의 제12대 국회의원선거 이후 야당과 재야세력이 줄기차게 추진해 온 대통령 직선제 개헌투쟁으로 제9차 개헌이 이루어지게 되고 새 헌법에 따라 12월 16일로 대통령선거일이 결정되었다.

대통령선거에는 민정당의 노태우, 민주당의 김영삼, 평민당의 김대중, 공화당의 김종필, 사회민주당의 홍숙자, 무소속의 백기완, 한주의당의 신정일, 일체민당의 김선적 후보 등 8명이 입후보했다. 선거운동 기간 중 홍숙자, 백기완, 김선적 후보가 사퇴하고 5명의 후보가 대권도전에 나섰다. 그러나 대체적인 여론은 노태우, 김영삼, 김대중, 김종필의 '1노 3김' 또는 김종필을 뺀 '1노 양김'의 대결로 압축되었다.

노태우는 6·29선언을 통해 조성된 새로운 이미지로 5공세력과 범여권의 기득세력을 중심으로 표갈이에 나섰고, '두 김씨'는 후보 단일화의 실패에 따른 국민의 따가운 비판에도 불구하고 민주세력이 자신에게 표를 몰아줄 것을 기대하며 선거운동을 전개했으며, 김종필은 옛 공화당 지지층과 5·16 이래 기득권층이 된 이들에 의지하면서 힘겨운 추격전을 벌였다.

선거결과 유권자수 2,587만 3천여 명 중 2,306만 6천여 명이 투표하여, 89.2%의 투표율을 보였으며, 이중 민정당 노태우 후보가 유효투표의 36.6%인 828만 2,738표를 얻었고, 김영삼 후보는 28%인 633만 7천여 표, 김대중 후보는 27%인 611만 3천여 표, 김종필 후보는 8.1%인 182만 3천여 표를 얻어 노태우 후보가 제13대 대통령에 당선되었다.

두 김씨가 유효투표의 55%를 얻고도 노태우가 얻은 36.6%에 눌려 정권을 넘겨주게 된 것이다. 야권분열이 군정연장의 기회를 마련해준 셈이었다.

선거운동 과정에서나 개표과정에서 많은 부정과 관권개입이 자행되었다. 특히 민정당 측이 의도적으로 조장한 지역감정의 격화와 금품살포·흑색선전 등이 선거전을 과열시키고 부정으로 얼룩지게 했다. 야당후보들의 표를 깎는 흑색선전도 선거막바지에 자행되었다. 12월 15일 "김대중후보 민주대연정에 참여할 듯"이라는 통일민주당보의 호외 형식으로 제작된 정체불명의 유인물이 호남지방에 뿌려지기도 하는 등 타락상이 계속되었다. 13대 대통령선거의 가장 대표적인 부정은 '구로구청사건'으로 이름붙여진 투표함 반출사건이다.

13대 대통령선거는 민주시민과 학생들의 피로서 쟁취한 것임에도 불구하고, 두 김씨의 전적분열로 그 어부지리를 군사정권에 헌납한 꼴이 되어, 두 김씨와 그를 둘러싼 정치세력은 내내 국민의 차가운 비판을 피할 수 없게 되었으며, 진정한 민주문민정부의 실현은 다시금 늦추어질 수밖에 없었다.

5공 청산작업과 3당 야합

야권분열로 군부정권 종식은 실패했으나 국민은 제13대 총선에서 야당에 다수의석을 몰아주었다. 1988년 4월 26일 실시된 총선에서 노태우 민정당 125석, 김대중 평민당 70석, 김영삼 민주당 59석, 김종필 공화당 35석으로 '여소야대'의 의회가 구성되었다.

언론에서는 세 야당 총재의 성씨를 따라 '제2의 3김시대' 또는 '3김'으로 통칭하였다. 6월항쟁 이후 노태우 정부 초기는 3김에 의해 정국이 주도되었다.

3당 총재는 1989년 4월 26일 3야 총재 회담을 갖고 합의문을 채택했다. 이들은 합의문과 함께 '당면과제'를 다음과 같이 발표했다.

5공청산과 민주화는 △ 광주민주화운동의 진상규명과 처리를 포함한 5공청산과 민주화 없이는 현시국의 어려운 고비를 넘길 수 없으며 정국을 안정시킬 수 없다. △ 5공청산은 최·전 전직대통령의 국회증언을 통한 진상규명과 이에 따른 책임소재가 밝혀지고 5공비리와 광주민주화운동의 핵심 책임자들에 대한 처리가 이루어질 때 마무리되기 때문에 정부여당의 이에 대한 결단을 촉구한다. △ 또한 광주민주화운동과 관련하여 정부는 국민에게 사과하고 이에 대한 응분의 책임을 져야 하며 광주시민의 명예회복과 피해보상에 필요한 입법예산 조치가 행하여지고 민주화 영령을 위한 기념사업도 마무리되어야 한다.

3김 총재는 이밖에도 △ 노사 및 학원문제 △ 남북통일문제와 북방정책 △ 좌익세력과 민주인사문제 △ 경제문제 △ 악법개폐와 거부권행사 문제 등에 대해서도 합의를 보고 공동투쟁을 다짐했다.

이에 따라 노 대통령은 1988년 3월 31일 새마을운동중앙본부 비리와 관련, 전두환의 친동생 전경환을 구속한 것을 시발로, △ 전두환 일가 비리조사 착수, 그리고 12월 13일 검찰 5공비리 특별수사본부를 설치하여 차규헌 전 교통장관, 김종호 전 건설장관, 이민하 전 동양고속회장을 구속하고, 이어 전두환 처삼촌 이규승, 손재석 전 문교부장관, 이학봉 민정당 의원, 정주영 현대명예회장, 김인배 일해재단 사무처장, 장세동 전 안기부장 등을 구속 또는 조사하여 사법조처했다. 검찰은 5공비리사건에 대한 수사를 통해 47명을 구속했고 29명을 불구속 입건했다고 발표했다.

그러나 야당은 검찰수사를 '축소지향'이라고 비판하면서, 5공핵심 6인, 즉 정호용(광주사태 당시 특전사령관), 이원조(5공시절 은행감독원장)의원 및 이희성 주공이사장(광주사태 당시 계엄사령관)의 공직사퇴와 장세동, 허문도(언론탄압), 안무혁(양대선거 당시 안기부장으로 선거부정 관련) 3인의 사법처리를 강력히 요구했다.

5공청산 작업은 11월 3일 5공특위 가동 및 청문회 등으로 이어졌다. 언론사상 최초의 국정생중계로 진행된 '5공비리', '광주문제', '언론문제' 청문회는 상상을 초월하는 비리와 음모를 부분적으로나마 폭로하여 국회기능을 활성화시키는 동시에 밀실정치를 공개정치로 유도하고 대중의 정치참여를 높였다는 점에서 의의가 있으나, 증인들의 위증과 후속조치 미흡 등을 문제점으로 남겼다.

1988년 다섯 차례에 걸쳐 진행된 '일해재단 청문회'는 장세동과 정주영 등을 증인으로 소환, 기금모금의 강제성, 정경유착의 실태, 청와대 경호실, 보안사 등 권력촉수의 전횡 등을 폭로했다. 11월 18일부터 광주학살 피해자를 비롯, 김대중, 이희성, 정호용 등 65명의 증인을 출석시켜 6차례에 걸쳐 진행된 '광주민주화운동 청문회'는 5·17비상계엄확대 조치의 불법성, 공수부대 지휘책임, 발포책임자, 정확한 사망자 수 등을 끝내 밝히지 못했다. '언론청문회'는 11월 21일부터 허문도, 이상재, 허삼수 등을 소환, 언론인 숙정, 언론통폐합 등이 신군부의 언론장악 음모에서 비롯된 것임을 밝혀냈다.

청문회를 통해 각종 비리가 폭로되는 한편 전두환의 친형 전기환, 처남 이창식 등 친인척이 잇달아 구속됨으로써 여론이 극도로 악화되자 전두환은 11월 23일 대국민 사과문을 발표하여 정치자금 139억 원과 연희동 사저 등을 국가에 헌납한다고 밝히고 쫓겨가듯이 강원도 백담사로 가 은둔했다.

그러나 노 정권은 야당 주장의 5공 핵심 6인의 사법처리를 비롯하여 청문회에서 드러난 각종 비리처리에 대한 비협조적 태도, 문익환, 황석영, 서경원 등의 방북사건, 울산사태 등 잇단 공안사건으로 '공안정국'을 조성하여 5공청산 작업을 크게 위축시켰다. 특히 5공 핵심 6인 처리문제에 관해 김영삼, 김종필이 3야 합의선에서 후퇴하여 민정당 쪽으로 기울어지면서 야 3당공조를 흔들고 5공청산의 걸림돌로 작용했다.

야권공조체제가 무너지면서 5공청산작업은 지지부진해졌고, 1989년 12월 15일 청와대 영수회담 끝에 ① 전두환의 1회 국회증언 및 녹화중계 ② 정호용·이희성의 공직사퇴, 이원조의 고발 ③ 광주시민의 명예회복 및 보상을 위한 입법추진 등 11개항의 타협안에 여야가 합의했다. 그러나 우여곡절 끝에 이루어진 12월 31일의 전두환 국회증언은 광주의 발포문제를 '자위권 발동'이라고 강변하는 등 변명으로 일관하는 바람에 야당의원들의 야유와 폭언 속에 파행적으로 끝났다. 이로써 국민의 여망을 담은 5공청산작업은 큰 성과 없이 흐지부지해지고 말았다.

1990년 1월 22일 민정당 총재인 노태우 대통령과 민주당 김영삼 총재, 공화당 김종필 총재는 청와대에서 회동하고 3당통합에 의한 신당 창당 및 각당 5인씩 15명으로 창당준비위원회를 구성키로 한다는 합의문을 발표했다.

이날 노 대통령은 청와대에서 양 옆에 김영삼과 김종필을 세워놓고 3당통합 사실을 발표하여 그야말로 정계의 '지각변동'을 일으켰다. 이들 3인은 회담을 끝낸 뒤 청와대 접견실에서 〈새로운 역사창조를 위한 공동선언〉을 발표해서 통합신당은 온건중도의 민족, 민주세력의 통합을 통한 새로운 국민정당이 될 것이라고 선언했다.

1988년 4·26총선에서 '여소야대' 국회로 출범한 지 2년여 만에 국민의 뜻과는 상관없이 '여대야소'로 탈바꿈시킨 3당통합은 많은 곡절을 겪으면서 돌연 90년대 정국의 변수로 등장했다. 3당통합을 선언한 민정, 민주, 공화당은 합당을 위한 전당대회를 개최하기 위해 발빠른 움직임을 보였다.

신당창당을 위한 3당의 15인통합추진위원회는 1월 24일 첫 회의에서 '민자당통합추진위원회'를 구성하고 통합에 박차를 가해 2월 9일 민주자유당(민자당) 합당대회를 열었다.

민자당은 지도체제를 총재 노태우, 대표최고위원 김영삼, 최고위원 김종필로 선정하고, 강령으로 ① 성숙한 민주정치 구현 ② 지속적인 경제성장, 복지경제 실현 ③ 공동체사회 구축 ④ 교육의 자율성과 기회균등의 보장 ⑤ 평화적 민족통일과 자주적 외교노력 등 5개항을 채택했다. 민자당은 창당으로 총 의석수 221석을 확보, 개헌선인 원내 3분의 2 의석 이상이 되었다. 여소야대의 원내구도가 거대한 여당과 왜소한 야당으로 바뀌게 된 것이다. 3당통합에는 민주당 소속의 이기택, 노무현, 김정길, 김광일 의원 등이 불참을 선언했다.

전격적인 3당통합과 공룡 같은 여당의 등장에 제1야당인 평민당은 거센 반발을 보였다. 평민당은 1월 23일 의원총회 및 당무지도 합동회의 연석회의에서 노 대통령의 위약과 두 야당총재의 정치적 변신을 신랄히 규탄했다.

3당통합은 총선민의를 저버린 정치적 야합행위이기 때문에 국회의원 전원이 사퇴하고 총선에서 다시 국민의사를 물어야 한다는 주장도 나왔다. 평민당은 내각제 개헌을 반대하기 위한 1천만 명 서명운동을 벌일 것을 결의하는 등 강경한 대여투쟁에 나섰다.

단시일 내에 거대여당으로 나타난 민자당은 '한 지붕 세 가족'이라는 세평대로 사사건건 계파별로 집안싸움을 벌이는 가운데 특히 내각제 합의각서 유출사건을 계기로 심각한 대립을 가져왔다. 그리고 국회에서는 다수의 힘으로 변칙과 날치기를 저질러 여야의 물리적인 대치상태를 가져왔다. 3당야합은 부산, 경남의 전통적인 야당세력에 보수화 현상을 가져오게 되면서 한국의 민주화에 크게 역행했다는 비판이 따른다.

62

김영삼 정부 개혁과 IMF 국난

1992년 12월 18일 실시된 제14대 대통령선거는 민자당의 김영삼 후보, 민주당의 김대중 후보, 국민당의 정주영 후보 외에도 박찬종(신정당), 이병호(대한정의당), 김옥선(무소속), 백기완(무소속) 후보가 각각 입후보하여 1대 6의 경쟁률을 보였다.

선거전이 시작되자, 김영삼, 김대중, 정주영의 3파전으로 압축되었다. 그러나 유권자의 반응이나 각종 여론조사에서는 김영삼, 김대중의 양김 대결양상으로 나타나서 '2강 1약'의 현상을 보였다. 예상대로 중앙선관위가 발표한 최종집계를 보면 민자당 김영삼 후보 997만 표로 41.1%, 민주당 김대중 후보 804만 표로 33.4%, 국민당 정주영 후보 399만 표로 16.1%를 각각 얻고, 신정당 박찬종 후보는 151만 표(6.3%)를 득표했다.

김영삼 후보는 '신한국창조'를 집권공약으로 제시하면서 바람직한 21세기의 한국을 건설하겠다고 다짐했고, 김대중 후보는 '대화합의 정치'를 비전으로 내세우면서 지역간, 빈부간, 도농간, 대기업과 중소기업간의 위화감과 적대감을 해소하는 데 국정운영의 중점을 두겠다고 공약했다. 정주영 후보는 '민부(民富)의 시대'를 약속하면서 경제대국과 통일한국을 실현하겠다고 다짐했다.

선거전은 노태우 대통령이 민자당 총재직을 떠나 중립내각을 구성하여 역대 여느 선거와는 다른 정치상황 속에서 진행되었다. 그러나 대선기간 동안 중립내각의 공정성 문제가 최대 쟁점으로 부각될 만큼 '중립성 시비'가 제기되었다. '중립내각'은 관권의 선거개입 시비와 민자, 국민당의 금권시비조차 제대로 단속하지 못하는 한계를 보였다.

선거전은 국민의 희망에도 불구하고 후보자의 TV토론이 실현되지 못하고, 민자당 측의 김대중 후보에 대한 '용공음해'와 '이선실 간첩단사건' 등 공안사건도 선거에 이용되었으며, '부산기관장 대책회의'라는 부산횟집사건이 대선의 막판 변수로 작용했다. 부산지역의 기관장들이 김영삼 후보를 지원하기 위해 모였다가 폭로된 이 사건은 오히려 지역감정을 부채질하여 몰표현상을 일으키게 하는 요인이 되었다. 또 재벌기업의 정치개입은 선거결과와는 상관없이 심각한 사회문제가 되었다.

14대 대통령선거가 가져온 결과 중 특기할 것은, 먼저 32년 만에 보게 된 문민정부의 탄생이며, 정주영 국민당 후보의 참패로 재벌의 정치참여에 보인 국민의 부정적 시각, 그리고 박찬종 후보의 예상 밖 선전을 들 수 있을 것이다.

1993년 2월 25일 김영삼은 제14대 대통령에 취임하여 32년 만의 문민정부 수립을 내외에 선포했다. 1961년 5·16군사쿠데타 이후 한 세대 동안 박정희, 전두환, 노태우의 3대에 이르는 군사정권시대에 종지부를 찍고 문민정부 · 문민시대를 연 것이다.

김영삼 대통령은 취임사를 통해 "마침내 국민에 의한 국민의 정부를 이 땅에 세웠다."며 "오늘부터 정부가 달라지고 정치가 달라질 것이며, 변화와 개혁을 통해 살아 있는 안정이 이 땅에 자리잡을 것"이라고 밝혔다. 김 대통령은 부정부패 척결, 경제회복, 국가기강 확립을 3대 당면과제로 제시하면서 '신한국창조'를 자신의 국정지표로 제시했다.

그러나 새 정부의 첫 인사에서부터 문제가 발생하여 '개혁추진'에 차질을 가져오지 않을까 염려하는 가운데, 김 대통령은 취임 첫날 청와대 앞길을 개방하는 것을 시작으로 과감한 개혁정책을 펴나갔다. 개혁작업의 첫 단계는 고위 공직자의 재산공개를 통해 부정축재나 투기 공직자의 숙정작업을 벌인 것이다. 공직자윤리법을 개정해 공직자의 재산공개를 법으로 제도화했고 사정활동을 통해 비리구조에 깊숙이 개입했던 고위공무원들의 숙정작업을 폈다.

둘째 단계는 군의 문민화 작업으로서 육사출신 장교들의 사조직인 하나회의 12·12관련 장성 등 이른바 정치군인 집단의 축출에 나서 당시 하나회 회원인 김영진 참모총장(17기)과 서완수 기무사령관(19기)을 전격 경질한 데 이어 곧 수방사령관과 특전사령관을 전격 교체하는 등 군의 숙정에 나서 군부 전체에 지각변동을 가져왔다. 셋째는 금융실명제를 전면적으로 실시하여 금융질서를 바로잡고자 했다.

김영삼 대통령은 취임 이튿날인 1993년 2월 27일 새 정부의 첫 국무회의에서 자신과 부인 손명순 명의의 재산 17억 7,822만 원을 공개하여 공직자 재산공개의 테이프를 끊었다.

공직자들의 재산공개는 많은 국민의 관심을 불러모으면서 큰 정치사회적 파문을 일으켰다. 우선 박양실 보사부장관과 허재영 건설부장관, 김상철 서울시장이 부도덕한 축재시비에 휘말려 임명된 지 얼마 되지 않아 사표를 내고 물러나게 되었다.

우리나라 유사 이래 최초로 실시된 공직자의 재산공개는 태풍을 몰고 왔다. 사회지도층의 재산이 공개되면서 막대한 부의 축재 과정에 대한 의문들이 꼬리를 물었고, 투기 등 부도덕한 재산축적 과정에 대한 언론기관의 폭로작업이 이어지면서 재산공개는 큰 파문을 일으켰다. 민자당은 '재산공개진상파악 특별위원회'를 구성하여 물의를 빚은 의원에 대한 숙정작업을 시작했는데, 그 결과 김재순 전 국회의장, 유학성, 김문기 의원이 의원직을 사퇴했고, 정동호 의원은 제명조치를 당했으며 이원조, 금진호, 조진형, 김영진, 남평우 의원 등은 공개경고를 당했다.

정부도 재산공개로 물의를 빚은 정성진 대검 중앙수사부장, 최신석 대검 강력부장, 조규일 농림수산부 차관, 강신태 철도청장, 강두

현 경찰위원회 상임위원 등 차관급 5명을 해임하고 10명에 대해 경고했다.

또 청와대의 박노영 치안비서관과 정옥순 여성담당비서관이 투기의혹을 받고 사퇴한 데 이어 김덕주 대법원장이 판사들의 부동산 과다보유에 도덕적 책임을 지고 사퇴했다. 민자당은 1, 2차 재산신고액의 차이가 많고 비리의혹이 짙은 이학원, 박규식 의원을 제명하고 김동권 의원에게 당원권 6개월 정지, 정호용, 김영광, 남평우, 윤태균, 이현수 의원을 비공개 경고했다.

재산공개 과정에서 비리와 관련 의원직을 사퇴한 김재순 전 국회의장은 자신의 처지를 비유한 '토사구팽(兎死狗烹)'이란 말을 남겨 세간의 화제를 뿌리기도 했다.

그러나 김영삼 대통령은 아들의 월권과 비리 그리고 경제정책의 실패로 IMF 외환위기를 초래했고, 국민은 미증유의 경제적 위기를 겪게 되었다. 이 시기 수많은 기업이 도산되고 실업자들이 거리로 쏟아져 나왔다. '제2의 국난'이었다.

63

헌정 50년 만의 수평적 정권교체

1997년 12월 18일은 한국 헌정사와 민주주의 역사에 고딕체로 기록되는 날이다. 이날 50년 만의 여·야 정권교체가 이루어졌다. '50년'이란 대한민국 정부수립 이래 정치사를 두고 하는 말이고, 정확히는 한국 역사상 평화적 방법의 정권교체는 최초의 일이다.

그동안 창업과 쿠데타, 혁명, 정변, 반정 등 여러 형태의 정권교체가 있었지만, 피지배계층이 평화적 방법으로 집권한 것은 이번이 처음이었다.

1960년 장면 정권을 최초의 정권교체라고 부를 수도 있겠지만, 이 경우는 4월혁명을 통해 얻어진 '혁명과정의 선거'로 취득한 정권이고, 1992년 김영삼 문민정부 출범의 경우는 3당 합당으로 얻어진, 군사정권의 태아로 출생한 것이니, 여·야 정권교체는 아니었다.

이렇게 볼 때 1997년 12월에 실시된 제15대 대통령선거는 역사적으로나 정치사적으로 최초의 여·야의 평화적 수평적 정권교체라고 평가할 수 있다.

15대 대선은 여당인 한나라당에서 이회창, 제1야당인 새정치국민회의에서 김대중, 제2야당인 국민신당에서 이인제 후보가 입후보하여 각축을 벌였다.

당초 이회창 후보가 집권여당의 세를 업고 각종 여론조사에서 50% 이상의 승세를 잡았으나, 두 아들의 병역문제 등이 불거지면서 급속히 인기가 추락하고, 네 번째 대선에 도전한 김대중 후보의 인기가 꾸준히 상승하여 중후반 이후에는 각종 여론조사에서 1위를 기록했다. 이인제 후보는 젊은 이미지에 한때 폭발적 인기를 누렸지만, 경선불복에 대한 유권자들의 반감과 한나라당 부산, 경남 민주계 의원들의 잔류로 대세를 휘어잡는 데 실패함으로써 여론조사에서 3위를 면치 못했다.

제15대 대선도 과거 선거처럼 집권세력에 의한 각종 용공음해와 불법, 탈법선거 운동이 자행되었다. 특히 김대중 후보에 대한 극심한 매카시즘 공세가 전개되어 선거전을 정책대결이 아닌 색깔론으로 몰아갔다.

이 과정에서 보수 족벌 언론사는 기사와 논평을 통해 노골적으로 특정인을 지지하거나 배척하면서 정치문제로까지 비화시키는 등 부끄러운 모습을 보였다.

15대 대선의 특징은 대규모 청중동원의 연설회 대신에 TV토론회가 열려서 유권자들이 후보를 직접 검증할 수 있는 기회를 갖게 된 것이라 할 수 있다.

김대중 후보가 승리하게 된 결정적인 계기는 김종필, 박태준과의 연합과 TV정책토론이었다. 역대 대선에서 집권세력과 보수 언론매체로부터 용공음해와 과격성 문제에 타격을 입어온 김 후보가 여러 차례에 걸친 TV토론을 통해 자신의 정책과 진면모를 직접 국민에게 보여준 것은 승리의 요인이 될 수 있었다.

제15대 대선 역시 지역주의가 극성을 부렸다. 영남지역에서는 유력한 영남권 후보가 없었는 데도 반 김대중 정서는 이회창 후보의 몰표현상으로 나타났고, 호남지역에서는 김대중 후보에게 같은 현상이 나타났다. 충청권에서는 DJP연합 관계로 김대중 후보의 표가 크게 상승했다.

인구의 40% 이상이 몰려 있는 수도권의 향배가 대세를 판가름할 것으로 예측한 대로 김대중 후보는 서울, 인천, 경기도에서 4% 안팎의 격차로 이회창 후보를 눌렀다.

전체적으로 볼 때 김 후보는 전국 16개 시·도 중 10개 시·도에서 1위를 차지하고, 이 후보는 강원도와 영남권 등 6개 시·도에서 수위를 지켰으나, 당초 기대만큼 표를 얻지 못했다. 이인제 후보도 부산·경남·경기도, 충청권에서 20~30%의 지지를 얻었으나, 수도권에서 10%의 지지를 얻는 데 그쳐 3위로 밀려났다.

대선후보들은 '정권교체'(김대중), '안정'(이회창), '세대교체'(이인제) 등 구호를 내걸었으나, 외환위기와 국제통화기금(IMF) 관리체제의

한파로 얼어붙은 봉급생활자 및 중간계층의 '정권교체를 통한 개혁과 위기극복' 심리가 크게 작용한 것으로 분석됐다.

39만 표 차이로 대선에 승리한 김대중은 당선이 확정되면서 첫 소감에서 "50년 헌정사상 처음으로 선거에 의한 정권교체를 이룬 저력으로 국민 모두의 힘을 모아 경제위기 국난을 극복해 나가는 데 온 힘을 다하겠다."고 밝히고, '민주주의와 시장경제'를 새 정부의 청사진으로 제시했다.

대선에서 승리한 김대중은 '당선자' 자격으로 IMF 국난극복에 발 벗고 나섰다. 2월 25일 서울 여의도 국회의사당 광장에서 가진 대통령 취임식에는 김영삼, 노태우, 전두환, 최규하 씨 등 전직 대통령과 시민, 민주인사 5천여 명이 참석했다.

김대중 대통령은 취임사에서도 민주주의와 시장경제 원리에 의한 국정개혁과 IMF체제의 조속한 극복을 다짐했다.

한국의 평화적 여·야 정권교체에 대해 중국 〈차이나 데일리〉(97. 12. 20)는 "이번 선거는 정부수립 이래 첫 번째 정권교체를 이루게 했으며 정권교체를 통해 한국의 새로운 시대가 시작되었다."고 평가했고, 프랑스 〈르 몽드〉(97. 12. 19)는 "한국 유권자들이 김대중 씨를 새 대통령으로 선출, 정권교체를 이룩함으로써 진정한 정치적 성숙을 보여주었고, 특히 경제적으로 어려운 상황 속에서 이 같은 정권교체를 선택한 것은 사태해결과 국가장래 측면에서 좋은 본보기가 되었다."고 평가했다.

또 미국의 〈LA 타임스〉(97. 12. 23)는 "김대중 씨는 아시아의 넬슨

만델라라는 극찬을 듣고 있으며, 경제가 여러운 시점에서 모든 사람들은 이 용감한 직업 개혁가야말로 바로 역사가 원하는 대통령이라는 기대감을 갖고 있다."라고 논평했다.

김대중 정권의 출범은 국내적으로는 해방 후 최초로 합법성과 도덕성, 즉 정통성을 갖춘 '국민의 정부'로 의미를 부여받았다면, 국제적으로는 동북아 최초로 민주절차에 의해 여 · 야 정권교체가 이루어지고, 그것도 민주화 운동의 상징적 인물이 당선됨으로써 한국이 긴 세월 동안 받아온 군사독재와 인권탄압의 검은 이미지를 바꾸는 계기가 되었다.

그렇지만 김대중 정부에게는 IMF외환위기의 극복과 지역화합, 남북문제 해결이라는 어려운 과제가 주어졌다.

64

분단 반세기 첫 남북정상회담

대한민국 헌법 전문은 "조국의 민주개혁과 평화적 통일의 사명에 입각하여 정의, 인도와 동포애로써 민족의 단결을 공고히 하고…" 라고 하여 '평화적 통일의 사명'을 명시하고 있다. '동포애로써 민족의 단결'이란 구절은 민족통일을 동포애로써 실현한다는 의미다.

또 헌법 제66조 3항은 "대통령은 조국의 평화적 통일을 위한 성실한 의무를 진다."고 명문화했다. 통일은 대통령의 이념 성향에 따라 이 문제를 추진해도 되고 안 해도 괜찮은 선택의 과제가 아닌 필수 의무에 속한다. 이것이 헌법정신이고 헌법조항이다.

군사독재 정권이나 사이비 문민정부의 대통령들이 대북 강경노선을 취하면서 평화통일운동을 탄압한 것은 위헌이고, 대통령이 평화통일을 추진하지 않는 것은 직무유기로써 탄핵감이다. 국민은 이

부분을 잊고 있다. 헌법학자나 언론, 지식인들의 책임이 크다. 반세기 동안 반통일 세력이 권력을 오로지 독점해 온 까닭일 터이다. 그러면서도 헌법 전문과 대통령 조항에서 이것을 명문화해 놓고 있는 것은 아이러니다.

김대중 대통령은 이를 깨고자 했다. 그는 중견 정치인 시절부터 통일문제에 남다른 관심을 가져왔고, 1971년 대통령후보 때는 남북유엔 동시가입, 4대국보장론, 비정치분야 교류협력 등을 줄기차게 제시하면서 민족통일운동에 선구적인 역할을 해왔다. 정계은퇴 뒤에 설립한 아태평화재단은 통일연구를 위한 집념의 산물이었다. 그는 분단상태에서는 온전한 민주주의도, 서민대중의 복지도 어렵다고 보았다. 또 남북 양쪽에서 야심가들이 분단을 배경으로 독재를 하게 된다고 내다봤다.

2000년 4월 10일 오전 10시, 서울과 평양에서는 6월 12일부터 14일까지 평양에서 남북정상회담을 개최한다는 중대 뉴스가 발표되었다. 1972년 7월 4일 오전 10시 남북한 당국이 서울과 평양에서 동시에 발표한 공동성명 이래 28년만의 일이었다. 그때는 남북 정상의 대리인이 마련한 공동성명이었지만, 이번에는 남북정상회담을 알리는 초특급 뉴스였다.

2000년 6월 13일 10시 반경, 김대중 대통령을 태운 공군 1호기는 서울공항을 떠난지 1시간 여만에 평양 순안 공항에 도착했다. 공항 아스팔트 활주로 위에는 환영행사를 위해 선홍색 카펫이 깔렸다. 활주로 중앙에는 북한군 의장대가 정렬하고 김정일 위원장이

기다리고 있었다. 환영 나온 한복 차림의 여자들이 꽃술을 흔들면서 열렬히 환호하였다.

김정일 위원장이 공항 환영식장에 직접 나온 것은 사전에 양측이 '조율'하지 않은 '돌발사건'이었다. 김정일은 김대중의 방북을 그만큼 비중 있게 받아들였기에 본인이 직접 공항에 나와 환영했던 것이다.

두 사람은 나란히 북한군 의장대의 사열을 받았다. 이날 공항에는 북조선의 최고 수뇌부가 거의 대부분 환영행사장에 나왔다.

김대중은 준비해간 평양도착 성명을 천천히 읽었다. "저는 대한민국 대통령으로서 남녘동포의 뜻에 따라 민족의 평화협력과 통일에 앞장서고자 평양에 왔습니다.… 남녘동포가 이번 회담에 거는 기대만큼이나 북녘동포 여러분의 기대 또한 크리라고 생각합니다. 이제 시작입니다. 꿈만 같던 남북정상 간의 만남이 이루어진 만큼 지금부터 차근차근 해결해 나갈 것입니다…."

환영행사가 끝나고 김대중은 김정일과 의전용 링컨 컨티넨털 승용차에 올라 평양시민들의 열렬한 환영을 받으며 숙소인 백화원 초대소로 향했다. 김정일은 승용차의 상석을 양보하는 등 깍듯이 예우했다. 연도에는 60만 평양 시민들이 꽃술을 흔들며 도열해 있었다. 김대중과 김정일은 차를 타고 가는 57분 동안 환영인파에 손을 흔들어 답례하면서 숙소에 이르렀다.

실질적인 '남북정상회담'은 이날 오후 3시에 숙소인 백화원 영빈관에서 열렸다. 남측에서는 임동원, 황원탁, 이기호가, 북측에서는 김용순 아태위원장만 배석했다.

두 정상은 3시간 50분에 걸친 마라톤 회담 끝에 〈남북공동선언〉을 합의했다. 회담기록문을 보면, 통일방안과 관련하여 두 정상 간에 치열한 공방이 전개되었음을 알게 된다. 한반도의 전쟁방지와 평화체제 수립, 서해교전 문제를 둘러싼 논란이 있기도 했다. 남북정상회담에서 채택한 〈남북공동선언〉은 다음과 같다.

남북공동선언(전문)

조국의 평화적 통일을 염원하는 온 겨레의 숭고한 뜻에 따라 대한민국 김대중 대통령과 조선민주주의인민공화국 김정일 국방위원장은 2000년 6월 13일부터 6월 15일까지 평양에서 역사적인 상봉을 하였으며 정상회담을 가졌다.

남북 정상들은 분단 역사상 처음으로 열린 이번 상봉과 회담이 서로 이해를 증진시키고 남북 관계를 발전시키며 평화 통일을 실현하는 데 중대한 의의를 가진다고 평가하고 다음과 같이 선언한다.

1. 남과 북은 나라의 통일 문제를 그 주인인 우리 민족끼리 서로 힘을 합쳐 자주적으로 해결해 나가기로 하였다.

2. 남과 북은 나라의 통일을 위한 남측의 연합제안과 북측의 낮은 단계의 연방제안이 서로 공통성이 있다고 인정하고 앞으로 이 방향에서 통일을 지향시켜 나가기로 하였다.

3. 남과 북은 올해 8·15에 즈음하여 흩어진 가족, 친척 방문단을 교환하며 비전향 장기수 문제를 해결하는 등 인도적 문제를 조속히 풀어나가기로 하였다.

4. 남과 북은 경제 협력을 통하여 민족 경제를 균형적으로 발전시키고 사회, 문화, 체육, 보건, 환경 등 제반 분야의 협력과 교류를 활성화하여 서로의 신뢰를 다져 나가기로 하였다.

5. 남과 북은 이상과 같은 합의 사항을 조속히 실천에 옮기기 위하여 빠른 시일안에 당국사이의 대화를 개최하기로 하였다.

김대중 대통령은 김정일 국방위원장이 서울을 방문하도록 정중히 초청하였으며 김정일 국방위원장은 앞으로 적절한 시기에 서울을 방문하기로 하였다.

남북정상회담을 마친 김대중 대통령은 15일 성남 서울공항에서 가진 도착보고를 통해 공동선언문의 내용과 김정일 국방위원장의 답방문제에 대해 '강의'하듯이 상세히 설명했다. 다음은 정상회담 성과에 대한 김 대통령의 '해설'이다.

▲ 자주적 해결원칙, 연합제안 그리고 '낮은 단계'의 연방제안

자주적 해결원칙은 7·4남북공동성명에도 있었던 내용이다. 그러나 이후 아무 것도 이뤄지지 않았다는 점을 지적했다. 이제 원칙만 얘기해서는 안 되고 구체적인 것을 보여주는 회담이 돼야 한다고 북측을 설득했다. 연방제를 주장해오던 북한은 최근 중앙정부가 지방정부에 외교권과 군사권을 내놓는 '낮은 단계'의 연방제로 선회했다. 이는 우리의 통일방안인 남북연합안과 상통하는 점이 많다. 그래서 앞으로 양측 대표가 이 문제를 놓고 토론해 보자고 설득하여 합의했다. 이는 통일운동 사상 획기적인 계기였다.

▲ 이산가족 방문단 교환 및 비전향 장기수 문제

공항에 나오면서 김정일 위원장에게 "8 · 15전까지 여러분이 말한 대로 한 번 통 크게 하시오. 다른 문제는 내가 국민하고 상의해서 하겠다."고 제안했다. 그래서 6월부터 적십자회담을 바로 가동하겠다고 하니까 김 위원장도 좋다고 하여 합의했다.

▲ 경제협력

북한경제가 어려운 것은 사실이다. 우리가 북한에 들어가서 철도를 깔고 전력, 도로, 항만, 통신문제를 해결해주고 북한에 공단을 만들어 우리 기업이 진출하면 대한민국의 경제는 남한 내부만이 아니라 한반도 전체의 경제로 확대될 것이다. 경의선만 이으면 물류 비용이 30% 절감된다. 북한 노동력은 대단히 우수하고 임금도 저렴하다. 이러한 교류 협력을 경제뿐만 아니라 모든 분야에서 전면적으로 하기로 확실히 합의했다. 실천을 위해 남북 당국자들이 구체적으로 일을 만들어 나갈 것이다.

▲ **김정일 위원장의 서울 방문**

합의를 보는 데 힘들었다. 그러나 결국 김 위원장은 우리와 합의된 시일 안에 (적절한 시기를 택해) 서울을 방문하겠다고 결심했다. 김 위원장에게 "당신이 서울에 와야 세계 사람들이 남북관계가 지속적으로 발전할 것을 믿을 것이다. 나만 가고 당신이 오지 않으면 일회성이라며 믿지 않을 것이다. 동방예의지국의 예의를 잘 지키는 사람이라면 나이가 10여세 위인 내가 여기까지 왔는데 당신도 (서울에) 와야 하지 않겠느냐."고 설득했다.

대한민국 대통령 김대중과 조선민주주의인민공화국 김정일 위원장이 평양에서 만나 두 손을 마주잡고 포옹을 하면서 만들어 낸 남북공동선언은 타의에 의해 분단되고 전쟁을 치른 '적대국' 남북한이 자의로 화해협력과 평화통일을 이루려는 민족사의 새로운 이정표였다. 이 역사적 쾌거에 클린턴 미국 대통령, 장쩌민 중국 국가주석, 모리 요시로 일본 총리, 푸틴 러시아 대통령 등이 일제히 김대중 대통령에게 전화를 걸어 축하해주었다.

그러나 이명박 정권이 들어서면서 남북관계는 파탄되고 다시 냉전체제로 돌아갔다.

65

서민 대통령 노무현의 등장과 죽임

노무현은 2012년 12월 19일 제16대 대통령으로 당선되었다. 선거결과 노무현 1,201만 4,277표, 이회창 1,144만 3,297표로, 57만표 차이였다. 노무현은 독자적인 힘으로 거대한 한나라당 후보인 이회창을 꺾고 당선되었다.

10년 전 김영삼은 민자당과 합당하여, 5년 전 김대중은 김종필 자민련과 연합하여 당선된 데 비해 노무현은 다른 정치세력과 제휴하지 않고 새천년민주당 단독으로 승리하였다. 제휴는커녕 투표 전날인 18일 밤 10시에 '단일화 협상'으로 지원키로 했던 정몽준이 노무현 지지를 철회하는 변신 선언에도 불구하고 그는 당선되었다. 투표결과 60대 이상은 이회창 후보, 호남과 20~30대 젊은이들은 압도적으로 노무현을 지지한 것으로 나타났다.

노무현의 당선은 정치적인 승리 이전에 '인간승리'였다. 그는 중학교 입학금이 없어 '외상 입학' 할 정도로 가난한 집안에서 태어났으나 이승만 대통령 생일 기념 교내 글짓기 대회에서 '백지동맹'을 주도할 만큼 어릴적부터 남다른 정의감을 갖고 성장하였다. 부산상고를 졸업한 그는 막노동판을 떠돌면서 법조인을 꿈꾸며 사법고시를 준비하던 중 군복무를 마치고 돌아와서 그 꿈을 이루기도 했다.

1977년 대전지법 판사로 부임했으나 이듬해 법복을 벗고 변호사로 개업한 그는 세무 · 회계 전문 변호사로서 명성을 쌓으며 돈을 크게 벌 수도 있었다. 하지만 그는 1981년 전두환 정권시기 부림사건의 변론을 맡으면서 사회현실에 눈을 뜨게 되고, 이후 노동자의 벗이 되고 민주화 운동가 변론 전문가가 되었다. 그리고 5공 폭압에 맞서 '거리의 변호사', '아스팔트 위의 전사'가 되어 민주화운동의 전선에 섰다.

제13대 총선을 통해 정계에 입문한 그해(1988년) 11월 '청문회 스타'로 각광을 받았으나 1999년 노태우, 김영삼, 김종필의 3당 야합을 거부하고 김영삼과 결별함으로써, 영남지역 정치인의 가시밭길을 외롭게 걷기도 했다.

이후 지역주의 청산을 위한 헌신적 노력을 전개하며 1998년 서울 종로의 보궐선거에서 승리했으나 2000년 총선에서 다시 부산으로 내려가 패배했다. 그의 거듭된 '아름다운 패배'는 국민의 뜨거운 공감을 불러일으켜 최초의 정치인 펜클럽인 '노사모'를 탄생시켰다. 2000년 김대중 정부의 해양수산부 장관을 거쳐 2002년 민주당 대선후보 국민경선에 뛰어들어 '이인제 대세론'을 뒤엎는 파란을 일으킨 그는, 대통령선거 본선에서 역시 '이회창 대세론'을 꺾고 대통령에 당선되었다.

노무현은 취임사에서 "새 정부는 개혁과 통합을 바탕으로 국민과 함께하는 민주주의, 더불어 사는 균형발전사회, 평화와 번영의 동북아시대를 열어나갈 것"임을 천명하였다. 그는 일체의 권위주의를 벗어던지고 국가권력을 헌법정신에 맞춰 제자리에 돌려놓고자 했다.

노무현은 정치인이면서도 정치적이지 않았고, 최고 권력자가 되고서도 권력을 독점하기보다는 분권을 지향하는, 권모술수나 암투와는 거리가 먼 순결무구한 정치인이었다. 그는 속물 정치인들이 득세하는 정치판을 바꾸고자 노력하였다. 이러한 노무현의 존재는 파당적 이해에 민감한 정계에서 외톨이가 되었고 집권 후에는 검찰개혁, 언론개혁, 사법개혁, 국가보안법개폐 등이 기득권 세력으로부터 집중적으로 견제되어 '제거'의 대상이 되었다.

집권초기부터 노무현 정부의 개혁정책은 야당과 보수언론에 발목이 잡히고, 출범 2년여 만인 2004년 한나라당과 잔류 민주당의원들에 의해 헌정사상 초유의 탄핵소추안이 헌재에 제기되었다. 그러나 탄핵소추안이 헌재에서 심의 중일 때에 실시된 제17대 총선에서 국민은 여당에 과반수 의석을 보내주었다.

국민의 힘으로 탄핵소추가 거부되면서 헌재도 소추안을 기각했다. 노무현은 두 달 만에 대통령직에 복귀할 수 있었다. 그리고 혁신정책으로 '4대 개혁 입법'을 추진했으나 다수 여당의 무능과 기득권세력의 완강한 저항으로 이조차 쉽지 않았다. 노무현은 이에 굴하지 않고 신행정수도 건설로 전국의 균형발전, '대연정'을 통해 지역주의 극복, 평화·자주 외교정책 등을 실시하고자 했으나 그때마다 보수세력에 발목이 잡히곤 했다. 그러나 진실화해를 위한 과거사 정리위원회, 친일반민족행위 규명위원회, 국가정보원 과거사건 진실규명을 통한 발전위원회, 친일반민족행위재산국가귀속위원회, 군의문사진상규명위원회 등 과거사 청산에서 결실을 거두었다.

노 대통령은 2003년 10월 제주 4·3평화공원에서 4·3유족과 제주도민에게 국가권력의 잘못에 대해 사과하였다. 또 김대중 정부의 남북화해 협력을 이어받아 2007년 10월 2일 대한민국 대통령으로서는 처음으로 군사분계선을 넘어 북한땅을 밟았다. 김정일 국방위원장과 두 차례 남북정상회담을 갖고 〈남북관계 발전과 평화번영을 위한 선언〉(10·4선언)에 이어 서해 평화협력 특별지대 설치, 백두산 - 서울 직항로 개설 등에 합의했다. 무엇보다 돈 안 쓰는 선거, 투명한 선거풍토를 조성한 것은 그의 업적으로 평가되는 대목이다.

경제 정책에도 상당한 성과를 이루었다. 수출 3,000억 달러, 연평균 경제성장률 4.3%, 국민소득 2만 달러 달성의 성장을 이루었다. 외환보유액은 김영삼 정부에서 외환위기를 겪을 때 37억 달러에 불과했던 것이 김대중 정부 임기 말에 1,214억 달러로 증가했고, 노무현 정부 출범 4년 만에 2,400억 달러를 기록함으로써 중국, 일본, 러시아, 타이완과 더불어 세계 5대 외환보유국이 되었다. 그럼에도 보수 세력은 '잃어버린 10년' 타령을 멈추지 않았다.

실책도 적지 않았다. 대북송금 특검실시, 한미FTA 졸속추진, 이라크 파병 등은 아쉬움을 남겼다. 이른바 '4대악법' 개폐는 원내의 다수당이 되고도 전략미숙 등으로 처리하지 못한 것은 실정으로 꼽혔다.

이명박 정부가 들어서면서 '노무현 죽이기'는 시작되었다. 퇴임 후 고향 봉하마을로 내려가 은거생활을 하던 그에게 검찰, 감사원, 국세청, 금융감독원 등 권력기관이 총동원되어 주변을 수사하였다. 또 서울에서 촛불집회가 시작되자 배후를 노무현 쪽으로 의심한 권력의 집중적인 탄압이 자행되었다.

수구세력의 노무현 죽이기는 노무현을 파렴치범으로 몰아 그의 정치적 부활을 막으려는 데 초점이 모아졌다. 오랜 지인의 회사 태광실업이 세무조사를 받고, 그의 고교동창, 친인척, 청와대 수석 등이 속속 체포되었다. 수구언론은 확인되지 않은 '피의사실'을 연일 대서특필했다. 도덕적 살인행위였다.

수구언론의 '노무현 죽이기'는 그야말로 집요했다. 신문은 1면 머리기사부터 사설, 칼럼 등에서 노무현에 대한 비난, 조롱, 막말, 저주로 도배질했는데, 사장이 바뀐 방송들도 다르지 않았다. 민주정부 10년 동안 다져놓은 민주, 평화, 통일, 공정의 초석이 허물어지고 그 자리에 기득권 세력이 차츰 들어섰다.

수구언론이 '노무현 죽이기'의 공범이라면 이명박 검찰은 주범이었다. 검찰은 언론플레이를 통해 노무현 일가가 "수십억 원을 챙겼다."는 혐의를 흘렸지만 당시 노무현은 자신의 집에 온 '진보주의 연구 모임' 학자들에게 차비도 제대로 주지 못할 정도였다고 한다.

노무현은 마침내 검찰 소환 조사를 받게 되면서 도덕적으로 만신창이가 되었다. 그는 자신의 망신보다 추구했던 진보적 가치가 훼손되고 조롱당하는 것에 더욱 견딜 수가 없었다. 그리고 결단했다. 자신의 죽음으로 순결성을, 진보의 가치를 지키고자 했다.

2007년 5월 22일 새벽, 노무현 전 대통령은 고향 뒷산 부엉이 바위에서 몸을 날렸다. "너무 슬퍼하지 마라, 삶과 죽음이 모두 자연의 한 조각 아니겠는가. 미안해하지 마라, 운명이다."라는 유서를 남겼다.

노무현의 서거 소식은 엄청난 충격과 파장을 몰고 왔다. 전국에서 추모의 물결이 흘러넘쳤다. 촛불집회가 열리고 전국 각지에 분향소가 설치되었다. 독일 언론 〈프랑크푸르트 알게마이네 차이퉁〉은 그의 서거와 관련해 정곡을 찌르는 보도를 했다.

노 전 대통령의 죽음은 이명박 정권의 '몰이사냥'을 견디지 못한 선택이었다. 촛불에 덴 정권이 그를 배후로 의심해 정치적 보복에 나섰고, 그 하수인인 검찰은 내부에서조차 범죄성립이 어려울 수 있다는 지적이 나올 정도로 무리한 수사를 감행했다. 보수언론은 여과없이 혐의사실을 공표하여 그를 벼랑 끝 구석으로 밀어 붙였다.

66

역사를 거꾸로 돌린 이명박 정부

한나라당 이명박 후보는 2007년 12월 민주당 정동영 후보를 500만 표라는 압도적인 표차로 누르고 제17대 대통령에 당선되었다. 30대 현대건설 사장, 40대 국회의원, 50대 서울 시장, 60대 대통령 당선이라는 이른바 '성공신화'를 일군 지도자라는 화려한 평가가 뒤따랐다. 하지만 이는 대통령에 당선될 때까지의 '신화'였다.

여당 후보가 참패한 것은 이명박 후보의 능력이기보다 과장된 노무현 정부의 '실정'에 따른 반사효과라는 지적이 있었다.

> 노무현 정권의 실정은 이미지와 연관이 깊습니다. 노무현의 언행이나 행동거지, 승부사 기질, 설익어 보이는 아마추어리즘에 대한 불만이 대부분입니다. 대개는 노무현의 언행에 대해 못마땅하게 생각하는 것

> 이 실정으로 표출되고 있습니다. 특히 성장제일주의의 사고나 장기집권에 대한 염증이 노무현의 언행에 대한 반발로 나타났습니다(서중석, 《대한민국 선거이야기》).

한국 신문시장을 70~80% 장악하고 있는 조·중·동은 노무현 집권 5년 동안에 특히 대선을 앞두고는 하루도 빠짐없이 집중적으로 그를 비난하고 그의 언행을 부정적으로 부풀리고 비하하였다. 유권자들은 이런 보도를 접하면서 집권당 후보를 외면하고 이른바 '성공신화'를 창출한 이명박을 선택하는 데 주저하지 않았다.

이명박이 한나라당 후보에 선출되면서부터 그에 대한 비리와 전과가 따라붙었다. BBK, 위장전입, 선거법 위반 유죄판결, 도곡동 땅 등 '전과 13범'이란 딱지가 인터넷 매체 등에서 공공연히 떠돌았다. 도덕성에서 심각한 문제를 안고 있는 데도 국민이 그를 선택한 것은 오직 '경제살리기'에 대한 기대 때문이었다.

2007년 2월 취임과 더불어 이명박 정부는 조각에서부터 김대중, 노무현정부가 10년 동안 이룬 민주화와 남북화해 협력구도를 급격한 우회전의 정책으로 역류시켰다. 전 정권에서 임명하여 임기가 보장된 공직자들을 강제로 밀어내고 그 자리에 선거 공신들을 앉혔다. 정연주 KBS 사장을 강제 해임하고 검찰 등 공권력을 동원한 것이 대표적 사례였다.

이명박은 취임 1년도 안 되어 한국사회를 유신 또는 5공시대로 회귀시킨다는 비판이 따랐다. 김대중 전 대통령이 민주역행, 서민생계 위기, 남북관계 파탄을 지적할 만큼 이 정권은 급격히 과거로 회귀하였다.

이명박 정권은 전 정권을 '잃어버린 10년'으로 몰아치고, 남북화해협력 정책을 '퍼주기'로 매도하면서 노무현 전 대통령에 대한 정치보복에 나섰고, 그와 가까웠던 정치인, 기업인들을 속속 구속하였다. 이명박 정부는 고향으로 내려간 노무현의 봉하마을에 인파가 몰리자 이른바 '국가기록물 사건'을 일으켜 올가미를 씌웠다. 이렇게 시작된 정치보복은 끝내 그의 투신 서거로 이어질 만큼 집요했다. 족벌신문과 어용화된 방송, '호위무사'로 변신한 검찰이 이 '사법자살'의 토끼몰이에 동원되었다.

이명박 정권 5년의 실정을 목록만 정리하면 다음과 같다.

1. 민주주의 역행
2. 서민생계 파탄
3. 재벌기업 각종 특혜
4. 남북관계 파탄
5. 안보무능(천안함 침몰, 연평도 포격)
6. 지역차별 인사(영포라인 득세)
7. 4대강 파괴
8. 민간인 사찰
9. 조·중·동에 종편 허가, 언론계 생태계 파괴
10. 부실한 해외자원 개발 국고낭비

11. 원전비리

12. 역사왜곡(대한민국 역사박물관 날림 · 편향 등)

13. 전임 대통령 죽음으로 몰아가기

14. 국정원 · 국군사이버사령부, 국가보훈처 등의 대선 부정

15. 747 공약 위배

16. 평화적인 촛불시위 탄압

17. 친형 이상득 등 측근 비리

이명박 정권의 국정실패는 한국사회를 10년 쯤 후퇴시켰다. 또한 다른 것은 몰라도 '경제살리기'는 해낼 것으로 믿었던 국민에게 실망만을 안겨 주었다. 대선 공약으로 내세운 '747공약' 즉, 연 7% 경제성장, 1인당 국민소득 4만 달러, 세계 경제규모 7위 달성이란 야심찬 공약은 소수 재벌기업을 제외하고는 완전히 빈 공약으로 전락하였다.

실제로 이명박 정부 5년의 경제성장률은 평균 2.9%로 추락하여 '경제살리기'의 허구성이 드러났다. 김대중 정부 평균 5.0%, 노무현 정부 평균 4.3% 성장률에도 훨씬 못 미치는 실패작이었다.

이명박 정부의 실정은 22조 8천억 원이 투입되고, 앞으로 관리에도 예상하기 어려운 국민의 혈세가 투입될 4대강 사업이 대표적이다. 이 정권은 사전준비나 조사, 여론수렴도 없이, 순전히 가시적인 효과와 조급한 업적을 위해 수만 년간 흘러 온 4대강을 막무가내로 파헤쳐서 자연을 파괴하고 엄청난 국고를 낭비하였다.

외국언론에서 "바벨탑 이래의 무모한 공사"라는 비판이 나올만큼 국내외의 비판이 쏟아졌으나 이명박과 그의 각료들은 이를 강행했고, 어용교수, 족벌신문과 방송이 이에 장단을 맞추었다. 4대강에는 지금 '큰빗이끼벌레'의 서식장이 되고, 날림으로 들어선 강둑은 언제 무너질지몰라 지역 주민들의 근심거리가 되고 있다. 담합 등으로 4대강 공사를 맡은 기업들만 막대한 이익을 챙기고, 강물은 하루가 다르게 썩어가고 있다.

이명박 정부의 4대강 사업 못지않은 실정 또는 비리 · 부정은 '자원외교'를 빙자한 천문학적인 국고낭비다. 자원이 없는 우리나라가 해외 '자원개발'을 하는 것은 마땅한 정책이지만, 이명박 대통령은 자기 형 이상득 의원과 소수 측근들을 동원하여 정확한 실태조사와 손익계산도 없이 무작정 투자하고, 이를 빌미로 이권을 챙기게 하는 무모하고 부정한 방법을 동원하였다.

이 정권의 무능, 부패한 자원개발로 50조 내지 60조의 국민세금이 투입되거나 될 것으로 알려졌다. 한국석유공사, 한국가스공사, 광물자원공사 등 공기업 3곳이 향후 5년간 갚을 빚만 22조가 넘는다고 한다. 이들 3개 공기업이 2015년 한 해의 차입금만 5조 3천억원에 이르게 되어, 국고를 낭비하고 국민세금을 쏟아붓게 만들었다. 총체적인 자원외교의 부실과 부패, 이를 주도한 측근과 공기업 대표의 이권개입 실태 등은 여전히 베일에 쌓여 있다.

이명박의 '시야'는 좁았고, 철학적 밑바탕은 천박했다. 그는 '청계천'

에서 얻은 점수를 무기삼아 '4대강'을 파헤쳤다. 그는 자연을 살리는 일과 죽이는 일을 분간하지 못했다. 이명박은 먼 장래를 내다보는 데도 익숙하지 않았다. 그는 임기 초부터 '눈 앞의 성과', '생색내기'에 급급해하는 모습이었다. 2008년부터 쿠르드 유전 개발을 위한 양해각서(MOU) 체결과 2009년 아랍에미레이트(UHE)원전 4기 수출 과정에서도 성과에 대한 뻥튀기 의혹과 계약 조건에 대한 의구심을 불러일으킨 바 있다(고영재, 〈한겨레〉, 2015년 1월 30일).

이명박의 '시야'가 넓은 대목도 없지 않았다. 퇴임 후를 대비하여 족벌신문에 종편을 허가하고, 같은 목적으로 국정원 등의 대선 선거부정을 양해 또는 묵인했을 것이라는 일부의 주장이 따른다.

이명박의 핵심측근인 원세훈의 국정원 직원들은 2012년 대선을 앞두고 조직적으로 여당의 박근혜 후보를 지지하고, 야당의 문재인 후보를 폄훼하는 수십 만 건의 '댓글'을 달아 선거에 개입했다. 법원은 국정원 심리전단의 사이버 활동을 선거개입으로 보고, 원세훈 원장이 이를 지시한 것으로 판단했다.

원세훈 국정원장은 이명박 대통령에게 주기적으로 독대 보고를 해왔으므로 국정원의 이와 같은 선거개입을 보고 받지 않았을 리 없었을 것이다. 보고를 받고도 이를 제지하지 않는 것인지, 양해 또는 격려한 것인지 등은 훗날 역사에서 밝혀질 것이다.

이승만 정권의 3·15부정선거, 박정희 정권의 6·8부정선거, 전두환, 노태우 정권의 각종 부정선거가 관권과 금권을 동원한 부정선거였다면, 이명박 정권 국정원 등의 사이버 활동은 국가 최고정보 기관이 동원된 첨단 과학기기 부정선거였다.

이명박을 떨게 한 촛불항쟁

한국사회에서 촛불은 두 가지 형태로 존재한다. 전통적으로는 종교나 제사 등 엄숙한 제의용으로 쓰이고 현대적으로는 저항의 상징으로서 정치용으로 쓰인다. 촛불이야말로 '제정(祭政)'일치의 현대적 산물이다. 몸을 태워 주위를 밝히는 초의 본질이, '촛불'이란 저항용어가 되고 군중집회의 '죽창'으로 변한 것은 2008년 봄과 여름, 서울 광화문의 '촛불집회' 또는 '촛불항쟁'에서 시작되었다.

한국 근현대사를 보면 지배층의 부패, 전횡과 외세의 침략으로 국권이 짓밟힐 때면 어김없이 민중들이 들고 일어났다. 동학혁명 → 만민공동회 → 3·1혁명 → 의병 → 독립군 → 4월혁명 → 반유신투쟁 → 부마항쟁 → 광주항쟁 → 6월항쟁으로 면면하게 이어져왔다. 2008년 봄과 여름의 촛불항쟁은 이러한 역사의 전통과 민중의 저항정신이 다시 한 번 폭발한 것이다.

촛불집회는 이후 억울하고 짓밟힌 민초들의 저항수단으로 일상화되었다. 특히 세월호 참사와 박근혜 정부의 무능, 은폐에 분노한 시민, 유족들이 촛불을 들고 시위에 나섰다. 어떠한 저항의 방법보다 파급효과가 크고 공감을 불러왔다. 촛불시위는 해외로도 '수출'되어 세계 곳곳에서 야간집회가 열릴 때면 시위자들은 촛불을 켜들었다.

한국에서 촛불이 시위의 저항무기로 등장한 것은 2008년 이명박 정권 때에 시작되었다. 박정희 유신정권기에 3·1사건 등 구속자 가족들이 십자가가 새겨진 마스크를 쓰고 촛불시위를 한 적이 있었지만, 이때만 해도 소수의 저항운동이었다. 대규모의 저항운동으로 불을 붙인 것은 이명박 정권이 노무현 전 대통령을 죽임으로 몰아가서 결국 자살에 이르도록 한 폭거에 저항하는 수단으로서였다.

국민들 가슴속에 부글거리던 촛불의 용암이 분출하게 된 것은 정부가 미국의 압력으로 분별없이 미국산 쇠고기를 수입한 것이 계기가 되었다.

> 2008년 5월 2일에는 10대 여학생들이 미국산 쇠고기 수입을 반대하는 촛불문화제를 처음 연 뒤로 많은 시민들이 수입조건 재협상을 외치며 자발적으로 동참하여 전국으로 확산되었다. 2008년의 촛불집회는 이전과는 달리 이른바 주도세력이 없는 자발적 개인들의 모임이라는 점이 가장 큰 특징이다. 중고생들로부터 시작되어 대학생, 일반 회

> 사원, 유모차를 끄는 젊은 주부들까지 다양한 개인들이 다발적으로 동참하여 비폭력적으로 자신들의 주장을 폈다는 점에서 대의민주주의의 한계에 대한 직접민주주의 새로운 실험으로 평가받기도 한다.

네이버 백과사전 "촛불집회"의 항목이다. 일반적으로 가장 많은 사람이 활용하는 네이버 백과사전을 인용한 것은 "10대 여학생들이…"로 시작되는 해석 때문이다. 촛불집회 또는 촛불시위는 이명박 취임 50일 만에 10대 여학생들을 시작으로 청년, 회사원, 주부들까지 자발적으로 참여한 거대한 시민운동이었다. 시위는 미국산 쇠고기 수입을 반대하면서 시작되었으나 곧 이슈는 '쇠고기'를 넘어 정권 퇴진운동으로 전개되었다.

> 촛불집회는 청계광장에서 여중고생들이 미친소 반대, 이명박 탄핵 등의 구호를 외치면서 점화되었다. 그것이 광우병 국민대책회의의 발족, 고시 강행, 72시간 릴레이 국민행동을 거쳐 6월 10일 백만 촛불 대행진으로 비약적으로 발전하였다. 40일 만에 거대한 횃불 연대로 타오른 것이다. 서울 70만 여 명을 비롯하여 전국 각지 80여 곳에서 100만 명 이상이 참여하였다. 이는 21년 전 87년 6·10항쟁 이후 최대 규모이며 2004년 3월 노무현 대통령 탄핵규탄 촛불집회(200만 명)와 비교해도 두 배가 훨씬 넘는다. 온라인 생중계 시청자가 300여 만 명, 집중 항의 메일 발송자는 50만 명으로 추산된다. 왜 사람들은 촛불을 들고 이렇게 많이 모였나. 이들이 요구한 것은 무엇인가. 예고 없이 도래

한, 사상 유례를 찾기 어려운 이 자발적 촛불항쟁 사건을 어떻게 보아야 할 것인가(이병천).

2007년 5~7월 사이에 일어난 촛불시위를 연구하는 학자, 전문가들은 어린 소녀들로부터 시작되어 전국민적으로 확산된 평화시위라고 분석한다. 예외라면 뉴라이트 계열의 식자들과 족벌신문이다. 이들은 촛불시위를 좌파의 선동이라고 몰아쳤고, 이명박 정권의 핵심에서는 '봉하' 쪽에 의혹의 눈길을 보냈다.

2004년 3월 한나라당과 잔류 민주당이 노무현 대통령을 탄핵하면서 탄핵반대 촛불시위가 요원의 불길처럼 번지고, 이것이 결국 헌법재판소가 기각 결정을 내리게 하는 요인으로도 작용했다. 해서 '촛불=노무현'을 연상했을 것이다.

미국산 쇠고기 수입문제로 서울은 물론 전국에서 촛불시위가 벌어졌다. 당시 노 대통령은 대단히 신중하고 절제된 모습을 보여줬다. 참여정부에 책임을 전가하는 이명박 정부와 당국자들 발언이 연이어 터져나와 속으로는 마음이 상했을 텐데도, 현직 대통령을 존중하고 배려했다. 촛불에서 나온 '대통령 퇴진' 구호나 요구가 사리에 맞지 않고 바람직한 일이 아니라며 공개적으로 비판했다. 촛불 문화제 이후 청와대로 몰려가려는 움직임도 바람직하지 않다고 공개적으로 우려를 표시했다.

대통령도 우리도 촛불시위의 후속 대응이 정치보복이고, 보복의 칼끝

이 우리에게 향하리라고는 상상조차 못했다. 노 대통령과 참여정부에 대한 이명박 정권의 증오심과 적대감이 그때부터 시작됐다는 것도 한참 후에 알게 됐다. 촛불시위의 배후로 우리를 의심했다는 이야기 역시 한참 후에 알게 됐다. 정말 놀라운 상상력이고 피해의식이었다(문재인).

촛불집회가 거세게 전개되고 있을 때 이명박 대통령은 심야에 청와대 뒷산에 올라가 민중의 분노에 두려워하면서 '아침이슬'을 불렀다는 등 민의를 수렴하는 모습을 보였다. 그러나 말과는 다르게 경찰차 수백대로 시위대를 포위하는 '명박산성'을 쌓는 등 탄압을 가중시켰다.

검, 경은 유모차를 끌고나온 엄마들을 '아동학대죄'로, 시위학생들에게 음료수를 나눠주는 상인들을 '경범죄'로 처벌하는 등 반민주적 행태를 보였다. 촛불을 든 시민들은 시위대를 종북으로 매도하는 등의 족벌신문사 앞에 쓰레기를 투입하면서, 이들 기자들에 대해 기자+쓰레기='기레기'라는 신조어를 만들었다. 한국언론사의 일대 치욕이 아닐 수 없다.

촛불항쟁의 밑바닥에는 탐욕스런 시장만능주의에 맞서는 민주주의, 건강한 삶이 위태로워진 시대에 맞서 생명과 인권을 존중하는 민주주의가 있다(유재건).

68

정통성 문제 안고 출범한 박근혜 정부

2013년 12월 실시된 제18대 대통령선거는 여당의 박근혜 후보와 야당의 문재인 후보가 박빙 끝에 박 후보의 당선으로 끝났다. '이명박·박근혜'정권으로 이어지는 여당의 승리였다. "국정경험도 업적도 거의 없는 사람이 '박정희 딸'이란 이유로 상당한 득표력을 보였으니 이 신드롬(박정희 신드롬)의 힘이 크게 작용했다"(박노자).

박근혜 정부는 국정원 직원들의 조직적인 선거개입과 민주주의 시계를 17년 전으로 되돌린 군의 정치개입, 국가보훈처의 선거개입 등이 속속 드러나면서 정통성에 심각한 문제를 안은 정권이 되었다. 선거부정이 전임 이명박 정권에서 저질러진 일이지만, 혜택은 고스란히 박근혜 대통령이 입었기 때문이다. 국가기관들의 선거개입이 없었다면 과연 당선이 가능했을 것인가 하는 의문이 따랐다.

박근혜 대통령은 대선 후보로서 경제정의와 국민화합 등 장밋빛 공약을 많이 내걸었다. 하지만 취임 후 대선공약은 거의 폐기하거나 빈 공약이 되었다. '경제정의'는 대기업 등 재벌이익으로 바뀌었고 서민생계, 청년실업, 빈부격차가 더욱 심화되었다. 검찰중립은 공염불이 되고, '국민화합'은 커녕 특정지역 인사들만 중용하여 지역차별을 심화시키고 있다. 국가의전 서열 10위권의 대부분이 특정지역 출신이고, 감사원장, 검찰총장, 경찰청장 등 5대 감찰기관장 역시 특정지역의 '동창회'로 구성하였다. 그러면서 '우수 인재'를 찾다보니 그리되었다는 변명을 내세운다. 타지역 인사들의 심장에 대못을 박는 언행이다.

박근혜 정부는 출범 초기부터 문제가 많은 인사들을 요직에 발탁하면서 국가의 기강을 흔들고 사회정의와 국민의 도덕감정에 상처를 남겼다. 첫 청와대 대변인의 성추문을 시발로 첫 국무총리 후보자로 지명된 전직 대법관은 전관예우라는 비법으로 1년 만에 15억을 챙기다 낙마하고, 두 번째로 지명된 언론인 출신 후보자는 일제의 한국지배가 하느님의 뜻이라는 망말로 사퇴했다. 세 번째 지명자는 각종 비리로 만신창이가 되어 국회인준을 받았으나 성완종 전 경남기업 회장으로부터 거액을 받았다는 명단에 올라 70일 만에 사퇴하였다. 각종 비리 투성의 인사들만을 선호하는 것인지, 그들 세계가 온통 그런 자들 뿐인가 하는 개탄이 쏟아졌다.

초대 김기춘 비서실장은 유신헌법 기초자, 부산 초원복집 사건의 주모자 등 정치적, 도덕적으로 하자가 많은 사람이었고, 두 번째는 현직 국정원장을 비서실장으로 앉혔다. 그 역시 과거 각종 정치공작의 연루자였다. 두 사람은 '성완종 리스트'에 나란히 이름이 오른 이들이다.

박근혜 정부 각료를 비롯하여 고위직 상당수가 부동산 투기, 탈세, 논문표절, 군입대 기피, 위장전입 등 범죄행위가 드러나고, 어떤 후보자는 입대하여 군복무 대신 석 · 박사 학위를 받는 특혜를 누리고, 어떤 인물은 제자들을 동원하여 논문을 쓰거나 아예 제자 논문을 베껴 돈벌이를 하였다. 그런가 하면 국사기관 책임자와 공영방송 이사장을 뉴라이트 계열이거나 친일파 후손으로 임명하여 물의를 일으키기도 했다.

국민소득이 1인당 3만 달러에 이르렀다고 자랑하지만 실상은 달러 가치의 하락으로 빚은 '환각현상'이고, 고용 없는 성장의 혜택은 소수 재벌기업의 금고 속으로 들어갔다. 청년들은 어느 때보다 극심한 실업 상태에서 '5포세대'가 되고, 남북관계는 꽉 막혀 언제 무슨 일이 터질지 불안한 상태에서 전시작전권 무기한 연기, 방산비리 등 군수뇌부의 부정부패가 국가안보를 우려케 한다.

고위공직자들의 뇌물수수, 세월호 참사에서 드러난 구조실패, 통합진보당 해체로 인한 민주주의 후퇴, 민변 · 민주노총 · 전교조 등의 탄압, 청와대 비서들의 문건유출 파동, 정윤회 등 국정농단 의혹, 남북정상회담 회의록 유출, 국정원의 간첩조작, 국정원 선거개입, 원칙 수사에 나선 채동욱 검찰총장 찍어내기, 청와대 전 · 현직 비서실장 및 정부 여당 핵심인사들의 '성완종 리스트'에 오른 8명에 이르기까지 국정의 난맥과 타락상이 꼬리를 잇고 있다.

이와 함께 일베, 서북청년단 재건위 조직, 어버이연합, 엄마부대 등 극우단체들이 기승을 부린다. 교육부는 뉴라이트 계열 역사학자들과 국사교과서를 국정화하는 작업을 멈추지 않고, 한 재미동포의 토크 콘서트 현장에 사제폭탄을 던진 고교생을 '우국지사'로 치켜세우고, 정부는 이 '재미교포' 여성을 추방하는 등 한국사회는 유신시대로 회귀되는 모양새를 보이고 있다. 박정희의 긴급조치 등으로 옥고를 치렀던 민주인사들이 '제2 유신시대'라 선포하면서 새민주화운동에 나선 것은 '역사 역행'으로 나타난 현상이다.

> 박근혜 정권은 대선 당시 국민에게 약속했던 경제민주화와 서민공약들을 외면하고 실업자와 비정규직을 양산해 서민들의 생활은 벼랑 끝에 몰려 있다. 박근혜 정권은 국가 주권인 전시작전권 환수를 무기 연기하고 제1교역국인 중국을 겨냥한 고고도미사일(싸드) 배치를 기정사실화하며 대규모 전쟁 연습을 벌여 이 땅을 전쟁 국면으로 몰아가고 있다.
> 민주주의가 후퇴하고 평화와 통일이 뒷걸음 치고 민중의 삶이 갈수록 어려워지는 현실을 타개하기 위해선 이제 국민들이 4월혁명 정신으로 직접 투쟁에 나설 수밖에 없다. 민생 파탄과 민주주의 파괴를 향해 달리고 있는 유신독재를 멈추기 위해서는…(4월혁명회, '4월혁명 55주년 선언').

69

전시작전통제권 회수 거부한 해방 70주년

유엔에 가입한 200여 개 독립국가 중 전시작전통제권(전작권)을 갖지못한 나라는 한국이 유일하다. OECD 가맹국가로서 경제력이 세계 10위권이고 국방비 역시 비슷한 수준의 나라에서 일어난 현상이다. '60만 대군'을 자부한지는 오래되었다.

전작권 문제는 이를 장악하고 있는 미국 측이 돌려주겠다고 하는 것을 한국정부가 더 맡아 달라고 떼를 쓰고 있는 형국이어서, 그 깊은 내막의 배경과는 상관없이 적어도 외형상으로는 대단히 부끄럽고 자존심이 상하는 일이다. 독립국가의 체면이 말이 아니다.

전작권이 당초 미군에게 넘겨진 것은 1950년 7월이다. 인민군의 남침으로 쫓기던 이승만 대통령은 7월 25일 유엔군사령관 맥아더 장군에게 보낸 〈대한민국 육해공군 지휘권 이양에 관한 공한〉을 통해 한국군의 지휘권을 미군에게 이양했다.

전시라는 상황이었지만 기한도 명시하지 않고, 국회의결도 없이 일방적으로 군사지휘권을 외국군 사령관에게 이양한 것은 처음부터 잘못된 일이었다. 이승만 전 대통령이 맥아더에게 보낸 공한의 마지막 부문이다.

> 한국군은 귀하의 휘하에서 복무하는 것을 영광으로 생각할 것이며, 또한 한국 국민과 정부도 고명하고 훌륭한 군인으로서 우리들의 사랑하는 국토의 독립과 보존에 대한 비열한 공산 침략을 대항하기 위하여 힘을 합친 국제연합의 모든 군사권을 받고 있는 귀하의 전체적 지휘를 받게 된 것을 영광으로 생각하며 또한 격려되는 바입니다.
>
> 귀하에게 심후하고도 따뜻한 개인적인 경의를 표하는 바입니다.
>
> 1950년 7월 25일 이승만

전쟁 중에 군사력이 미약한 처지에서 일시적으로 전작권을 유엔군사령관에게 위임하는 것을 꼭 탓할 이유는 없을지 모른다. 하지만 그 이후에 벌어진 정부의 처사는 지탄의 대상이 되고도 남는다.

미군에게 이양된 전작권은 1953년 10월 1일 체결된 한·미 상호방위조약과 1954년 11월 17일 합의한 〈합의의사록〉에서 한국군 전작권을 유엔군사령관이 계속 행사하도록 재확인되었다.

전작권 문제는 1980년 5월 광주민주화운동 당시 전두환이 진압학살에 군대를 동원하면서 현안으로 제기되었다. 전작권을 갖고 있는 존 위컴 주한미군사령관이 한국군 병력 차출과 미국의 항공모함과 공중조기정보통제기를 배치한 사실이 알려지면서 이를 계기로 80년대 반미감정의 확산과 반민투쟁의 요인이 되면서 전작권 문제는 '뜨거운 감자'로 대두되었다.

이런 과정을 거쳐 1980년대 말 한·미간에 주한미군의 역할 조정 논의가 시작되었고, 1992년 노태우 정권에 의해 한·미안보협의회의(SCM) 및 군사위원회회의(MCM)에서 "한국군에 대한 평시작전통제권은 늦어도 1994년 말 이전까지 한국군에 전환하기로" 합의가 이루어졌다.

이에 따라 1993년 한·미안보협의회의 군사위원회에서 환수 일자를 1994년 12월 1일로 합의한 데 이어 실제로 이때에 실행되었다. 이로써 평시작전통제권은 44년 만에 한국군이 환수하게 되었다. 하지만 핵심인 전시작전권은 여전히 제외되었다.

민주정부가 수립되면서 전작권 환수문제는 다시 국민적인 관심사가 되었다. 노무현 대통령은 오래 전부터 우리 국력이나 국방력, 국군의 사기와 전투력으로 보아 더 이상 전작권을 미군에게 위임한다는 것은 문제가 있다고 보았다. 하지만 이 문제는 북한의 핵실험과 연계되어 노무현 정부를 곤경에 빠뜨렸다.

그런 속에서도 노무현 정부는 전작권 환수시기를 2012년으로 정하고 미국과 협상을 벌였다. 그런데 미국이 '2009년 전작권 이양'을 전격 제안하면서 한·미 간에, 그보다 국내에서 또다시 '뜨거운 감자'가 되었다. 이 문제가 외교적으로 제기되자 역대 국방장관 13

명을 비롯하여 성우회(예비역 장성 모임), 한국기독교총연합회, 재향군인회, 전직 고위 외교관, 일부 전직 경찰총수 등이 연명으로 환수반대 성명을 낸 데 이어 일부는 격렬한 가두시위까지 벌였다. 족벌신문들이 이들을 부추기기도 했다.

노무현 대통령은 이에 대해 불쾌감을 감추지 않았다. 특히 국방력 강화와 국가안보의 실질적 책임자 위치에 있었던 역대 국방장관과 예비역 장성들의 반대시위에는 분노를 표시했다.

"자신들의 직무를 어떻게 수행했기에 해방 60년이 될 때까지, 그리고 언제까지 전작권을 외국군에게 맡기겠다는 말인가?"

노 대통령의 이 같은 발언이 전해지자 수구세력과 야당, 족벌신문들이 벌떼같이 들고일어나 대통령을 공격하고 '국가안보'를 내세우며 비난 발언을 쏟아냈다. 이같은 분위기에서 한·미 정부는 2007년 7월 전작권 환수 이행계획 로드맵에 합의하고, 새 작전계획 작성과 한·미군사협조본부(MCC)의 창설을 준비하기로 했다. 2011~2012년에 각종 훈련을 통해 한국군의 독자적 전쟁수행 능력을 검증하고, 2012년 4월 17일 전작권을 환수, 한미연합사의 해체와 동시에 한국군 합동군사령부 및 미 통합군사령부를 창설하기로 합의했다.

원래 전작권 문제는 미국 측에서 2009년으로 조기반환을 제기한 것을 노무현 정부가 2012년으로 연장시키려 한 것인데, 수구세력은 미국에는 침묵하면서 노무현 정부에만 비난의 화살을 퍼부었다.

노무현에 이어 집권한 이명박 정부는 전작권 환수와 관련해 아무런 고민도, 대책도 보이지 않다가 환수시기를 2017년으로 다시 3년 7개월이나 연장시켰다. 그리고 이어진 박근혜 정부는 수구세력의 여론을 좇아 2014년 10월 24일 다시 전작권 환수를 거의 무기한으로 연장하는 데 미국과 합의하였다. 외형상으로는 미국이 되돌려주겠다는 데도 한국정부가 맡아달라고 애원하는 형국으로 전작권 환수 시기가 연장되었다.

2015년으로 못박은 전환시기를 구체적인 시한도 정하지 않은 채 다시 연기한 박근혜 대통령은 2012년 대선 당시 선거공약으로 "2015년 전작권 환수 이행"을 약속하고도, 이렇다 할 설명도 없이 '기간'도 명시하지 않고 연기시켜 버린 것이다.

국방부는 전작권 시기를 못박지 않은 것은 "북한의 핵 · 미사일 위협이라는 안보환경 때문"이라는 설명을 댔다. 북한의 위협이 있는 한 영원히 '전환불가'의 입장을 보인 것이다.

대한민국 임시정부는 중국에서 망명정부를 운영하면서 대일항전을 위해 한국광복군을 창설했다. 하지만 중국정부는 '한국광복군 9개 행동준승'을 제정하여 한국광복군이 중국군사위원회의 지휘를 받도록 조처했다. 어떤 나라이든 자국에서 타국이 비록 망명정부라 할지라도 군대를 조직하고 운영한다는 것을 쉽게 허용하기란 어려울 것이다. 하지만 우리 독립운동가들은 결코 '9개 행동준승'을 수용하지 않았다.

임시정부 군무부장 조성환은 얼마 안 되는 원조 때문에 "중국에 예속

> 된다면 광복군은 도리어 우리 독립운동을 말살하는 기관일 뿐"이라고 부끄러워했고, 군무부 차장 윤기섭은 '9개 행동준승'을 받아들이면 "광복군은 중국의 노예군대"가 된다고 단언했다.
> 이 문제를 논의한 임시의정원은 가히 아수라장이었다. 문일민 의원은 "이 자리에서 죽어도 또 다시 망국노 노릇은 못하겠다"고 격앙했고, 조완구 의원은 '굶어죽을 각오'를 하고 '9개 행동준승'의 폐기를 선언할 것을 촉구했다(한홍구, 《역사와 책임》).

임시정부는 중국정부와 협상하고 설득하여 '9개 행동준승'을 폐기하고 광복군의 독자적인 작전권을 회복하여 항일전을 벌였다. 남의 땅에서, 그 나라의 경제적인 지원을 받으면서도 그랬다.

70

세월호 참사와 통합진보당 해산 참사

세월호 참사

2014년 4월 16일 경기도 안산 소재 단원고 2학년 325명과 교사 14명이 수학여행을 떠났다. 행선지는 제주, 교통편은 인천에서 출발하는 청해진해운 소속 세월호였다. 이 배에는 민간인들도 탔다.

세월호는 항해중 진도 맹골수도에서 좌초하는 변을 당하였다. 조난 신호를 받고 달려온 해경은 배가 가라앉던 1시간 30분 동안 허둥대기만 하여, 제발로 탈출한 이준석 선장 등 선원과 일부 승객만 구조하고, 304명은 고스란히 수장되었다. 온 국민이 TV를 통해 지켜보는 가운데 일어난 참변이었다.

세월호는 출항 때부터 사고를 예비하고 있었다. 1994년 일본에서 건조된 이 배를 도입한 청해진해운은 세월호로 이름을 바꾸고,

이명박 정부가 선령제한을 20년에서 30년으로 완화해주면서 노후 선박인데도 운항을 계속할 수 있었다. 여기에 출항할 때 화물은 적재기준치보다 1,065톤을 초과하는 과적상태였다. 청해진해운은 당일뿐만 아니라 늘상 그렇게 하면서 돈벌이에만 급급했고, 해양경찰서 등 관계기관과는 '관피아', '해피아' 등 유착관계여서 눈감아 주었다. 해난 사고는 예비되었으나 어디에도 통제기관은 없었다.

세월호 침몰이 인재였다면 한 명도 구조하지 못한 것은 관제였다. 화급을 다투는 상황에서도 해양경찰은 '거래'해 온 구조선을 부르느라 골든타임을 놓치고, 저임금의 임시직으로 채용된 선원들은 승객들에게 "움직이지 말라"는 말만 늘어놓아 탈출의 기회를 빼앗았다. 선장이 속옷바람으로 탈출하고 선원들이 뒤를 따르고, 해경이 그들만을 구조할 때 그나마 인근의 민간인들이 몇 사람을 구조하였다.

국민이 더욱 분노한 것은 박근혜 대통령의 '7시간 행적' 때문이었다. 국민의 생명과 재산을 지키는 것이 가장 큰 임무인 데도, 사건이 일어난 그 시각 대통령은 아무런 조처도 취하지 않았고, 행방 또한 묘연했던 것으로 알려졌다. 청와대 비서실장(김기춘)은 "청와대는 재난구조의 컨트롤 타워가 아니다."라는 망언을 서슴지 않았다.

국민의 분노가 하늘을 찌를 듯하자 정부는 청해진해운 선주 유병언을 희생양으로 찍었다. 청해진해운을 조사하자 유병언의 탈세, 배임, 횡령 등 탈법과 비리가 속속 드러났다. 그리고 그는 어디론가 행방을 감췄다. 검 · 경과 군인들까지 수천 명이 동원되어 쫓았으나 향방이 묘연했다. 여러 날 후 그는 어느 과수원 잡초 속에서 유골로 발견되었다. 유골의 진위를 놓고도 사람들은 의문점을 보일만큼 불신이 깊었다.

세월호 참사에 대한 진상규명을 둘러싸고 정부 여당의 태도는 대단히 미온적이었다. 박 대통령은 유족들의 거듭되는 면담 요청을 매몰차게 거부하고, 집권세력은 유족들을 적대하는 모습을 보이기도 하였다. 어렵사리 국회에서 제정한 세월호 특별법은 정부가 마련한 대통령령에서 무용지물로 만들고자 했다.

정부는 해경을 해체하고 국가안전청을 신설하는 등 모든 책임을 세월호 측과 해경에 돌렸다. 하지만 세월호 참사의 배경은 '관피아'로 상징되는 부패한 관리들과 업자의 유착 그리고 온 국민이 지켜보는 가운데 한 사람도 구조하지 못한 정부의 무능과 사후 진상규명에 대한 책임회피에 있었다. 많은 국민이 촛불을 들거나 서명을 하면서 진상규명을 요구했지만 정부는 물리력으로 대처하거나 거액의 보상(배상)으로 국민의 시선을 돌리고자 했다. 족벌신문들은 '세월호 피로증'을 부각하면서 국민의 관심을 떨어내고자 하고, 일베회원들은 유족과 시민들의 단식농성장 앞에서 '폭식투쟁'을 하는 야만성을 보였다.

세월호 참사는 온갖 비정상의 혼합과도 같았고, 사후 대처는 박근혜 정부의 무능과 무책임을 상징하였다. 청해진해운이 온갖 비리와 부실한 상태에서 20년 간이나 인천 - 제주 황금노선을 독점한 배경과 '뒷배'의 실체, 세월호 참사 이후 청와대 보고라인과 박 대통령의 역할과 '골든타임' 7시간 등이 성역없이 밝혀져야 한다.

통합진보당 해산참사

2013년 11월 5일 박근혜 정부는 헌법재판소에 통합진보당 해산심판을 청구했고 1년도 안 된 2014년 12월 19일 헌재는 통진당의 해산결정을 선고했다. 정부수립 이후 합법 정당이 강제해산된 것은 최초의 일이다. 이승만 정권 당시 해산시킨 조봉암의 진보당은 정부기관의 등록취소로 해산되었다.

통진당 해산 결정에 참여한 헌재는 박한철 소장을 비롯하여 이정미, 이진성, 김창종, 안창호, 강일원, 서기석, 조용호 재판관이 찬성하고 김이수 재판관만이 유일하게 반대표를 던졌다. 8대 1의 비율이었다.

통진당 해산선고는 한국사회에 여러가지 심각한 문제를 남겼다. 6월항쟁의 산물인 헌재가 10만 명의 당원이 있는 정당을 명백한 사실 근거보다 '숨은 목적'을 '추정'해 해산한 것은 헌법의 이름으로 헌법을 유린하는 행위라는 지적이 따랐다. 대의민주주의 제도의 핵심에 해당하는 정당을 임명직인 헌재 재판관들이, 그것도 1년도 안 되는 기간에 17만 5,000쪽이나 되는 방대한 재판기록을 제대로 검토하고 내린 심판이었을까 하는 의구심을 갖는 국민이 적지 않았다.

박근혜 정부는 2013년 8월 말 이석기 전 통진당 의원의 이른바 '내란음모' 사건이 터진 3개월 만인 11월 5일 통진당 해산심판을 청구했고, 헌재는 2개월 만인 2014년 1월 28일 제1차 변론기일을 연 데 이어 같은 해 12월 19일 최종결정을 강행했다.

헌재가 선고 결정 후 결정문에서 오류가 발견되어 결정문을 '정정'하는 등의 실수를 하면서까지 선고를 서두른 것은, 정윤회 씨 비선개입 의혹 등으로 정치적 위기에 몰린 박 대통령의 당선 2주년에 맞춰 국면을 전환시키려는 의도가 있었다는 정치적 해석도 따랐다.

실제로 헌재의 심판 한 달여 만인 2015년 1월 22일 대법원이 이석기 등 전 통진당 의원들에 대한 내란음모는 무죄, 내란선동 및 국가보안법 위반은 유죄로 각각 판결한 원심을 확정했다. 헌재가 유죄로 인정한 핵심의 하나인 '내란음모'가 무죄로 확정된 것이다. 그럼에도 헌재가 쫓기는 듯이 서둘러 심판한 것에 '정치적 배경'의 의혹을 받게 되었다.

헌재는 통진당을 해산 심판하면서 '법리'보다 '추정'을 동원하는 대단히 모순된 판결을 했다. "주도 세력이 당을 장악해 북한식사회주의라는 '숨은 목적'을 추구했으니 해산해야 한다는 논리를 폈다. 이 과정에서 주요 근거로 내세운 게 RO회합이다. 헌재는 130여 명이 참석한 회합을 '주도세력'이 개최했다는 이유로 10만 당원을 보유한 통합진보당 전체의 활동으로 간주했다… 하지만 대법원은 RO를 '유령조직'으로 결론내렸다"(〈경향신문〉, 2015년 1월 23일치 사설).

헌재의 비민주적인 판결도 비판의 대상이 되었다. "헌재는 진보당이 민주적 기본질서에 당장 얼마나 심각한 해악의 위험을 끼쳤는지 논증하는 대신, 시종 '북한 추종성'을 정당해산의 사유로 내세웠다. 북한과 연계했다는 명확한 증거가 없어도 비슷한 주장을 폈으니 북한 추종의 '숨은 목적'이 있다고 추정했고, 일부의 북한 동조

발언이 있었으니 위험성이 드러났다는 논리의 비약을 예사로 구사했다"(<한겨레>, 2014년 12월 23일치 사설).

헌재의 통진당 해산 판결에 이어 중앙선거관리위원회는 2014년 12월 22일 통진당 소속 비례대표 지방의원 6명의 의원직을 박탈했다. 중앙선관위는 전체회의를 열어 통진당소속 비례대표 6명(광역3명, 기초3명)의 의원직에 대해 "헌법재판소의 위헌정당해산 결정에 따라 해산된 정당 비례대표 지방의회 의원은 그 직에서 퇴직된다."는 결정을 내렸다.

의원직을 상실한 통진당 소속 6명은 법적 근거 없는 의원직 박탈 결정은 원천무효라고 주장하면서 소송을 제기했다. 이와 관련 "1인 2표로 지역구 의원과 비례대표 의원을 구분해서 투표를 한다는 점을 감안하면, 둘을 구분해 의원직을 박탈한다는 것은 말이 되지 않는다." 는 주장이 제기되었다(한상희, 건국대 법학전문대학원 교수).

통진당 해산심판의 변론을 맡았던 이재화 변호사는 다음과 같이 소회를 말한다.

> 통합진보당 해산은 기획된 것이었고, 해산결정은 의도된 오판이었다. 헌법재판소의 이 의도된 오판에 의해 통합진보당의 이름은 역사 속으로 사라졌다. 그러나 통합진보당이 추구한 진보적 민주주의, 자주, 민주, 통일의 가치는 국민들의 가슴속에서 살아 숨쉴 것이다. 10만여 당원들과 국민들은 민주주의와 통일을 위한 여정을 여기에서 멈추지 않을 것이다. 역사는 통합진보당 해산결정이 명백한 오판이었음을 증명

할 것이고, 그 오판에 가담한 8명의 재판관들을 심판할 것이다. 그리고 홀로 민주주의의 가치를 지켜내기 위해 피를 토하는 심정으로 소수의견을 낸 김이수 재판관의 판단이 옳은 것이었음을 선언할 것이다(이재화, 《기획된 해산 의도된 오판》).